JO ANGERER
Von der Weltmacht zum Weltkrisenherd

GOLDMANN

JO ANGERER

VON DER WELTMACHT ZUM WELTKRISEN- HERD

DER ZERFALL DER SOWJETUNION UND SEINE FOLGEN

GOLDMANN

Penguin Random House Verlagsgruppe FSC® N001967

1. Auflage
Originalausgabe Oktober 2024
Copyright © 2024: Wilhelm Goldmann Verlag, München,
in der Penguin Random House Verlagsgruppe GmbH,
Neumarkter Str. 28, 81673 München
Redaktion: Volker Kühn
Karten: Benedikt Grotjahn
Umschlag: Uno Werbeagentur, München
Umschlagmotiv: © gettyimages / Manuel Augusto Moreno
Satz: Buch-Werkstatt GmbH, Bad Aibling
Druck und Bindung: GGP Media GmbH, Pößneck
Printed in Germany
IJ · CF
ISBN 978-3-442-31747-9

www.goldmann-verlag.de

Für Erika,
ohne die alles in meinem Leben nichts wäre.
Nach wie vor.

INHALT

SOWJETUN

LETTLAND

LITAUEN

ESTLAND

Berlin ■

Kaliningrad ●

● Sankt Petersburg

■ Wien

● Minsk

BELARUS

■ Moskau

● Kiew

UKRAINE

● Jekaterinburg

REPUBLIK
MOLDAU

Nowosibirsk

GEORGIEN —— ●

● Tiflis

KASACHSTAN

ARMENIEN ——

ASERBAIDSCHAN

Taschkent ●

TURKMENISTAN ——

KIRGISIST.

USBEKISTAN

TADSCHIKIST.

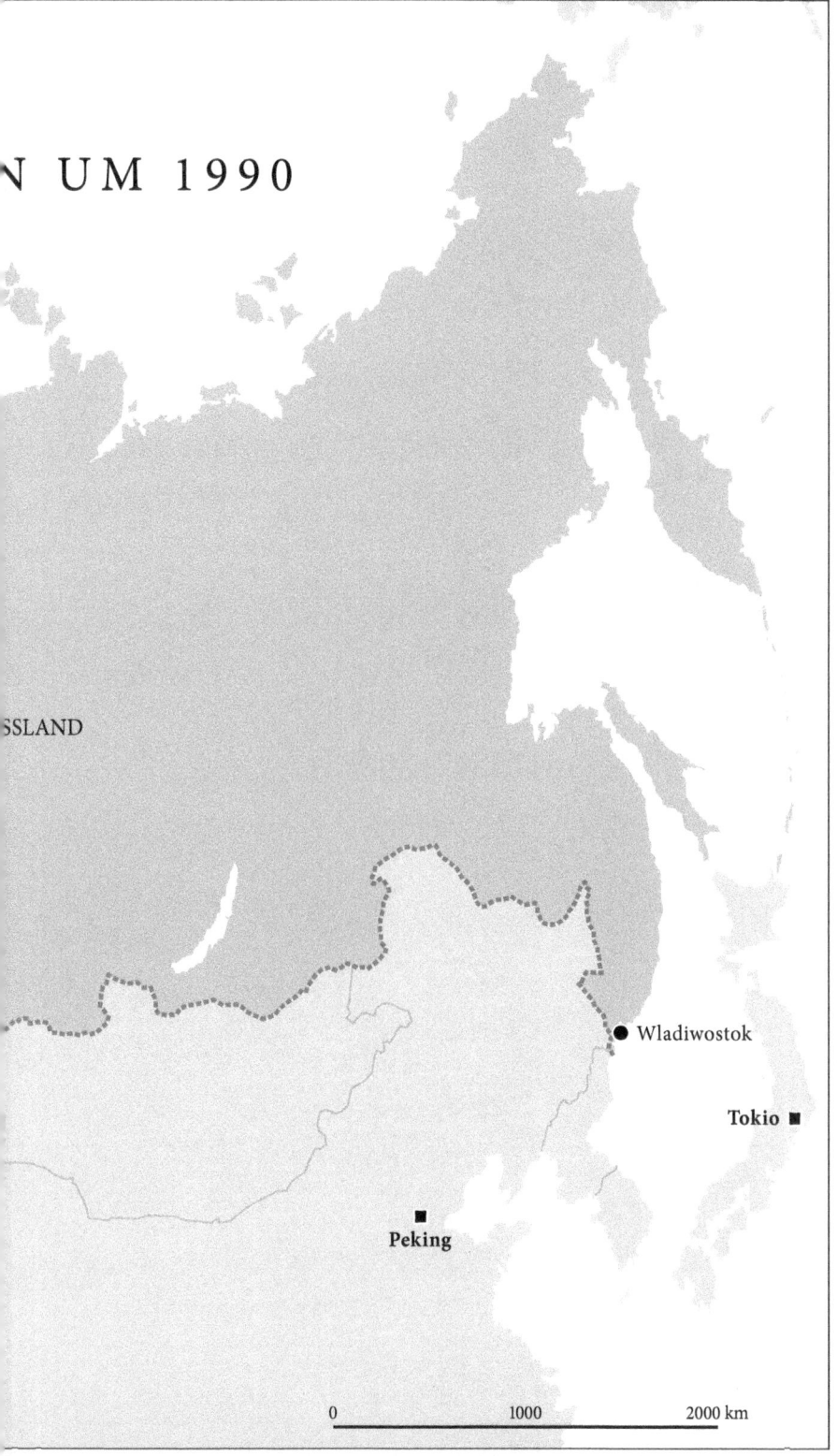

N UM 1990

SSLAND

● Wladiwostok

Tokio ■

■
Peking

0   1000   2000 km

VORWORT

Ich lebe nach wie vor gern in Moskau, in Russland, diesem faszinierenden Land. Trotz allem. Ich weiß nicht, wie oft ich diesen Satz in meinen Zeitungsartikeln schon geschrieben habe. Ich arbeite als Auslandskorrespondent an einem der nicht nur politisch interessantesten Orte der Erde – früher für die *ARD*, heute für die österreichische Zeitung *DER STANDARD* und deutsche Medien. Ich mag die Menschen hier. Die meisten, mit denen ich zu tun habe, sind ganz normale Leute mit Alltagsfreuden und -problemen, wie in jedem anderen Land der Welt auch. Menschen, die sich auf ihren nächsten Urlaub freuen, die feiern können, trotz der vielen Veränderungen in Russland. Es sind keine Monster, die morgens aufwachen und sich überlegen, welches Nachbarland die Russen als nächstes überfallen könnten.

Dieses Buch ist ein Sachbuch, aber kein wissenschaftliches Werk mit Anspruch auf Vollständigkeit. Ich erzähle aus dem Blickwinkel eines Korrespondenten über das, was ich wahrnehme, was mir auffällt. Ich reise viel in die Länder des postsowjetischen Raumes und bin zu einer Erkenntnis gelangt: Viele, wenn nicht sogar alle Konflikte in diesem Raum hängen mit dem Zerfall der Sowjetunion zusammen. Das gilt nicht nur für die Situation in der Ukraine. Manche dieser Konflikte tauchen zuweilen in den Medien auf, verschwinden aber schnell wieder.

Transnistrien? Moldau? Bergkarabach? Das sind Namen, von denen man in westlichen Zeitungen, Magazinen und Nachrichtensendungen zwar immer wieder mal hört, aber nie für längere Zeit. Sie gelten als »eingefrorene« Konflikte, und auch das Interesse daran scheint rasch einzufrieren. Doch eingefrorene Konflikte können schnell zu Kriegen eskalieren. Wir alle müssen genauer hinschauen.

Aus Russland kann ich auch zu Kriegszeiten ohne Zensur berichten. Niemand hier kontrolliert meine Artikel, niemandem muss ich sie vor der Veröffentlichung vorlegen. Mein Alltag ist zwar schwieriger geworden, doch die Einschränkungen seitens der russischen Behörden sind eher bürokratischer Natur. Grundsätzlich halte ich mich für einen freundlichen Menschen. Allerdings berichte ich für ein Land, das in Russland als »unfreundlicher Staat« gilt. Und das hat Konsequenzen. Alle drei Monate muss ich meine Akkreditierung, also die Arbeitserlaubnis, beim russischen Außenministerium neu beantragen. Früher war das nur einmal pro Jahr nötig. Der Antrag bedeutet viel Arbeit. Ist er genehmigt, muss ich ein neues Visum beantragen, dann folgt die Registrierung bei der Polizei. Vieles muss ausgedruckt werden, zwei Dutzend Seiten sind es wohl alle drei Monate.

Lästig ist zuweilen auch die Einreise nach Russland. Manchmal werden an der Grenzkontrolle Pass und Visum gesondert überprüft. Auch spezielle Befragungen durch den Inlandsgeheimdienst FSB habe ich schon erlebt. Das kann ein, zwei Stunden dauern. Und es ist unangenehm, vor allem am Ende von Reisen aus EU-Ländern, die mit Zwischenstopps wegen der Sanktionen im Regelfall fast 24 Stunden dauern.

Meine Akkreditierung könnte jederzeit widerrufen werden. Dann müsste ich das Land innerhalb von zwei Wochen verlassen. Anzeichen dafür sehe ich im Moment nicht, doch derartige Fälle hat es schon gegeben.

Das Leben in Russland ist oft schön, aber auch stressig. Doch ich will nicht klagen, es ist auszuhalten, die Schwierigkeiten lassen sich bewältigen. Wichtig und unverzichtbar dabei ist aber die Unterstützung von Menschen in meiner nächsten Umgebung. Auch diese Erkenntnis habe ich im Laufe der Jahre hier gewonnen. Viele Korrespondenten sind als Einzelkämpfer hierzulande schon gescheitert.

Nicht nur deshalb danke ich an allererster Stelle meiner Frau Erika für viele Diskussionen, für Kontroversen, für ihre Unterstützung – und für ihre Liebe. An diesem Buch hat sie einen wesentlichen Anteil. Ich danke meinem Freund Ulf Mauder, Büroleiter der *Deutschen Presseagentur* in Moskau, für seinen langjährigen Erfahrungsschatz in Sachen Russland, an dem ich teilhaben darf. Meinem Freund und Mitarbeiter Alexandr Khavanov danke ich nicht nur für seine Recherchen und seine Hilfe im bürokratischen Alltag. Vor allem danke ich ihm für seine Lebenserfahrung als Russe, für seine Sicht auf die Dinge, die unverzichtbar für einen Menschen wie mich ist, der von hier berichtet, aber einer anderen Kultur entstammt.

Ich danke Imke Rösing, meiner Literaturagentin, und Isabella Jaross, meiner Lektorin, die das Buch engagiert und kompetent begleitet hat. Und ich danke Volker Kühn, meinem Redakteur. Viele Jahre habe ich selbst als Redakteur gearbeitet. Ich weiß, was einen guten Redakteur ausmacht: Autoren in ihrer Sicht, in ihren Formulierungen zu unterstützen und zu verbessern. Danke dafür.

Moskau, im Juli 2024

13

ZEITENWENDE –
SIND WIR NOCH DIE GUTEN?

Es war der 27. Februar 2022, als Bundeskanzler Olaf Scholz ans Rednerpult des Deutschen Bundestags trat. Mit offenem Mund verfolgten viele Abgeordnete und auch viele Zuschauer im Fernsehen das, was der Kanzler quasi im Alleingang verkündete: die »Zeitenwende«.

»Mit dem Überfall auf die Ukraine hat der russische Präsident Putin kaltblütig einen Angriffskrieg vom Zaun gebrochen – aus einem einzigen Grund: Die Freiheit der Ukrainerinnen und Ukrainer stellt sein eigenes Unterdrückungsregime infrage«, erklärte der Kanzler in einem für ihn ungewohnt harten Tonfall. »Das ist menschenverachtend. Das ist völkerrechtswidrig. Das ist durch nichts und niemanden zu rechtfertigen.«

Niemand, auch ich nicht, ahnte an jenem Tag, wie tief die Zeitenwende in das Leben jedes Einzelnen in Deutschland eingreifen würde. Dabei stand der Sinn den meisten Menschen nach ganz anderen Dingen. Gerade erst war die große Krise überwunden, die Corona-Pandemie. Ein »normales« Leben schien wieder in Sicht, mit einem Alltag ohne Beschränkungen oder große politische Sorgen. Es kam anders.

Olaf Scholz: »Ich weiß genau, welche Fragen sich die Bürgerinnen und Bürger in diesen Tagen abends am Küchentisch stellen, welche Sorgen sie umtreiben angesichts der furchtbaren Nachrichten aus dem Krieg. Viele von uns haben noch die Erzählungen unserer Eltern oder Großeltern im Ohr vom Krieg, und für die Jüngeren ist es kaum fassbar: Krieg in Europa. Wir erleben eine Zeitenwende.«

Die deutsche, die europäische Politik vollzog die Zeitenwende. Politikerinnen und Politiker der Grünen, früher dem Frieden, der Abrüstung, dem strikten Verbot von Rüstungsexporten in Spannungs- oder gar Kriegsgebiete verpflichtet, forderten nun fast schrankenlose Waffenlieferungen in die Ukraine. An vorderster Front stand Anton Hofreiter, eigentlich Agrarpolitiker. Als Scholz später zögerte, der Ukraine Taurus-Marschflugkörper zu überlassen, nannte Hofreiter es »ein großes Problem«, ständig »monatelang über ein Waffensystem zu diskutieren, um es dann zu spät zu liefern«. Man solle »Entschlossenheit« zeigen.

Die Zeitenwende teilte die Welt in zwei Hälften: Wir sind die Guten, Putin ist der Böse. Die Folgen waren zeitweise enorm gestiegene Strom- und Gaspreise, die deutsche Wirtschaft wurde zur Leidtragenden. Ukrainische Flüchtlinge wurden in vielen Kommunen zur Belastung, fast überall in Europa erstarken rechte Parteien. Die erste Quittung in Deutschland kam zur Europawahl 2024. Die Konservativen erstarkten, die Grünen stürzten ab, und die AfD, die der Verfassungsschutz als rechtsextremistischen Verdachtsfall führt, legte allen Skandalen zum Trotz um fast fünf Prozentpunkte auf rund 16 Prozent zu.

Die Konfrontation der Blöcke ist wieder da. Zu Zeiten des Kalten Krieges standen sich Ost und West unversöhnlich gegenüber: auf der einen Seite die Sowjetunion und ihre Verbündeten, die Staaten des »Warschauer Vertrages«. Und auf der anderen die USA und die NATO. Russland schafft heute mit der Achse zu China und anderen Ländern eine »multipolare Welt« gegen die Vormachtstellung der USA. Europa wird dabei an den Rand gedrängt. Das ist für die Europäer nicht schön, vor allem aber ist es eine Situation, in der Arroganz mehr denn je fehl am Platz wäre. Wir sind nicht per se die Guten oder gar die Besseren. Wir sind Teil einer neuen Weltordnung, in der andere Staaten bedeutender werden, vor allem die Länder des Globalen Südens. Wir dominieren nicht wirtschaftlich und schon gar nicht militärisch. Diplomatisch zwingt das zur Suche nach Kompromissen und Konsens – in ferner Zukunft vielleicht auch mit Russland.

Aber wann begann die Zeitenwende? Mit der Invasion Russlands in der Ukraine, die ich, wie die meisten Menschen, verurteile?

Ich denke, sie begann viel früher, mit dem Zerfall der Sowjetunion. Deren Existenz endete am 26. Dezember 1991. Die Menschen in Ost und West feierten das Ende des Kalten Krieges, das Ende der Konfrontation der Blöcke; das Gespenst des Atomkrieges schien gebannt. So dachten wir. In Wirklichkeit existierten all die Probleme weiter, die zum Ruin der Weltmacht geführt hatten. Wir nahmen sie nur nicht mehr wahr.

Neue Nationalstaaten entstanden. Zum Teil waren die Grenzziehungen willkürlich, nicht immer verliefen sie entlang ethnischer Trennlinien. Länder, die zum Warschauer Pakt gehörten, dem sowjetischen Hinterhof, agierten nun selbstständig. Manche Regionen, wie etwa Transnistrien, das völkerrechtlich zu Moldau gehört, wollten selbstständig werden – wurden aber international nicht anerkannt. Solange diese Staaten und Regionen im Einflussbereich Russlands blieben, war das oft kein Problem. Doch mit der zunehmenden Westorientierung mancher der neuen Staaten änderte sich das.

Das galt spätestens, als nach einer Phase voll innenpolitischer Wirren, Oligarchenkämpfe und der Verarmung weiter Bevölkerungsteile in Russland ein Mann an die Macht kam, der sein Land zu erneuter weltpolitischer Größe führen wollte und will: Wladimir Wladimirowitsch Putin.

Nach dem Zerfall der Sowjetunion versuchte der Westen einen »Reset« der Beziehungen mit dem postsowjetischen Raum, allerdings ohne Rücksicht auf die Befindlichkeiten der russischen Politik. Eine Anekdote aus dem Frühjahr 2009 bleibt in Erinnerung. Die damalige US-Außenministerin Hillary Clinton überreichte ihrem russischen Amtskollegen Sergei Lawrow ein gelbes Kästchen mit einem roten »Reset«-Button. Beide drückten den symbolischen Knopf. Dann aber las Lawrow die russische Aufschrift. Nicht »Neustart« stand da auf Russisch, sondern »Überladung«. Schlicht ein Übersetzungsfehler, aber ein symbolischer.

Vor allem die NATO-Osterweiterung besorgte Russland. Bereits im März 1999 traten Polen, Tschechien und Ungarn dem Militärbündnis bei. Bulgarien, Estland, Lettland, Litauen, Rumänien, die Slowakei und Slowenien folgten 2004, Albanien und Kroatien 2009, Montenegro 2017, Nordmazedonien 2020. Glaubt man dem früheren NATO-Generalsekretär George Robertson, hat sogar Wladimir Putin kurz nach seinem Amtsantritt Interesse an einem NATO-Betritt geäußert. Der Brite Robertson habe abwehrend gesagt, üblicherweise würden Staaten einen Beitrittsantrag stellen. Und Putin habe geantwortet: »Nun, wir stehen nicht in einer Warteschlange mit vielen anderen Ländern, die keine Rolle spielen.« So zumindest zitiert der britische *Guardian* im November 2021 den Ex-Generalsekretär.

Russlands Bedeutung? Der frühere US-Präsident Barack Obama verspottete das Land als »Regionalmacht«. Putin dürfte er damit tief getroffen haben.

Der postsowjetische Raum ist ein Pulverfass. »Wandel durch Handel« hieß das Konzept, das etwa die deutsche Politik dagegensetzte. Gute Wirtschaftsbeziehungen in beidseitigem Interesse waren jahrzehntelang das Grundprinzip. Nach wie vor halte ich das für richtig, auch wenn es heute scharf kritisiert wird. Die Politikwissenschaftlerin Daniela Schwarzer, Vorstandsmitglied der Bertelsmann-Stiftung, sagte im Interview mit der *ARD Tagesschau* im Juni 2022: »Man ging dabei davon aus, dass wirtschaftliche Verflechtung, auch kultureller und politischer Austausch, dazu beitragen, dass man friedlich koexistiert. Das Aggressionspotenzial und der Wille zu einer imperialistischen Machtausdehnung wurden dabei unterschätzt.«

Der Kreml handelt nach einem politischen Konzept, das »Russki Mir« heißt, »Russische Welt«. Darunter versteht Putin »Millionen Menschen, die auf Russisch sprechen, denken und fühlen«, die aber außerhalb der Russischen Föderation leben, wie er in einer Rede bereits 2001 erklärte. »Man kann Wirtschaft und Kultur nicht diskriminieren, nur weil sie russisch sind.« Putin meinte vor allem auch die Russinnen und Russen, die in früheren Sowjetrepubliken leben, die sich dem Westen zugewandt haben oder auf dem Weg dorthin sind.

»Die Annexion der Krim und der Krieg in der Ukraine markierten für die Idee der *Russki Mir* den endgültigen Übergang von einer diskursiven Imperiums- und Nationsbildung in den Bereich politischer Programmatik«, schreibt der Slavist Oleksandr Zabirko in einem Aufsatz, veröffentlicht von der Bundeszentrale für politische Bildung. In einer Rede vom März 2014 beschrieb Putin die Russen als »geteiltes Volk« – und hoffte auf das Verständnis von Deutschland als ehemals geteiltem Land für das »Streben der russischen Welt und des historischen Russlands nach Wiederherstellung der Einheit«.

Putins Konzept der Russischen Welt hat unmittelbar Konsequenzen. Für den Donbass zum Beispiel. Völkerrechtlich ist das Gebiet in der Ostukraine unstrittig Teil der Ukraine, die 1991 ihre Unabhängigkeit erklärt hatte. Doch der Donbass ist überwiegend russisch besiedelt. Diese Besiedelung begann früh, und das hat mit einem Briten namens John Hughes zu tun. Gegen Ende des 19. Jahrhunderts wurde die Region industriell erschlossen, als große Steinkohlevorkommen und Eisenerzlagerstätten entdeckt wurden. Hughes, ein in der englischen Rüstungsindustrie tätiger Ingenieur, entwarf Stahlpanzerungen für Kriegsschiffe und Geschütze. Das interessierte auch den russischen Zaren Alexander II., zu dessen Zarenreich der Donbass damals gehörte. 1869 bekam John Hughes den Auftrag für eine neues Stahlwerk. Die Siedlung rund um das Werk erhielt seinen Namen: Jusowka. Sie wuchs rasch, sehr viele Russen wanderten zu und fanden dort Arbeit. 1924, nach der Oktoberrevolution, wurde die Stadt zu Ehren Stalins in Stalino umbenannt. Heute kennen wir sie unter dem Namen Donezk.

In der russischen Politik wird die Invasion in die Ukraine als Akt der Güte dargestellt: Wir helfen den Russen in der Ostukraine. Und überhaupt, Ukrainer und Russen seien doch ein Brudervolk. Noch im August 2021 sahen das 41 Prozent aller Menschen in der Ukraine genauso, zitiert das Onlineportal *The Insider* Umfragen. Zwei Monate nach Kriegsbeginn seien es in der gesamten Ukraine nur noch acht Prozent gewesen. In der Ostukraine unterstützten allerdings nach wie vor 23 Prozent der Menschen Putins These.

Natürlich geht es dem Kreml mit dem Krieg in der Ukraine um mehr als nur Hilfe für Landsleute jenseits der Grenze. »Man versucht, die Ergebnisse des Kalten Krieges zu revidieren und die Macht Russlands als globaler und europäischer Gegenspieler wiederherzustellen«, sagt Wladimir Gelman, Professor für russische Politik an der Universität Helsinki. Zu seinem Fachgebiet gehören russische und postsowjetische Politik und Regierungsführung. Putins einsame Entscheidung für den Krieg, getroffen wohl im engsten Beraterkreis, sei typisch sowjetisch, meint der Wissenschaftler. »Es scheint, dass der wichtigste Faktor dieser fatalen Entscheidung im personalisierten Charakter des russischen Autoritarismus besteht. Autoritäre Regime leiden unter der fehlenden Meinungsfreiheit nicht weniger, sondern sogar mehr als die unter den autoritären Bedingungen lebende Bevölkerung. Der Mangel an alternativen Informationsquellen, die Unmöglichkeit, verschiedene Sichtweisen zu vergleichen und auf Basis ihrer Konkurrenz zu entscheiden, all das wirkt sich unheilvoll auf die Entscheidungsfindungen aus.« Am Grundprinzip der Entscheidungsfindung habe sich seit Sowjetzeiten wenig geändert, so Gelman. »Solche Defekte bemängelten die sowjetischen Dissidenten schon vor mehr als einem halben Jahrhundert. Zudem werden in vielen Autokratien Expertenposten besetzt, nach dem Prinzip ›Nicht die Klugen brauchen wir, sondern die Treuen.‹«

Aber es gebe auch eine innenpolitische Motivation. Man habe offenbar geglaubt, die Invasion werde ablaufen wie seinerzeit die Annexion der Halbinsel Krim. Größer zwar, aber genauso erfolgreich. Gelman: »Es ist sehr wahrscheinlich, dass die Militäroperation in der Ukraine von der russischen Regierung als Extrapolation ihrer bisherigen Erfahrung mit der Annexion der

Krim 2014 verstanden wurde, die Putin laut eigenen Angaben im Alleingang beschlossen hatte. Man darf nicht vergessen, dass die Krim in den Augen der russischen Regierung eine Erfolgsgeschichte war: Die innenpolitische Unterstützung dieser Aktion fiel sehr stark aus, während die Ukraine nicht in der Lage war, sich dem Vorgehen des Kremls zu widersetzen, und die vom Westen verursachten Kosten schienen nicht hoch.«

Ob ein Kurswechsel im diplomatischen Umgang mit Russland, ein Ernstnehmen auch russischer Positionen, den Krieg in der Ukraine beenden könnte? Und, wenn ja, zu welchem Preis? Ich werde das am Ende dieses Buches untersuchen. Tatsache ist: Diesen Krieg kann keine Seite militärisch gewinnen, es sei denn die NATO greift direkt ein. Die Ukraine kann ihn allerdings nicht noch jahrelang führen. Zudem brodelt es an vielen Orten im postsowjetischen Raum. Die Ukraine ist kein Einzelfall.

Georgien ist ein weiteres Beispiel. Dort wurde der grausame sowjetische Diktator Josef Stalin geboren. Viele verehren ihn in Georgien heute noch. Die Partei Georgischer Traum, gegründet vom Oligarchen Bidzina Ivanishvili, ist eine wichtige politische Kraft im Land. Der Georgische Traum ist russlandfreundlich und stemmt sich gegen den Beitritt des Landes zur EU. Georgien ist Beitrittskandidat, viele Menschen wünschen sich den Weg nach Europa. Aber eben nicht alle. Anfang 2024 hatte der Georgische Traum die Mehrheit im Parlament und setzte ein Gesetz durch, wonach Organisationen, die Geld aus dem Ausland bekommen, diese Finanzquellen offenlegen müssen. Die Regierungspartei spricht von Transparenz und beobachtet argwöhnisch, dass viele Projekte der Zivilgesellschaft mit Geldern aus der EU und den USA finanziert werden. Tausende Menschen gingen auf die Straße, es kam zu Polizeigewalt. Georgien in die EU, weg von Russland? Das Land ist hin- und hergerissen.

Hinzu kommt die Angst vor einem Krieg wie 2008. Südossetien und Abchasien sind zwei abtrünnige Regionen, die völkerrechtlich zu Georgien gehören, aber russisch kontrolliert werden. Im August 2008 kämpften dort georgische Truppen gegen die russische Armee, die gewann. Ein brüchiger Waffenstillstand wurde vereinbart, der Konflikt ist eingefroren. So wie es auch der Konflikt in der Ostukraine ab 2014/15 war.

Eine ähnliche Situation findet man in Moldau. Transnistrien nennt sich ein schmaler Landstrich zwischen der Ukraine und Moldau. Auch Transnistrien ist von russischen Truppen besetzt, auch hier wurde Krieg geführt. Auch dieser Konflikt ist eingefroren, ein Zankapfel seit dem Ende der Sowjetunion. Für die russische Armee ist Transnistrien hochinteressant: Von hier sind es nur wenige Kilometer nach Odessa, dem letzten großen Hafen, von dem aus die Ukraine Getreide verschiffen kann.

Auch Moldau ist hin- und hergerissen zwischen Russland und der EU. Präsidentin Maia Sandu will das Land in Richtung Europa führen. Wie in Georgien dominiert jedoch ein russlandfreundlicher Oligarch, Ilhan Shor, das Parlament. Er war in kriminelle Machenschaften verstrickt, floh ins Ausland, seine Partei ist inzwischen offiziell verboten. Doch Shors Anhänger agieren weiter gegen Moldaus EU-Pläne.

Und dann gibt es da noch Bergkarabach, jenen 4400 Quadratkilometer großen Landstrich, eine armenische Enklave in Aserbaidschan, um die sich die verfeindeten Ex-Sowjetrepubliken Armenien und Aserbaidschan streiten. Der Konflikt reicht bis ins Jahr 1918 zurück, in die Zeit vor der Gründung der Sowjetunion. Nach dem Zerfall der Weltmacht erklärte Bergkarabach

1991 seine Unabhängigkeit. International anerkannt wurde sie jedoch nicht. Der Konflikt zwischen Armenien und Aserbaidschan eskalierte, zwei Kriege waren die Folge. Seit 2020 besteht ein brüchiger Waffenstillstand.

Was dann im Herbst 2023 geschah, ist ein Lehrstück darüber, dass Entwicklungen und Konflikte immer im historischen und im aktuellen Kontext gesehen werden müssen. Aserbaidschans autoritärer Herrscher Ilham Alijew wollte Bergkarabach zurückgewinnen. Russland, Armeniens Schutzmacht, hinderte Aserbaidschan daran über lange Jahre.

Dann kam das Jahr 2023. Mit dem Ukraine-Krieg hatte sich die weltpolitische Lage geändert. Russland brauchte nun Aserbaidschan für den Aufbau von Handelswegen in Richtung Iran. Und Russland brauchte die Türkei, die Schutzmacht Aserbaidschans. Über die Türkei kommen viele sanktionierte Waren ins Land. Auch vom Westen hatte Alijew wenig zu befürchten. Aserbaidschan besitzt Öl und Gas und wird von der EU hofiert. Sogar EU-Kommissionspräsidentin Ursula von der Leyen war in Baku und lobte das Land als zuverlässigen Energielieferanten.

Die Chance war gegeben – und im September 2023 schlug Alijew zu. Aserbaidschan eroberte Bergkarabach binnen Stunden. Die Folgen waren eine Flüchtlingswelle in Richtung Armenien, Tausende vertriebene Menschen, Armut und Elend in Armenien. Nur: Niemanden interessierte das. Weder die EU noch Russland. Die Ukraine und die Energiekrise waren wichtiger. Doch der Konflikt um Bergkarabach wird anhalten. Die Friedensverhandlungen zwischen Armenien und Aserbaidschan treten auf der Stelle.

All diese Krisenherde werde ich im Verlauf dieses Buches besuchen. Und erfahren, dass die Konflikte und Kriege immer auch im Zerfall der Sowjetunion ihre Ursache haben. Als relativ sicher stufe ich im Moment lediglich die baltischen Staaten ein. Ich denke, weder Russland noch die NATO haben ein Interesse an einer direkten Konfrontation, die zum Weltkrieg führen könnte. Die Furcht davor existiert in den baltischen Staaten natürlich trotzdem. Doch derzeit beschränkt sich die Auseinandersetzung Russlands mit den Ex-Sowjetrepubliken und heutigen NATO-Ländern Estland, Litauen und Lettland auf markige Worte.

»Wenn Lettland die Bevölkerung, die dort leben will, weiterhin wie Schweine behandelt, werden diese Behörden bald mit Vergeltungsmaßnahmen konfrontiert sein«, drohte Wladimir Putin im Dezember 2023 vor dem von ihm selbst eingesetzten russischen Menschenrechtsrat in Moskau. »Ich glaube nicht, dass das Glück in die Häuser derjenigen kommen wird, die eine solche Politik verfolgen.« Ist das quasi eine Kriegserklärung, wie viele Medien nach Putins Drohung spekulierten?

Wohl kaum. In Wirklichkeit geht es um ein Problem, das auch in diesem Fall aus dem Zerfall der Sowjetunion herrührt, denn auch Lettland war Teil des Riesenreichs. Doch im August 1989 demonstrierten Millionen Esten, Letten und Litauer mit einer Menschenkette quer durchs Baltikum für ihre Unabhängigkeit. Am 4. Mai 1990 dann wurde die Sowjetrepublik Lettland zu einem unabhängigen Staat.

Jeder vierte Einwohner Lettlands ist heute russischer Herkunft. In ihrer Heimat Lettland sind sie Staatsbürger zweiter Klasse, offiziell werden sie »Nichtbürger« genannt. Sie besitzen weniger Rechte als der lettische Bevölkerungsanteil. Wählen zum Beispiel dürfen die Russen in Lettland nicht. Genau dies hatte Putin mit seinen scharfen Worten kritisiert. Russi-

sche »Nichtbürger« müssen einen Sprachtest machen und all-
tagstaugliche Lettisch-Kenntnisse nachweisen. Wer diesen nicht
besteht, dem droht der Entzug der Aufenthaltserlaubnis. Betroffen davon sind gut 20 000 Menschen.

Putin äußerte Verständnis dafür, dass jedes Land von seinen Bewohnern Grundkenntnisse der Kultur und Sprache for-
dere. Der Status von »Nichtbürgern« sei aber eine »rechtliche
Missgeburt«, sagte er. Zu Staaten, die Russen diskriminieren,
werde Moskau sein Verhältnis entsprechend gestalten. Das Land
könnte Auslandsrussen unterstützen, in ihre historische Heimat
zurückzukehren.

Entsprechend scharf war die Reaktion Lettlands. »Das ist Ein-
schüchterungspolitik«, sagte der lettische Präsident Edgars Rin-
kevics der lettischen Tageszeitung *Neatkariga Rita Avize*. »Es ist
ein gängiges Narrativ der russischen Propaganda in der letzten
Zeit, dass alle ihre Staatsangehörigen oder diejenigen, die der
›Russischen Welt‹ angehören, brutal misshandelt werden. Tatsächlich handelt es sich um einen Versuch, alle Gräueltaten zu
kaschieren, die Russland in der Ukraine begeht.«

Politisch ist das Verhältnis zwischen den baltischen Staaten
und Russland äußerst angespannt. Doch, und das muss man
auch sehen, die meisten Russinnen und Russen, die im Baltikum
leben, sind gut integriert. Nur wenige unterstützen etwa in Estland die ultrarechte, nationalistische Partei Ekre. Sie propagiert
Homophobie, Euroskeptizismus und verhält sich ukrainischen
Geflüchteten gegenüber abweisend.

Die Folge all der Spannungen und des Krieges in der Ukraine
ist auf weltpolitischer Ebene ein neuer Kalter Krieg. Die NATO,
der schon von Frankreichs Präsident Emmanuel Macron vor
Jahren der »Hirntod« bescheinigt wurde, erlebt ihre Wiederge-

burt. Deutsche Politiker überbieten sich in Forderungen nach immer mehr Waffen und einer Wiederbelebung der ausgesetzten Wehrpflicht.

Die USA fordern von ihren NATO-Verbündeten mehr Verteidigungsanstrengungen. Neue, auch atomar bestückbare Marschflugkörper und Raketen sollen in Deutschland stationiert werden. Darüber wird innen- wie außenpolitisch eine Debatte entbrennen. Und wie wird ein neuer US-Präsident, eine neue US-Präsidentin in Sachen Ukraine agieren?

In Russland erlebe ich den wohl tiefgreifendsten Wandel in Politik und Gesellschaft seit den Neunzigerjahren. Das Land stellt auf Kriegswirtschaft um, Patriotismus wird von oben verordnet, Schulbücher werden umgeschrieben, Steuern für die Kriegsausgaben werden erhöht.

Aber werden die Menschen in Russland dabei mitspielen, nachdem sie sich, zumindest in den Großstädten, über viele Jahre an einen westlichen Lebensstandard gewöhnt haben? Und was ist mit der Opposition?

Meine Suche nach Antworten beginnt in Moskau.

RUSSLAND – EIN LAND IM KRIEG

GLEICH UM DIE ECKE MEINER WOHNUNG in der Moskauer Innenstadt liegt ein kleiner, sorgfältig angelegter Park. Bäume, ein Kinderspielplatz, Sitzbänke. Besonders im Sommer verweile ich dort gern, auf meinem Weg zum Einkaufen oder ins Fitnesscenter. In diesem Park befindet sich das Denkmal der ukrainischen Dichterin Lessja Ukrajinka. Gewissenhaft wird es von der Moskauer Stadtverwaltung gepflegt. Lessja Ukrajinka wurde 1871 unter dem Namen Larissa Petriwna Kosatsch geboren, sie war Kämpferin und Feministin. In ihren Gedichten spielt die Sehnsucht nach Freiheit eine große Rolle. »Gegen die Hoffnung hoffe ich!«, heißt ihr bekanntestes Werk.

Wohl kaum zufällig haben Unbekannte das Denkmal der ukrainischen Dichterin für eine stille Protestaktion gegen den Krieg gewählt. Eine Aktion, ganz und gar unpolitisch – und gerade deshalb so politisch.

Die Geschichte beginnt Anfang 2023. Bei einem russischen Raketenangriff auf Dnipro, eine Großstadt in der zentralukrainischen Region Dnipropetrowsk, werden in einem Wohnhaus mindestens 45 Menschen getötet, darunter auch Kinder. Am nächsten Morgen bringen die Menschen Blumen zum Denkmal. Sie empfänden einfach nur Trauer, sagen sie. Zum Für und Wider des Krieges, der in Russland zu diesem Zeitpunkt noch »Spezialoperation« genannt wird, möchte sich niemand äußern.

Auch ein Schwarz-Weiß-Foto des zerstörten Wohnhauses hatten die Trauernden aufgestellt. Doch das wurde von der Moskauer Stadtreinigung schnell abgeräumt. Seitdem herrscht ein kleiner Machtkampf zwischen den Behörden und den still Protestierenden: Immer wieder werden die Blumen entfernt, doch Tag für Tag, Nacht für Nacht kommen die Menschen und bringen neue. Vor dem Denkmal steht ein Streifenwagen, zwei Polizisten überwachen das Geschehen, manchmal nehmen sie die Personalien der Trauernden auf, die Blumen bringen. Es habe auch Festnahmen gegeben, teilte die Bürgerrechtsorganisation OVD-Info mit. Einem der Männer, der die ganze Nacht auf der Polizeiwache festgehalten wurde, sei »geringfügiges Rowdytum« vorgeworfen worden.

Nicht nur in Moskau, auch in anderen russischen Städten tauchten Blumensträuße und Kuscheltiere im Gedenken an die Opfer von Dnipro auf. In Krasnodar brachten Menschen Blumen, Kerzen und Kinderspielzeug an das Denkmal des ukrainischen Dichters Taras Shevchenko. In Sankt Petersburg legten die Einwohner mit Kerzen das Wort »Dnepr« aus. Und auch in Jekaterinburg gedachten die Menschen den Toten von Dnipro.

Der stille Protest anstelle von Demonstrationen und Antikriegsparolen schien die Behörden zu verunsichern. Das Onlinemedium *Meduza* erzählt die Geschichte eines Moskauers, der am Denkmal Fotos machte. Ein Polizist sei auf ihn zugekommen und habe gesagt: »Ich weiß, dass Sie das Recht haben, Fotos zu machen, ich selbst verstehe nicht, warum Sie das nicht dürfen, aber die Behörden haben gesagt, dass sie das nicht dürfen, also löschen Sie das Foto.« In Zeiten der vollständigen Repression sind es mutige Menschen, die der Kriegsopfer gedenken und dafür Risiken in Kauf nehmen. Junge Menschen und auch ältere, sie alle bringen Blumen mit. Bis heute. Die Behörden haben sich offenbar damit arrangiert. Der Streifenwagen ist längst verschwunden.

Ein stiller Protest, der zeigt, dass es durchaus Menschlichkeit gibt in Russland. Und trotzdem: Im März 2024 haben die Russinnen und Russen ihren Präsidenten Wladimir Putin wiedergewählt. Einen Präsidenten, der ihr Land in den Krieg geführt hat. Ilja Budraitokio hat das Konzept des Kremls, das *Russki Mir*, in einem interessanten Aufsatz im Internetmedium *Possle* beschrieben. »Die Idee einer solchen Identität – Kultur und Armee, Staat und Sprache, nationale Identität und Staatsbürgerschaft –, bekannt als Doktrin der ›Russischen Welt‹, wurde vom Kreml in den letzten zwei Jahrzehnten konsequent weiterentwickelt.« Diese Idee entstand in den Neunzigern in Moskauer Intellektuellenzirkeln. Nach und nach wurde sie zur Staatsdoktrin.

Putin legte erstmals 2001 in einer Rede seine Sicht dar: Es gehe darum, »unsere Landsleute vor pauschalen Anschuldigungen zu schützen und zur Verteidigung unserer universellen Menschenrechte beizutragen«. Dies sei eine staatliche Aufgabe. »Man kann Wirtschaft und Kultur nicht diskriminieren, nur weil sie russisch sind.« Auf dieser Argumentation beruht die Annexion der Halbinsel Krim genauso wie die Invasion in die Ostukraine. Aus dem kulturellen Projekt wurde politische Ideologie. Auch die Militäraktion in Georgien 2008, auf die ich später eingehen werde, wurde mit dem Schutz von Landsleuten begründet: Die meisten Menschen in den abtrünnigen Regionen, um die es in diesem Krieg ging, verfügen über russische Pässe.

Heute steht für Putin die Ukraine im Vordergrund. »Vor allem müssen wir die Aufgaben im Rahmen eines speziellen Militäreinsatzes lösen, die Verteidigungsfähigkeit stärken, die Streitkräfte stärken«, sagte Putin nach der Wahl. Russland hat genügend Munition, die Rüstungsindustrie läuft auf Hochtouren, neue Soldaten werden angeworben. Das aber kostet Geld. Viel Geld. Die Russinnen und Russen werden sich deshalb auf Steuererhöhungen einstellen müssen.

Noch ist das Riesenreich Russland stabil. Noch vertrauen die Menschen auf Putin. Noch glauben sie, dass er die vielen Probleme im Land in den Griff bekommen wird. Die defekten Heizkraftwerke in vielen Städten etwa oder die Folgen der Flutkatastrophe vom Frühjahr 2024, bei der die Behörden versagten. Die zunehmende Kriegsmüdigkeit vieler Menschen aber macht dem Kreml zu schaffen. Viele sagen mir hinter vorgehaltener Hand: »Es ist schlecht, dass wir diesen Krieg angefangen haben, aber jetzt müssen wir gewinnen. Sonst kommen wir unter die Räder.« Putin wird einen Sieg verkünden müssen, was auch immer er als Sieg definiert. Sonst droht Instabilität, mit unabsehbaren Folgen. Es könnte Unruhen geben, einzelne Regionen könnten sich abspalten.

Ein Montagmorgen im August 2023. Kurz vor halb vier schreckt der laute Knall einer Explosion die Anwohner des Business-Viertels Moskwa City aus dem Schlaf. Auch mich, der ich gegenüber den Hochhäusern auf der anderen Seite des Flusses wohne. Was ist geschehen? In den sozialen Medien sehe ich Bilder und Videos, lese »Drohnenangriff auf Moskau«. Ein Handyvideo zeigt die Hochhäuser der Moskwa City. Junge Leute sind auf dem Heimweg, wohl nach ausgiebigem Feiern. Plötzlich wackelt das Bild, eine Frau schreit, dann der Einschlag, die Explosion.

Es ist nicht die erste derartige Attacke. Laut dem russischen Verteidigungsministerium sind zwei Drohnen über dem Gebiet der Bezirke Odinzowo und Narofominsk in der Region Moskau abgeschossen worden. Eine dritte traf das Hochhaus in Moskwa City, das bereits am Wochenende zuvor bei einem ähnlichen Angriff beschädigt worden war. Schäden gebe es in der 21. Etage des Turms, die Fassadenverglasung sei auf 150 Quadratmetern zerstört, teilt Moskaus Bürgermeister Sergej Sobjanin mit. Opfer gab es wohl keine. Das russische Verteidigungsministerium spricht von einem »Terroranschlag des Kiewer Regimes«.

Das Bürohochhaus in der Moskwa City ist sicher kein militärisches Ziel. Dort befinden sich Geschäfte, Restaurants, Immobilienagenturen und ein medizinisches Zentrum, aber auch Büros des Wirtschaftsministeriums, des Ministeriums für Industrie und Handel, des Ministeriums für digitale Entwicklung und anderer ziviler Behörden. Unklar ist, ob das Hochhaus wirklich das Ziel war oder ob die Drohne durch die Störmaßnahmen dorthin abgelenkt wurde. Viele rätseln in den folgenden Tagen, warum das Gebäude nunmehr zum zweiten Mal getroffen wurde. In den sozialen Netzwerken wird immer lauter die Frage gestellt, warum ukrainische Drohnen unbehelligt bis nach Moskau fliegen können. »Die Luftabwehr funktioniert nicht, und es gibt nichts, um die Moskowiter zu schützen, das bedeutet das«, meint einer.

Für die russischen Staatsmedien sind die Drohnenangriffe auf Moskau kein allzu wichtiges Thema. Umso heftiger wird in den sozialen Medien diskutiert. Nach dem ersten Drohnenangriff im Juni waren viele Moskauerinnen und Moskauer verängstigt. Jetzt überwiegt die Wut. »Es war sehr schade für die Ukrainer, dass der Krieg 2022 begann. Aber allmählich vergeht das Mitleid, es entsteht Wut. Ich warte auf den Sieg«, schreibt eine Frau auf VK, dem russischen Pendant zu Facebook. Ein Mann ergänzt: »Ich warte darauf, dass es eine Antwort in Richtung Kiew gibt!« Vor allem aber wird kritisiert, dass ukrainische Drohnen überhaupt die russische Hauptstadt erreichen können. Eine Frau fasst zusammen, was viele denken: »Russland und die Bürger fühlen sich wegen dieser Drohnen nicht sicher!«

Warum gelang es der russischen Luftabwehr nicht, Drohnen abzufangen, die über Hunderte Kilometer in Richtung Moskau fliegen? »Die Drohne ist klein, aufgrund ihrer Größe mit einem

Radar schwer zu erkennen, sie versucht, keine Strahlung auszusenden, sie fliegt in geringer Höhe«, zitiert das Netzportal *mk.ru* einen Militärexperten. Dies bestätigt Sergej Chatyljow, von 2007 bis 2009 Chef der Flugabwehrraketentruppen des Spezialkräftekommandos der russischen Armee. »Wir müssen jetzt unbedingt die Zahl der Flugabwehrraketendivisionen und Radarstationen erhöhen, die Ziele in niedrigen und extrem niedrigen Höhen erkennen können, und diese Stationen entlang der Grenzen der Region Moskau und weiter entlang der Grenze zur Ukraine anordnen.« Das Hauptproblem sei die niedrige Flughöhe von Drohnen, zum Teil weniger als 50 Meter. Darauf müsste sich die Luftabwehr einstellen, so Chatyljow. Inzwischen scheint die russische Luftabwehr das Problem im Griff zu haben. Immer noch fliegen Drohnen in Richtung Moskau, sie werden aber weit vor der Stadtgrenze zuverlässig abgeschossen.

Alltag ist der Krieg nach wie in den Grenzgebieten zur Ukraine. Fast täglich gibt es dort Drohnen- und Raketenangriffe. Und immer öfter greifen Soldaten aus der Ukraine heraus russische Grenzdörfer an. Keine regulären Soldaten der ukrainischen Armee, sondern selbst ernannte Milizen, die allerdings zumeist unter ukrainischer Führung stehen.

Erste Berichte dazu gab es im Mai 2023. Ukrainische Sabotagetrupps würden offenbar in die Grenzregion Belgorod vordringen, so der Kreml. Das Verteidigungsministerium, der russische Inlandsgeheimdienst FSB und die Grenzbeamten hätten Präsident Putin darüber informiert, so Kremlsprecher Dmitri Peskow. Es werde daran gearbeitet, diese »Sabotage-Gruppe von russischem Gebiet zu vertreiben und auszuschalten«. Zuvor hatte bereits der Gouverneur der Region, Wjatscheslaw Gladkow, mitgeteilt, »eine Sabotage- und Aufklärungsgruppe der ukrainischen

Streitkräfte« sei in die Region eingedrungen. Drei Menschen hätten Schrapnellwunden erlitten. Die Opfer seien mit mittelschweren Verletzungen ins Krankenhaus eingeliefert worden.

Über Details berichtete die Zeitung *Kommersant*. Die Angreifer seien Soldaten der Legion »Freiheit Russlands« gewesen, die von ukrainischer Seite aus auf russisches Staatsgebiet vorgedrungen seien. Diese Einheit bestehe aus desertierten russischen Soldaten, die jetzt für die Ukraine kämpften. Der ukrainische Militärgeheimdienst bestätigte die Kämpfe. Es sei »eine Operation zur Befreiung des Gebiets Belgorod vom sogenannten Putin-Regime« begonnen worden, sagte Militärgeheimdienstsprecher Andrij Jussow. Ein Vertreter der ukrainischen »Legion« erklärte, man wolle »eine entmilitarisierte Zone an der Grenze zur Russischen Föderation schaffen, von wo aus sie [das russische Militär] die Ukraine nicht beschießen können«. In der Folge drangen immer mehr proukrainische Milizen in das Grenzgebiet ein und lieferten sich mit der russischen Armee Gefechte.

Doch wer sind diese Milizen? Von ukrainischer Seite wird immer wieder betont, die Kämpfer agierten auf eigene Faust. »Die Legion ›Freiheit Russlands‹, das ›Russische Freiwilligenkorps‹ und das ›Sibirische Bataillon‹ sind in die Gebiete Kursk und Belgorod im Rahmen einer gemeinsamen Operation vorgedrungen«, schrieb etwa der in der Ukraine lebende Ex-Abgeordnete des russischen Parlaments, Ilja Ponomarjow, auf Telegram.

Vor allem der politische Hintergrund mancher dieser Kämpfer ist der ukrainischen Seite sichtlich unbequem. Denn unter den Milizionären sind russische Deserteure, aber eben auch ultrarechte Nationalisten. Der Sprecher des ukrainischen Militärgeheimdienstes betonte gegenüber Kiewer Medien, dass die Einheiten ausschließlich aus russischen Staatsbürgern bestünden.

»Auf dem Gebiet der Russischen Föderation handeln sie absolut autonom, selbstständig und setzen ihr gesellschaftlich-politisches Programm um«, sagte der Geheimdienstvertreter dem Internetportal *Ukrajinska Prawda*. Bei den Kämpfern der jüngsten Angriffe soll es sich um eine neue Formation gehandelt haben, schreibt die Zeitung *Kyiv Independent*. Das neue sibirische Bataillon habe zusammen mit der bereits früher gebildeten Legion »Freiheit Russlands« an den Angriffen teilgenommen.

Gleichfalls in der russischen Grenzregion kämpft das russische Freiwilligenkorps. Im Unterschied zu den anderen Freiwilligenmilizen soll diese Gruppierung nicht direkt den ukrainischen Streitkräften unterstellt sein. Anführer des Korps ist Denis Nikitin, bürgerlicher Name: Denis Kapustin. Dieser ist bei den Behörden in Deutschland, wo er früher gelebt hat, nur allzu bekannt. Auf eine Anfrage der Linken im Deutschen Bundestag vom August 2023 antwortete die Bundesregierung: »Nach Kenntnis der Bundesregierung ist Denis Kapustin als Rechtsextremist und Kampfsportler bekannt. Kapustin ist in der rechtsextremistischen Szene sowie der Hooligan- und Kampfsportszene international gut vernetzt.« Im Schengen-Raum hat der Russe Kapustin seit 2019 Einreiseverbot.

Doch nicht nur in den Grenzregionen trifft der Krieg die Menschen in Russland. Seit der Teilmobilisierung von Reservisten im Herbst 2022 befürchten viele weitere Mobilisierungswellen. Auch wenn ihr Präsident beteuert: Die Mobilisierung sei definitiv »am Ende«.

Sehr wahrscheinlich ist diese auch nicht nötig, denke ich – zumindest im Sommer 2024. Doch das kann sich schnell ändern. Möglich ist eine allgemeine Mobilisierung nach wie vor. Doch Russlands Militär hat ein viel probateres Mittel gefunden, um neue Soldaten anzuwerben: Geld Offizielle Zahlen dazu gibt es nicht, wohl aber Schätzungen. Zu Beginn der Kämpfe erhielt etwa ein Leutnant rund 800 Euro pro Monat. Jetzt verdient ein einfacher Gefreiter an der Ukrainefront bereits 1800 Euro. Und mancher Unteroffizier kommt auf rund 2000 Euro im Monat, das ist das 2,7-Fache des russischen Durchschnittslohns, schätzt das britische Verteidigungsministerium. Im Todesfall bekommen die Angehörigen eine »Einmalzahlung des Präsidenten« in Höhe von fünf Millionen Rubel, rund 50 000 Euro.

Für junge Russen sind die Löhne äußerst lukrativ. Der Wirtschaftswissenschaftler Wladislaw Inosemzew sagt laut der Onlineplattform *Dekoder*: »Gerade für Familien aus den ärmeren Regionen des Landes eröffnet der Kriegseinsatz eines Angehörigen ungeahnte Einkommensperspektiven. Der Tod auf dem Schlachtfeld ist im heutigen Russland nicht nur ein ›ehrenvolles Schicksal‹, sondern auch ein lukrativer Einsatz des eigenen Lebens.«

Der ehemalige Verteidigungsminister Sergei Schoigu wollte die Armee bis 2026 auf 1,5 Millionen Militärangehörige aufstocken, darunter bis zu 695 000 Vertragssoldaten. Dieses Ziel hat sich bis heute nicht geändert. Jeden Tag kämen 1000 bis 1500 Menschen, um den Vertrag zu unterzeichnen, zitiert das Onlinemedium *RBC* Putin. Menschen würden sich unter den heutigen Bedingungen bewusst zum Militärdienst melden. Sie wüssten, dass sie an der Front landen. »Unsere Männer, russische Männer, die erkennen, dass sie ihr Leben für das Vaterland geben oder schwer verwundet werden können, tun es immer noch bewusst und freiwillig und verteidigen die Interessen des Vaterlandes«, so Russlands Präsident.

Heimaturlaub gibt es allerdings keinen. Eine Rotation sei auch nicht vorgesehen, sagt Andrei Kartapolow, der Vorsitzende des

Verteidigungsausschusses des russischen Parlaments. »Die Militäroperation selbst läuft«, antwortete Putin bei einem Treffen mit Offizieren auf eine entsprechende Frage. »Natürlich wird es irgendwann notwendig sein, die Menschen schrittweise nach Hause zurückzubringen, und dieses Thema wird natürlich im Verteidigungsministerium diskutiert.«

Inzwischen rekrutiert das Militär verstärkt Arbeitsmigranten aus bettelarmen Ländern der ehemaligen Sowjetunion. Viele von ihnen arbeiten in Russland und schicken ihren kargen Verdienst nach Hause. Menschen aus den zentralasiatischen Staaten seien zahlreichen Einschüchterungsversuchen der russischen Behörden ausgesetzt, um sie zum Eintritt in die Armee zu bewegen, berichtet *Novastan*. Das Potenzial ist hoch: 1,3 Millionen Menschen kamen allein im ersten Quartal 2023 nach Russland, um dort zu arbeiten, vorwiegend aus Zentralasien. Sie seien das neue Ziel russischer Rekrutierungsstellen, warnt der tadschikische Politologe Parwis Mullodschonow. »Die russischen militärischen Rekrutierungsbüros können eine so wichtige Mobilisierungsressource nicht ignorieren.«

Die meisten Arbeitsmigranten streben die russische Staatsbürgerschaft an, auch um ständigen Schikanen zu entgehen. Im Migrationszentrum habe ihm eine Mitarbeiterin empfohlen, in die Armee einzutreten, erzählt ein Arbeiter aus Tadschikistan. »Sie sagte, wenn ich Vertragssoldat würde, bräuchte ich keine Aufenthalts- oder Arbeitserlaubnis mehr und könnte nach sechs Monaten Militärdienst einen russischen Pass bekommen.« Tadschikistan, Kirgistan und Usbekistan verbieten ihren Bürgern, in fremden Kriegen zu kämpfen. »Söldnertum« kann mit mehrjährigen Haftstrafen geahndet werden. Viele Migranten melden sich trotzdem freiwillig.

Manchmal scheint die Rekrutierung noch härter zu erfolgen. *Novastan* berichtet von der Geschichte eines Migranten, gleichfalls aus Tadschikistan. Nachprüfen kann man dies alles nicht, doch es gibt viele ähnliche Erzählungen. Der junge Mann sei illegal in Russland gewesen, wie viele Migranten. Er sei verhaftet worden, sollte eigentlich abgeschoben werden. 25 Tage habe er in einem Internierungslager verbracht, erzählt er. Dann habe er ein Dokument unterschreiben müssen, eine Verpflichtung. »Ich habe ihnen jeden Tag gesagt, dass ich nicht in den Krieg ziehen würde, aber sie haben mich trotzdem dorthin geschickt.«

Nicht in den Krieg ziehen wollte auch ein junger russischer Wehrpflichtiger, dessen Schicksal mich besonders berührt hat. »Ich will diese Qualen, die diese Tiere mir angetan haben, nicht beschreiben, aber ich kann damit nicht leben«, schrieb Sergej Gridin. Er wurde gerade mal 20 Jahre alt. Gridin erhängte sich mit einem Gürtel an der Metallleiter eines Wasserturms. Seine Vorgesetzten wollten ihn zwingen, einen Vertrag zum Einsatz in der Ukraine zu unterschreiben, so schildert Sergej es in seinem Abschiedsbrief. »Ich möchte Menschen nicht gehorchen, die nichts als Angst und Ekel einflößen. Deshalb habe ich beschlossen, hier in meiner Heimat zu sterben, ohne das Blut eines anderen an meinen Händen.«

Was genau war geschehen? Zumindest so viel ist klar: Gridin wurde als Wehrpflichtiger im November 2022 eingezogen und diente bis zu seinem Tod drei Monate in der Armee. Stationiert war er im Bezirk Krasnogorsk in der Region Moskau. Beim Militär war er nicht gerade glücklich, wie ein Zitat seiner Schwester Valeria auf der Onlineplattform *Severreal.org* zeigt: »Ich habe oft über seine Geschichten über den unglücklichen Dienst gelacht, der als Schneeräumtruppe bezeichnet wurde, denn egal wann ich mit ihm telefonierte, er hatte gestern und heute Schnee geräumt, und er würde es morgen wieder tun. Wie sollten sie ihn bei einer solchen Ausbildung überhaupt in die Ukraine versetzen?«

Von einer möglichen Verlegung ins Kampfgebiet erfuhr Gridins Familie Anfang Januar 2023. Nach Neujahr rief er uns an und sagte, dass sie ihn in die Ukraine schicken wollten. »Aber dann tat er so, als wäre es ein Scherz«, sagt Valeria. Sergejs jüngere Schwester Polina ergänzt in einem Interview mit dem Internetsender *TV Rain*: »Er hätte nicht in die Ukraine geschickt werden sollen, weil er Sehprobleme hatte, er nahm deswegen Pillen.«

In seinem Abschiedsbrief schreibt Sergej, er sollte »rotationsbedingt in die Ukraine«. Was nicht zulässig wäre: Wehrpflichtige dürfen nicht ins Kampfgebiet geschickt werden, nur Soldaten, die freiwillig einen speziellen Vertrag unterschrieben haben. Dies stellte Kremlsprecher Dmitri Peskow klar: »Vor Beginn der militärischen Sonderoperation wurden auf Anweisung des Präsidenten Russlands, des Oberbefehlshabers Wladimir Putin, alle Kommandeure der Einheiten der Streitkräfte angewiesen, die Beteiligung von Wehrpflichtigen für jegliche Aufgaben auf dem Territorium der Ukraine kategorisch auszuschließen.« Geschehen ist dies trotzdem. Dies hat das russische Verteidigungsministerium in der Zwischenzeit auch zugegeben. »Praktisch alle diese Soldaten« seien aber zurück in Russland, einige allerdings wurden von der ukrainischen Armee gefangen genommen.

Auch der junge Wehrpflichtige Sergej Gridin sollte wohl in den Kampf ziehen. Seine Familie erzählt, er habe in seinem Abschiedsbrief geschrieben, an einen Ort zu müssen, von dem niemand aus seiner »Firma« zurückgekehrt sei. Er habe den Kommandanten gebeten, ihn in der Einheit zu lassen, woraufhin der und die Unteroffiziere anfingen, ihn zu verspotten.

41

War das alles? Oder war da noch mehr? Sergejs jüngere Schwester sagt, die Familie habe am 11. Februar von Sergejs Tod erfahren. Die Leiche wurde ihrer Aussage zufolge erst am Morgen entdeckt, obwohl er sich um 22 Uhr erhängt hatte. Am Körper ihres Bruders seien Spuren von Schlägen gefunden worden. Im Untersuchungsbericht ist davon keine Rede. Wurde Sergej Gridin nicht nur verspottet und schikaniert, sondern auch geschlagen, gequält? Vielleicht war es auch gar kein Selbstmord, denke ich.

Gewalt in russischen Kasernen ist ein Dauerthema. Oft werden die Taten vertuscht, selten werden die Täter zur Rechenschaft gezogen. Die Strafen fallen in der Regel milde aus. So verurteilte das Militärgericht der Sotschi-Garnison einen Vorgesetzten zu zwei Jahren Gefängnis auf Bewährung. Betrunken hatte er Wehrpflichtige geschlagen, die einen Vertrag zum Ukraine-Einsatz nicht unterschreiben wollten. Danach befahl er den Wehrpflichtigen, Liegestütze zu machen, und ließ sie exerzieren. Bis zu fünf Jahre Haft stehen auf derartige Quälereien, doch das Militärgericht ließ Milde walten. Es gibt viele solcher Beispiele, manchmal kommt es zu Todesfällen. In einer Garnison in der Region Swerdlowsk starben drei Soldaten, einer nach einem Angriff seiner Kameraden, der zweite beging Selbstmord, ein dritter wurde entlassen und starb später zu Hause. Dies bestätigte der regionale Parlamentsabgeordnete unter Berufung auf das Militär.

Er müsse dorthin, von wo niemand zurückgekehrt sei, schrieb der Wehrpflichtige Sergej Gridin. Doch viele kehren zurück. Zuweilen sehe ich sie im Moskauer Stadtbild. Junge Männer, die Zukunft noch vor sich, mit amputierten Armen oder Beinen. Kriegsversehrte. »Mein Mann wurde schwer verwundet, er erhielt eine Salve von sechs Kugeln aus einem automatischen Gewehr. Eine traf seine Schulter, vier trafen seinen Arm und sein

Bein«, erzählt Olesya Nikolaewna. »Gott sei Dank kehrte er lebend zurück. Aber er ist jetzt behindert. Sein linker Arm wurde amputiert.« Der Leidensweg des russischen Kriegsversehrten ging allerdings noch weiter. Die Operation in einem Sankt Petersburger Krankenhaus verlief gut, die dringend benötigte Prothese allerdings bekam er nicht. »Sie sollten innerhalb von sechs Monaten eine Prothese bereitstellen, aber neun Monate sind bereits vergangen. Die Zeit vergeht, die Nervenenden in der Hand sterben ab, und es kommt zum Schwund des Muskelgewebes«, befürchtet Olesya Nikolaewna.

Wie viele Russen mit schweren Verletzungen aus der Ukraine heimkehren, das ist Staatsgeheimnis. Rechercheure und Datenjournalisten der Portale *Meduza* und *Mediazona* schätzten die Zahl der Kriegstoten im Mai 2023 auf knapp 50 000. »Unser Wissen über weitere Verluste der russischen Armee ist deutlich weniger umfassend. Berücksichtigt man die Schwerverletzten, die aufgrund ihrer Verletzungen aus dem Dienst entlassen wurden, dürfte die Gesamtzahl der Verluste bei rund 125 000 liegen.«

Mehr als die Hälfte aller Kriegsversehrten, die schwer verletzt aus der Ukraine zurückkommen, haben Amputationen hinter sich, berichtet die russische Zeitung *Rossiyskaya Gaseta*. Die Zahl habe Alexei Wowtchenko, der stellvertretende Minister für Arbeit und Sozialschutz, im russischen Föderationsrat genannt. Sie alle besäßen Verordnungen für Hilfsmittel, Prothesen, Rollstühle, Spezialkleidung, orthopädische Schuhe. Doch daran mangelt es in Russland.

Offiziell bestätigt das in diesem Ausmaß niemand. Immerhin räumte Marsel Minullin, Gesundheitsminister der russischen Republik Tatarstan, Probleme bei der Versorgung mit Hüft- und

Kniegelenken ein. Den Mangel an Prothesen und anderen Hilfsmitteln beschäftigte auch das russische Parlament. »Die Aufgabe von uns allen besteht darin, alle bestehenden Probleme zu erkennen und sofort Maßnahmen zu ihrer Lösung zu ergreifen«, sagte die Abgeordnete Tamara Frolowa der Onlineplattform *Mosregtoday.ru*. »Unsere Jungs sollten auf keinen Fall ohne Unterstützung dastehen!«

Soldaten können Prothesen entweder über das Verteidigungsministerium oder über die Krankenversicherung erhalten. Dazu müssen sie einen Antrag auf Behinderung stellen, anschließend heißt es warten. Russlands Medizinindustrie versucht dem Mangel entgegenzusteuern. So investiert etwa der Konzern Rostec eine Milliarde Rubel, rund zehn Millionen Euro, in die Herstellung von Hightech-Prothesen. Mikromotoren, die dafür benötigt werden, haben früher westliche Hersteller geliefert. Jetzt ist der Export sanktioniert, sie könnten auch in der Rüstungsindustrie verwendet werden. China ist der neue Lieferant für die Kleinstmotoren – wenn sie nicht unter Umgehung der Sanktionen über Drittländer importiert werden.

Geschichten über Kriegsversehrte, die auf Unterstützung warten, findet man viele, sei es in Regionalzeitungen oder sozialen Netzwerken. Sie alle müssen gleichzeitig auch mit den psychischen Folgen der Kampfeinsätze zurechtkommen. Posttraumatische Belastungsstörungen (PTBS) seien an der Tagesordnung, sagt die Psychologin Tatjana Kowalenko. »Schlafstörungen, Essstörungen, unerklärliche Aggression oder Gleichgültigkeit gegenüber Familie und Arbeit, Rückzug, das Gefühl von Sinnlosigkeit im Leben, Alkoholsucht.« Es komme sogar vor, sagt die Psychologin, »dass Veteranen darauf fixiert sind, mit ihren Kameraden an die Front zurückzukehren«.

Viele der Kriegsheimkehrer, die an PTBS leiden, ignorieren die Symptome. In Perm, im Westen Russlands, kümmern sich Psychologen des Projekts »Leben nach dem Krieg« um Heimkehrer mit Belastungsstörungen. Sie sagen: »Die Realität dieser Menschen hat sich dramatisch verändert, sie haben den Tod gesehen, für diese Menschen hat sich die Hierarchie der Werte und Bedürfnisse völlig verändert. Psychologisch gesehen erleben sie ein unglaubliches Gefühl der Einsamkeit, da Menschen, die nicht gekämpft haben, die Lebensphilosophie von Kriegern nur sehr selten verstehen und akzeptieren können.« Die Folge: »Das ›Überlebenssyndrom‹ ist weit verbreitet – das Gefühl einer Schuld gegenüber verstorbenen Kameraden. Gleichzeitig erlaubt der ›Heldenkomplex‹ es einem nicht, irgendwohin zu gehen, um Hilfe zu holen. Der soziale Zustand eines Menschen nach Kampfeinsätzen und Überstellung in die Reserve ist durch die sogenannte ›Identitätskrise‹ gekennzeichnet, also den Verlust der Integrität und des Vertrauens in die eigene soziale Rolle.«

Unter den Menschen, die in Sankt Petersburg in Beratungseinrichtungen um psychologische Hilfe nachsuchen, seien nur wenige Kriegsveteranen, sagt Elena Isajewa vom Sankt Petersburger Gesundheitskomitee für medizinische Psychologie. Der Grund, so Isajewa gegenüber dem Onlinemedium *Fontanka.ru*: »Diejenigen, die von der Spezialoperation zurückgekehrt sind, sind Helden, und Helden können sich nicht beschweren.« Ein »echter Mann«, so glauben viele Kriegsheimkehrer, müsse seine Probleme selbst bewältigen. Stattdessen kämen die Frauen in die Beratung. Sie sagten, ihr Ehemann sei in sich zurückgezogen, rede nicht, es gebe kein Gespräch. »Er kam anders zurück«, erzählt die Frau eines Kriegsheimkehrers, »still, verschlossen.« Er habe Albträume, zucke bei lauten Geräuschen und den Sirenen von Einsatzfahrzeugen zusammen. Seine Frau möchte er nicht belasten, er denke »es wird von allein verschwinden«.

Doch der Druck durch die Kriegstraumatisierung wird meist schlimmer und schlimmer. Und manchmal kommt es zur Explosion. Wie in Nischni Nowgorod. Dort erstach ein 44-jähriger Soldat im April 2023 seine Frau. Er war auf Heimaturlaub, spürte angeblich in der Nacht, dass seine Frau ihm Geld aus der Brieftasche nehmen wollte. Es kam zum Streit, und er stach zu. Der Soldat rief noch den Krankenwagen, doch es war zu spät. Die Frau starb.

Fälle wie diese beunruhigen die Menschen in Russland. Die Organisation Nasiliu.net (»Nein zu Gewalt«) befürchtet, dass in Zukunft Fälle von häuslicher Gewalt durch Kriegsrückkehrer zunehmen werden: »Tatsache ist, dass die Auswirkungen des Krieges nicht in kurzer Zeit sichtbar sind. Der Masseneffekt wird wahrscheinlich verzögert und langfristig eintreten, wenn die Mehrheit der Kämpfer von der Front zurückkehrt.« Doch eine öffentliche Debatte darüber? Russlands Politik möchte das vermeiden. *Meduza* hat herausgefunden, dass es wohl Anweisungen an Journalisten gibt, einschlägige Berichterstattung zu vermeiden, »damit die Russen Kämpfer nicht als potenzielle Kriminelle betrachten und keine Angst vor ihrer Rückkehr haben«, zitiert das Onlinemedium eine dem Kreml nahestehende Quelle. Gefragt seien positive Geschichten. Etwa die, wie ein Soldat auf Heimaturlaub seine Tochter mit Blumen überrascht. Blumen für die Ehefrau, Blumen für die Mutter, das wird gern gedruckt. »Es besteht der Wunsch zu zeigen, dass die Jungs, die von der Front zurückkehren, wirklich höfliche, einfühlsame und fürsorgliche Menschen sind«, so *Meduzas* Quelle.

Das Leid und die Probleme der russischen Kriegsveteranen kennt auch Irina. Sie arbeitet als Freiwillige in Petersburger

Krankenhäusern und betreut Kriegsversehrte psychologisch. Oft gegen den Widerstand der Krankenhausverwaltungen. »Wir sind ständig eingeschüchtert: Wir können das nicht schreiben, wir können nicht darüber reden«, sagt sie *Meduza*. Doch die Soldaten seien froh über die Besuche im Krankenzimmer. »Befindet sich ein Soldat in einem kritischen Zustand, liegt er meist in Embryonalstellung, mit dem Rücken zu allen, den Kopf mit einer Decke bedeckt. Es gibt schwierige psychologische Fälle, bei denen man den ganzen Tag mit einer Person verbringen muss.«

Der 22-jährige Alexander hatte noch Glück im Unglück. Psychische Probleme wie eine Kriegstraumatisierung hat er nicht. Alexander hatte sich der berüchtigten Söldnergruppe Wagner angeschlossen und in Bachmut gekämpft. »Nur ein Projektil sei es gewesen«, sagt er, eine kleine Kugel. Im Feldlazarett erklärte ihm der Arzt: »Wir können Ihr Bein retten, aber Sie werden nicht mehr gehen können. Und es besteht das Risiko einer Blutvergiftung.« Schließlich kam es doch zur Amputation. Nach langem Hin und Her bekam Alexander aber immerhin seine Prothese, er kann sogar wieder Sport machen.

Die Schlacht um Bachmut von August 2022 bis Mai 2023 war wohl die längste und verlustreichste seit Beginn des Krieges. Früher lebten 70 000 Menschen in der ukrainischen Stadt, heute ist sie eine Ruinenlandschaft. Gewonnen hat die Schlacht nicht die russische Armee, es war die Söldnertruppe Wagner, die dort mit Härte und Grausamkeit kämpfte. Jewgeni Prigoschin, der Chef der Wagner-Söldner, lag damals im Dauerclinch mit der russischen Armeeführung. Umso wichtiger war für ihn, dass er die Einnahme von Bachmut für sich verbuchen und als Erster verkünden konnte. Erst später folgten das russische Verteidigungsministerium und der Kreml.

Prigoschin und Putin kannten sich aus Sankt Petersburg. Als Putin noch in der Sankt Petersburger Stadtverwaltung arbeitete, soll er öfters in Prigoschins Restaurant eingekehrt sein, der deshalb »Putins Koch« genannt wurde. Später, als Putin Präsident wurde, richtete Prigoschins Catering-Firma Staatsbankette aus. Unter den Gästen waren der damalige US-Präsident George W. Bush und Frankreichs Staatsoberhaupt Jacques Chirac.

Lange Zeit agierte Prigoschin im Hintergrund. Erst mit dem Einsatz seiner Wagner-Söldner in der Ukraine trat der Unternehmer zunehmend in die Öffentlichkeit. Für die Kämpfe in der Ukraine wurde er gut bezahlt. Putin zufolge erhielt die Wagner-Truppe 86,3 Milliarden Rubel allein für Gehälter und Prämien. Das sind über 860 Millionen Euro.

Früher waren Privatarmeen wie die Söldnergruppe Wagner in Russland offiziell verboten, der Kreml dementierte regelmäßig deren Einsatz, etwa bei der Eroberung der Halbinsel Krim oder in Syrien. In Afrika halfen Wagner-Strategen lokalen Machthabern, die russischen Interessen zu unterstützen und Wahlen zu gewinnen. Im vom Bürgerkrieg geschundenen Mali sind Wagner-Truppen bereits seit Ende 2021 im Einsatz. Sie unterstützen die dortige Militärjunta, die blutig um ihre Macht kämpft.

Inzwischen haben Privatarmeen in Russland Konjunktur. Der Ölkonzern Lukoil baue »eine unternehmenseigene private Sicherheitsorganisation« auf, berichtet die Nachrichtenagentur *RIA Nowosti*. Gleiches tue der Energiekonzern Gazprom. Sie sollen vorrangig ihre Produktionsanlagen schützen, etwa vor Drohnenangriffen aus der Ukraine. Es scheint, so *RIA*, »dass wir vor einer starken Zunahme firmeneigener und anderer paramilitärischer Strukturen sowie vor großen Veränderungen in der Herangehensweise an den Einsatz militärischer Gewalt stehen«.

Schon vor der Eroberung Bachmuts schwelte der Streit zwischen Jewgeni Prigoschin und dem damaligen russischen Verteidigungsminister Sergei Schoigu. Immer wieder warf Prigoschin der Armeeführung Unfähigkeit und mangelnde Härte vor. Und das mit einer Heftigkeit, die andere Kritiker für viele Jahre ins Straflager gebracht hätte. »Die meisten Kommandanten des Verteidigungsministeriums werden mir zustimmen, dass die Führung des Verteidigungsministeriums der Russischen Föderation eine Gemeinschaft von Laien ist«, durfte einer seiner Wagner-Kommandeure, ausgezeichnet als »Held Russlands«, auf Telegram schreiben.

Prigoschin, seiner Macht wohl sehr sicher, fabulierte von einem »Großvater«, der ein »komplettes Arschloch« sei und glaube, alles sei in Ordnung, obwohl er Russland an die Wand fahre. Wen er genau gemeint hat, ließ Prigoschin offen, viele dachten, es sei Putin. Dann allerdings nannte der Söldnerführer doch noch Namen, den geschassten stellvertretenden Verteidigungsminister Michail Misinzew und Waleri Gerassimow, den russischen Generalstabschef. Nach dem Ende der Kämpfe um Bachmut trat Prigoschin nochmals nach. Auf Telegram schrieb er: »Da wir jetzt zu einer wohlverdienten Ruhepause aufbrechen, werde ich dem russischen Volk die Namen aller Bürokraten offenbaren, die sich in unseren Sieg eingemischt, keine Papiere unterzeichnet und sich uns widersetzt haben. Es sollte diese Namen kennen.«

Die Auseinandersetzung zwischen Prigoschin und der Armeeführung hätte hier zu Ende sein können. Doch sie führte zu einer Staatskrise. Zum 1. Juli 2023 hätte sich die Wagner-Truppe dem Verteidigungsministerium unterstellen müssen. Das wollte der damals amtierende Verteidigungsminister Schoigu. Doch

Prigoschin weigerte sich, stellte sich gegen den Kreml. Schoigu könne über das Ministerium und die regulären Soldaten bestimmen, sagte Prigoschin auf seinem Telegram-Kanal. Der Minister sei aber schon bisher nicht in der Lage, seine eigenen Truppen zu führen. Prigoschin betonte zugleich, dass er sich nur Präsident Putin als Oberbefehlshaber und den Interessen Russlands unterordne. Und er ging noch einen Schritt weiter – er plante seinen Marsch auf Moskau. Er nannte ihn »Marsch der Gerechtigkeit«.

Am 24. Juni 2023 saß ich mit meiner Frau auf unserem Balkon in der Moskauer Innenstadt, hatte die nahe gelegene zentrale Einfallstraße im Blick und wartete. Wartete auf die Kolonne der Wagner-Söldner, die wohl diesen Weg genommen hätte. Prigoschin hatte den Marsch auf Moskau für den Fall angekündigt, dass Schoigu und Gerassimow nicht freiwillig zurücktreten würden. Wie viele Russen hatte auch mich ein Video im Netz aus Rostow am Don, aufgenommen an einer Tankstelle am Stadtrand, regelrecht verstört. Es zeigt den Moment, als die Kolonne der Wagner-Söldner in die südrussische Stadt einmarschiert. Panzer, Mannschaftstransporter, zivile Pkws. Ein Fahrzeug nach dem anderen. Am Straßenrand stehen Spezialpolizisten, reguläre Truppen, das Sturmgewehr gesenkt. Sie schauen einfach nur zu. Und viele Menschen in Russland fragten sich: Wo war eigentlich unsere Armee?

Die Kolonne fuhr Richtung Moskau. Vereinzelt griffen Armeehubschrauber an, es soll Tote gegeben haben, doch Prigoschin konnte weitgehend unbehelligt weiterziehen. Dann trat Putin vor die Fernsehkamera. Er sprach von einem »Dolchstoß in den Rücken«. »All jene, die sich bewusst auf den Weg des Verrats begeben haben, die einen bewaffneten Aufstand vorbereitet haben, die den Weg der Erpressung und der terroristischen Methoden eingeschlagen haben, werden unvermeidlich bestraft werden.« Hart wolle er durchgreifen. »Wir werden siegen und stärker werden«, versprach Putin.

Und dann, wenige Stunden später und einige Hundert Kilometer weiter in Richtung Moskau, die Wende: Prigoschin beendete seinen Vormarsch und zog die Truppen zurück. Kremlsprecher Peskow erklärte, Prigoschin werde nach Belarus gehen und die Anklage gegen ihn werde fallen gelassen. Auch die Kämpfer seiner Wagner-Gruppe würden nicht strafrechtlich verfolgt. Den Rückzug gegen Straffreiheit vermittelt hatte der belarussische Staatschef Alexander Lukaschenko, so Peskow. Die Wagner-Kämpfer verließen Rostow am Don unter begeistertem Applaus und Rufen der Anwohner, berichtet *Meduza*. Alles wieder ganz normal?

Für viele Menschen in Russland war es das nicht. Wo habe ihr Präsident gesiegt, und wo sei Russland stärker geworden, fragten sie sich. Was sei mit dem harten Durchgreifen, der Bestrafung der Putschisten? Und warum habe es eines ausländischen Staatschefs als Vermittler bedurft, auch wenn Lukaschenko eine Art Vasall des Kremlchefs ist? Können Russen ihre Angelegenheiten nicht allein regeln?

Der Politologe Abbas Galljamow sieht vor allem die zunehmende Entfremdung zwischen dem Machtapparat und der Bevölkerung als Problem für Russlands Präsidenten. »Man kann kein superzentralisiertes System aufbauen und sich dann von der Außenwelt abschotten«, meint er. Putins Probleme hätten bereits vor Prigoschins Putschversuch begonnen, als Drohnen fast bis Moskau flogen, als proukrainische Gruppierungen in die Grenzregion Belgorod einmarschierten. Von oppositioneller Stimmung in Belgorod, Woronesch, Brjansk und anderen Grenzregionen spricht Galljamow. »Unter den Bewohnern wächst das Gefühl, dass Moskau sie dem Schicksal überlassen hat.«

Die Geschichte endete bekanntlich wie ein Krimi. Am 23. Juni stürzte in der Nähe der Stadt Twer ein Privatjet vom Typ Embraer Legacy 600 ab. Das Flugzeug mit der Registrierungsnummer RA-02795 gehörte laut Medienberichten der MNT-Aero LLC, einer Gesellschaft, die auf Geschäftsreisen spezialisiert ist. Zehn Menschen kamen ums Leben, sieben Passagiere und drei Besatzungsmitglieder. Schnell ist klar: Prigoschin war an Bord und mit ihm die Führungsspitze der Wagner-Truppe. Darunter war auch Dmitri Utkin, ein Ex-Geheimdienstler, der zusammen mit Prigoschin Wagner gegründet hatte. Ihm wird eine Vorliebe für den Komponisten Richard Wagner nachgesagt – daher wohl der Name der Truppe.

Schnell begannen die Spekulationen um die Absturzursache. Die Fakten: Unterwegs war das Flugzeug von Moskau nach Sankt Petersburg, wo Prigoschin seinen Firmensitz hatte. Gemäß der Flugdaten gewann das Flugzeug nach dem Start stetig an Höhe. Das Wetter war gut, Anzeichen auf technische Probleme gab es nicht, kein Notruf wurde abgesetzt. Dann gab es wohl eine Explosion. Augenzeugen hatten laute Knallgeräusche gehört. Bombe? Abschuss?

Eine internationale Untersuchung gab es nicht. Es sei ein Attentat gewesen, berichtet das *Wall Street Journal*, verantwortlich sei Nikolai Patruschew, Sekretär des russischen Sicherheitsrates und enger Vertrauter Putins. Belege dafür gibt es allerdings nicht. Das *Wall Street Journal* beruft sich auf westliche Geheimdienste und einen früheren russischen Geheimdienstmitarbeiter.

»In den Leichen wurden Fragmente von Handgranaten gefunden«, sagt hingegen Putin. »Es gab keinen externen Einschlag in das Flugzeug, das ist bereits erwiesen.« Beweise für
seine Aussagen legte Putin nicht vor. Der Kremlchef ergänzte,
es sei falsch gewesen, dass die Ermittler die Leichen der Passagiere nicht auf Alkohol und Drogen getestet hätten. Schließlich sei bei den Durchsuchungen des Wagner-Hauptquartiers in
Sankt Petersburg Kokain gefunden worden. Also: Drogenparty
an Bord, Herumspielen mit Handgranaten, Absturz. Auch das
kann glauben, wer mag. In Russland, im Ukraine-Krieg spielen
Prigoschins Wagner-Söldner keine Rolle mehr. Zumindest ist
darüber nichts bekannt. In Afrika sind sie jedoch nach wie vor
im Einsatz, setzen dort russische Interessen durch. Und Jewgeni
Prigoschin? In Russland scheint er nach wie vor verehrt zu werden. Sein Grab jedenfalls in Sankt Petersburg ist stets mit Blumen geschmückt.

Die Krise um die Söldnergruppe Wagner, für den Kreml ist
sie ausgestanden. Doch das Land kommt nicht zur Ruhe. Es ist
der 22. März 2024, mit zwei Freunden und Kollegen sitze ich in
Moskau in einem georgischen Restaurant. Es soll ein entspann-
ter Abend werden, doch es kommt anders. Erste Meldungen in
den sozialen Netzwerken: Terroranschlag in Moskau. Von Toten
ist die Rede, am Ende werden es insgesamt 144 sein. Was war geschehen in Krasnogorsk, einer Vorstadt von Moskau?

Unbeschreibliches Chaos in der Crocus City Hall, einer Ver-
anstaltungshalle. Während eines Konzerts greifen vier Terroristen in Tarnkleidung die Besucher an. »Wir waren drei Schritte
vom Eingang entfernt, als sie anfingen, direkt vom Eingang aus
zu schießen. Und ein Mann fällt vor mir – tot«, berichtet einer
der Besucher in einem Video im Netz. Schnell verbreiten sich die

Bilder. Sie zeigen schreiende Menschen, Schüsse sind zu hören. »Ich weiß nicht, wer das war«, sagt einer, »Terroristen, Militär. Sie trugen braune Kleidung. Sie begannen, mit Maschinenpistolen auf Menschen zu schießen. Alle wollten fliehen. Jeder hatte Panik, die Menschen warfen sich auf den Boden und drückten sich aneinander. Jetzt brennt der Crocus hinter mir. Er wurde in Brand gesetzt.«

Der Telegram-Kanal *Mash* berichtete, die Schießerei habe an mehreren Stellen des Konzertsaals begonnen, die Täter hätten Stühle im Konzertsaal angezündet, woraufhin sich das Feuer ausbreitete. An dem Gebäude waren lodernde Flammen zu sehen und eine riesige Rauchwolke. In den Zuschauersälen gibt es Tausende Plätze. Dutzende Rettungswagen waren im Einsatz und viele Busse, um Menschen in Sicherheit zu bringen.

Während viele Opfer noch in Krankenhäusern um ihr Leben kämpfen, reklamiert die Terrormiliz »Islamischer Staat« die Tat für sich. Das Bekennerschreiben stammt von einem Ableger des IS, der sich »IS Provinz Khorasan« nennt. Khorasan ist eine historische Region in Zentralasien, sie umfasst die heutigen Staaten Afghanistan, Iran, Tadschikistan, Usbekistan und Turkmenistan. Nach dem Anschlag hatte die Terrormiliz ein Foto veröffentlicht, das die vier mutmaßlichen Täter zeigen soll. International gilt die Urheberschaft der Terrormiliz inzwischen als halbwegs gesichert. Doch Wladimir Putin sprach in einer vom Staatsfernsehen übertragenen Rede von einer angeblichen Verwicklung der Ukraine in den Terroranschlag. Mit Blick auf die vier Festgenommenen sagte er: »Sie haben versucht, sich zu verstecken, und sich in Richtung Ukraine bewegt, wo für sie ein Fenster für einen Grenzübertritt vorbereitet worden war.« Zuvor hatte Russlands Inlandsgeheimdienst

FSB bereits über Festnahmen in der Grenzregion Brjansk berichtet.

Die Hinweise verdichteten sich tatsächlich, dass die in der Region Brjansk festgenommenen vier Hauptverdächtigen in Richtung Ukraine flüchten wollten. Dies beweist aber nicht, dass Kiew hinter dem Terroranschlag steht.

Im Netz kursiert ein Video, das das Verhör eines der Verdächtigen zeigen soll. Es ist ein unvorstellbar grausames Video. Beamte foltern den 30-jährigen Rajab A., schneiden ihm ein Ohr ab. Festgenommen worden sei er in der Nähe des Ortes Khatsun, rund 140 Kilometer von der ukrainischen Grenze entfernt. Das kremlkritische Onlinemedium *Meduza* konnte das Video geolokalisieren und bestätigt den Festnahmeort. Er liegt wenige Kilometer hinter der Kreuzung der Autobahnen M3 und P-120, die nach Westen zur Grenze nach Belarus und nach Süden zur Ukraine führt. A. war in südlicher Richtung unterwegs, so *Meduza*. »Der Ort bestätigt offenbar die Behauptung russischer Staatsbeamter, die Verdächtigen seien auf dem Weg in die Ukraine.« Nach dem Anschlag waren insgesamt elf Verdächtige festgenommen worden. Den Tätern droht eine lebenslange Haftstrafe.

Wenige Tage später werden in der russischen Teilrepublik Dagestan im Nordkaukasus vier weitere Tatverdächtige festgenommen. Sie seien direkt an der Finanzierung und der Ausrüstung der Terroristen beteiligt gewesen seien, teilt der Inlandsgeheimdienst FSB in Moskau mit. In einem Video, veröffentlicht in den Staatsmedien, sagt ein unkenntlich gemachter Mann, er habe den Tätern aus der dagestanischen Hauptstadt Machatschkala die Waffen für den Anschlag übergeben. Ob das Video echt ist? Niemand weiß es.

Die Haupttäter, die Schützen in der Terrornacht, stammen aus Tadschikistan. Der Hass vieler Russinnen und Russen trifft nun unschuldige Menschen aus diesem Land, die als Arbeitsmigranten in Russland leben. In Blagoweschtschensk in der Region Amur zündeten Unbekannte einen Einkaufspavillon an, der Migranten gehört. »Offensichtlich aus nationalen Gründen«, so der Bürgermeister der Stadt. In Kaluga schlug eine Gruppe Unbekannter drei Tadschiken auf der Straße zusammen, einer von ihnen wurde ins Krankenhaus eingeliefert. Aus verschiedenen Regionen Russlands gab es Berichte, dass Kunden die Dienste von Taxifahrern tadschikischer Nationalität verweigern.

All dies trifft den 36-jährigen Alim. Er stammt aus Tadschikistan, lebt seit 2011 in Russland und ist Taxifahrer. »Am Morgen berichteten Medien, dass es sich bei den Angreifern um Tadschiken handele. Zuerst konnte ich es nicht glauben, aber dann hörte ich in einem der Videos die tadschikische Sprache. Dann kam die Erkenntnis und dann – große Enttäuschung«, sagt er. »Mit ihren Gräueltaten haben sie dem Ruf eines ganzen Volkes geschadet.«

Doch islamistische Terroristen müssen nicht unbedingt aus dem Ausland kommen. 2002 hatten tschetschenische Bewaffnete 850 Menschen in einem Musical-Theater in ihre Gewalt gebracht. Am vierten Tag des Dramas betäubte der Inlandsgeheimdienst die Geiselnehmer und die Geiseln mit einem Gas. Die Terroristen wurden erschossen. 135 Geiseln kamen ums Leben. Schlagzeilen machten radikale Muslime nach Beginn der Kämpfe im Gaza-Streifen in der russischen Republik Dagestan. Dutzende Männer hatten den Flughafen der Hauptstadt Machatschkala gestürmt und versuchten, in ein Flugzeug zu gelangen, das Israelis aus Tel Aviv evakuiert hatte.

Im Juni 2024 setzte sich der Terror in Dagestan fort: Mehrere schwer bewaffnete Terroristen attackierten in der Stadt Derbent eine Synagoge und eine russisch-orthodoxe Kirche. In beiden Gotteshäusern brachen Brände aus. Ein Priester wurde bestialisch ermordet. Die unbekannten Angreifer hätten automatische Waffen benutzt und seien in einem Auto geflohen, erklärten die Behörden. Auch in der Hauptstadt Machatschkala habe es eine Schießerei vor einer Polizeistation gegeben. Drei der Attentäter waren nach Medieninformationen Söhne und Neffen eines hochgestellten Beamten in der Region.

In Dagestan hätten viele Juden Angst, zitierte das Onlinemedium *Rise* nach den Vorfällen auf dem Flughafen Ovadya Isakow, den Oberrabbiner von Derbent. »Die Situation in Dagestan ist sehr schwierig, die Leute aus der Gemeinde haben Angst, sie rufen an, aber ich weiß nicht, was ich raten soll.« Auch persönlich habe er Angst, sagte Isakow. »Ich fühle mich nicht sicher, obwohl die Synagoge bewacht ist und es Streifen gibt.« Jederzeit sei aber mit Schlimmerem zu rechnen. Und Isakow hatte recht. Nun griffen Terroristen mit Schnellfeuerwaffen die Synagoge an. Nun gab es Tote. Islamismus wird zum zunehmenden Problem in der riesigen Russischen Föderation.

Hinzu kommt der Krieg in der Ukraine, der vielen schon zu lange dauert, Prigoschins Aufstand, Terror. Und nun, im April 2024, auch noch die Verhaftung des stellvertretenden russischen Verteidigungsministers Timur Iwanow. Er habe Bestechungsgelder angenommen, so der Vorwurf. Russische Medien berichten, dem 48-jährigen Iwanow drohten bis zu 15 Jahre Haft. Es knirscht im Gebälk des russischen Machtapparates. Und es kommt zunehmend Kritik aus der eigentlich kremltreuen Elite des Landes. Der prominente Parlamentsabgeordnete Konstantin

Satulin von der Kremlpartei Geeintes Russland etwa kritisierte ein Versagen auf ganzer Linie. Kein einziges vom Kreml ausgegebenes Kriegsziel sei umgesetzt: weder eine Entmilitarisierung der Ukraine noch deren Neutralität noch ein besserer Schutz der Menschen im Donbass. »In welchem der Punkte haben wir ein Ergebnis erreicht? In keinem einzigen«, sagte Satulin.

Im Spätfrühjahr 2024 sitze ich im Park nahe dem Denkmal der ukrainischen Dichterin Lessja Ukrajinka und denke nach. Wie wird es mit Russland weitergehen? Mir ist wichtig, dass es einen Unterschied gibt zwischen den Menschen in Russland und dem Regime von Wladimir Putin. Dass »der Russe« nicht morgens aufwacht und darüber nachdenkt, welches Land er heute überfallen kann. Was mich an der Berichterstattung vieler deutscher Medien ärgert: Zwischen den Menschen in Russland und dem Regime wird kein Unterschied mehr gemacht. Russland an sich ist böse. Ich weiß allerdings auch, dass die überwältigende Mehrheit der Menschen Wladimir Putin gewählt hat. Warum machen sie das? Zum einen lässt das autokratische Regime bei Wahlen keine Alternative zu. Zum anderen aber denken ganz viele Menschen: Sicher, wir haben viele Probleme im Land. Aber wenn sie einer lösen kann, dann ist es unser Präsident.

Wladimir Putin hat gerade seine nächste Amtsperiode angetreten. Wäre ein Russland ohne Putin oder einen von ihm bestimmten Nachfolger überhaupt denkbar? Ganz gewiss würde nicht Demokratie vom Himmel regnen, und alles wäre gut. Wahrscheinlicher wäre eine Neuauflage der Neunzigerjahre, mit Machtkämpfen und Zerfall jeglicher Ordnung. Und das in der größten Atommacht der Erde. Ich fürchte, wenn es Putin nicht mehr gäbe, was viele Politiker im Westen anstreben, dann würden sich ebendiese Politiker den Kremlchef wieder zurückwünschen.

PUTIN UND WIR –
EINE ZERRÜTTETE BEZIEHUNG

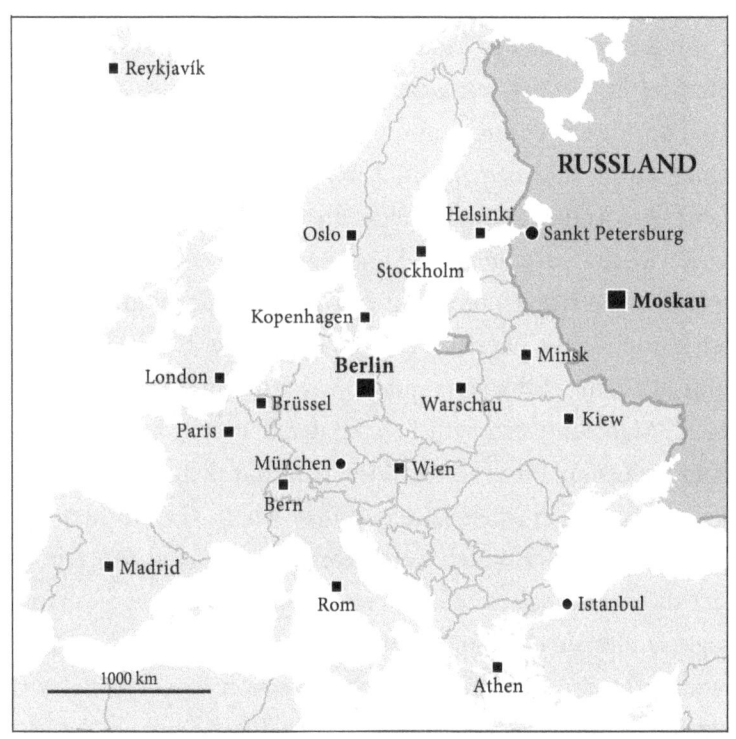

NACH LANGER ZEIT bin ich mal wieder in meiner Heimatstadt München, der Stadt, die ich so ganz anders liebe als meine Wahlheimat Moskau. In München bin ich aufgewachsen. Ich gehe vorbei an der Feldherrnhalle im Stadtzentrum, die an andere Kriege erinnert als den, der mich gerade beschäftigt. Im Stadtteil Sendling, an der Isar, haben meine Frau Erika und ich eine kleine Wohnung, die wir über all die Jahre behalten haben und niemals aufgeben werden. So der Plan.

Im dritten Jahr des Ukraine-Krieges spüre ich, dass sich die Stadt verändert hat, wie wohl das ganze Land. Viele Menschen sind verunsichert, nicht nur von den hohen Preisen für Heizung, Strom und Lebensmittel. Wie wird das Leben weitergehen? Eine Ampel-Koalition bildet die Regierung, deren Handeln vielen Menschen zunehmend unglaubwürdig erscheint. Rechtspopulisten erstarken nicht nur in Deutschland, sondern in vielen europäischen Ländern. Noch mehr Panzer für die Ukraine, und die Welt wird wieder gut, so wie früher? So einfach ist es nicht. Man kann sich natürlich auf den Standpunkt stellen, wir sind die Guten, Putin ist der Böse. Hilft nur nicht weiter.

In den vergangenen Jahren spürte ich in Gesprächen mit Freunden und Bekannten viel Interesse an Russland. Wie lebt es sich da? Ängste gab es natürlich auch. Wenn du ein falsches Wort sagst, landest du dann im Straflager? Nein, so ist es nicht. Als Auslandskorrespondent fragt man sich aber schon: Was berichten wir eigentlich aus Russland? Bringen wir den Zuschauern und Lesern zu Hause dieses Russland wirklich so nahe, wie es unser Job wäre?

Doch jetzt spüre ich beim Thema Russland zunehmend Gereiztheit, Aggression und manchmal sogar Hass. Am Abend erzählt mir meine Frau Erika eine Geschichte, die sie tagsüber erlebt hat. Mit einer Kollegin saß sie in einem Café, sie sprachen über

Moskau, über Russland. Plötzlich sprang eine Frau am Nachbartisch auf, die ungebeten zugehört hatte. Erika solle doch nach Moskau verschwinden und dem Putin die Füße küssen! Natürlich kann man derartige Erfahrungen nicht generalisieren. Auch nicht die vielen Kommentare unter meinen Artikeln im Forum meiner Zeitung.»Putin-Versteher!«, ist noch das Harmloseste. Aber: Warum versuchen wir nicht, Putin zu verstehen? Wer ist dieser Mann überhaupt? Und warum hält er sich so lange an der Macht?

Es war ein historischer Silvesterabend, der 31. Dezember 1999. Russlands Präsident Boris Jelzin, krank und trunksüchtig, trat zurück und benannte seinen Nachfolger.»Wir haben die Rede von Jelzin, Gott sei Dank, die letzte, live miterlebt. Danach haben wir bis spät in der Nacht gefeiert«, erinnert sich eine Zeitzeugin mir gegenüber. Den neuen Machthaber allerdings kannte niemand in der Partyrunde. Er hieß Wladimir Wladimirowitsch Putin und war Regierungschef unter Jelzin. Bis heute hält Putin die Macht in seinen Händen, zuerst von Jelzin ernannt, später dann gewählt. Eine ganze Generation in Russland kennt nur ihn als Präsidenten, mit einer Unterbrechung: Von 2008 bis 2012, als Putin aus Verfassungsgründen nicht antreten durfte, war Dmitri Medwedew sein Statthalter im Amt.

Geboren wurde der ewige Präsident am 7. Oktober 1952 in Sankt Petersburg, das damals Leningrad hieß. Er wuchs in ärmlichen Verhältnissen auf, studierte Jura und arbeitete ab 1975 für den sowjetischen Geheimdienst KGB. Seit seiner Zeit als Geheimdienstler in der DDR spricht er perfekt Deutsch. Nach dem Zusammenbruch der Sowjetunion kehrte Putin nach Russland zurück und wurde stellvertretender Bürgermeister in Sankt Petersburg. Ab 1997 war er im Kreml tätig, erst als Chef des Inlandsgeheimdienstes FSB und schließlich als Jelzins Regierungschef.

Putins wohl größtes innenpolitisches Verdienst als Präsident war die Befriedung des Landes nach den chaotischen Neunzigerjahren. Russland taumelte durch eine Wirtschaftskrise, der Rubel war nichts mehr wert, die Menschen ernährten sich von dem, was sie auf der Datscha anbauten. Wenige wurden unermesslich reich, viele unermesslich arm. Es war die Zeit der Machtkämpfe unter den Oligarchen. Bombenattentate und politische Morde waren an der Tagesordnung. Putin schloss Frieden mit ihnen. Sein Motto: Ihr dürft Geschäfte machen, die Politik mache ich. Die soziale Ungleichheit im Land besteht zwar bis heute, doch immerhin brachten die anhaltend hohen Einnahmen aus dem Öl- und Gasgeschäft Wohlstand für viele. Aus Angst vor einem erneuten Chaos klammern sich die Menschen in Russland bis heute an ihren Präsidenten.

Außenpolitisch gab sich Putin zunächst als Europäer. Im September 2001 sprach er in einer historischen Rede vor dem Deutschen Bundestag von der »Einheit der europäischen Kultur«. Europa und Russland sollten einen eigenen Machtblock gegen die Amerikaner bilden, so Putin in seiner Rede, die er auf Deutsch hielt. »Niemand bezweifelt den großen Wert der Beziehungen Europas zu den Vereinigten Staaten. Aber ich bin der Meinung, dass Europa seinen Ruf als mächtiger und selbstständiger Mittelpunkt der Weltpolitik langfristig nur festigen wird, wenn es seine eigenen Möglichkeiten mit Russlands menschlichen, territorialen und Naturressourcen sowie mit den Wirtschafts-, Kultur- und Verteidigungspotenzialen Russlands vereinigen wird.«

Von Anfang an war Putin ein Machtpolitiker. Den Zusammenbruch der Sowjetunion empfand er als Demütigung, die NATO-Osterweiterung als Bedrohung. Unter Putin führte Russland viele Kriege, darunter gegen Rebellen in Tschetschenien, aber auch gegen Georgien, als Putin Regierungschef und Medwedew Präsident war, in Syrien und zuletzt gegen die Ukraine.

Die zunehmende Westorientierung der Ukraine propagierte Putin als »Bedrohung durch die NATO«. Im Februar 2022 marschierte er im Nachbarland ein. Mit seinem »Kampf gegen den äußeren Feind« zog er viele Russen auf seine Seite. Der Kremlchef kam gut an als Erbauer eines neuen, starken Russlands, das bisweilen mit seinen Atomwaffen droht. Und selbst westliche Experten räumen ein, dass Moskau dem Druck der Sanktionen der EU, der USA und anderer Staaten bisher besser standgehalten hat als von vielen erwartet. Ein Kommentator des *Wall Street Journal* kürte Putin 2023 »ohne Freude« sogar zum »geopolitischen Sieger« des Jahres. Putin habe mit dem »grausamen Vorteil strategischer Ausdauer« und autokratischer Herrschaft seine Position gestärkt.

Wie also umgehen mit dem starken Autokraten in Moskau? Dass Putin in der Ukraine tatsächlich eine »Spezialoperation« starten würde, hatte kaum einer für möglich gehalten. Die diplomatischen Anstrengungen des Westens vor Kriegsbeginn waren eher halbherzig, so mein persönlicher Eindruck. War Putins Marschbefehl eine Reaktion darauf? Oder war der Krieg von langer Hand geplant? Darüber gibt es viele Spekulationen, aber keine verlässliche Antwort.

Auf alle Fälle war der Schock groß, als am 24. Februar 2022 tatsächlich russische Truppen in den Krieg zogen. Drei Tage später, es war ein Sonntag, saß ich mit meiner Frau in der Küche unserer Wohnung in München. Angekündigt war eine Regierungserklärung von Bundeskanzler Olaf Scholz, die später berühmt gewordene und von mir schon in der Einleitung zitierte Zeitenwende-Rede: »Wir erleben eine Zeitenwende. Und das bedeutet: Die Welt danach ist nicht mehr dieselbe wie die Welt davor«, so Scholz. »Im Kern geht es um die Frage, ob Macht das Recht brechen darf, ob wir es Putin gestatten, die Uhren zurückzudrehen in die Zeit der Großmächte des 19. Jahrhunderts, oder ob wir die Kraft aufbringen, Kriegstreibern wie Putin Grenzen zu setzen. Das setzt eigene Stärke voraus.«

Eine Rede, deren Inhalt vorher offensichtlich nur wenige kannten. Auch die Abgeordneten des Deutschen Bundestags wirkten überrascht. Eherne Grundsätze deutscher Politik wurden außer Kraft gesetzt. Rüstungsexporte in ein Spannungs- oder gar Kriegsgebiet? Früher verpönt und verboten, ab Februar 2022 in kleinen Schritten immer mehr Alltag. Es begann mit Helmen und endete – Stand Sommer 2024 – bei Kampfpanzern und der Debatte um die Lieferung des Marschflugkörpers Taurus. Die Ukraine ist kein NATO-Partner, die deutsche, die westliche Politik laviert an einer möglichen Kriegsbeteiligung der NATO entlang. Die einen Experten befürchten den nächsten Weltkrieg, die anderen befürchten einen geplanten russischen Feldzug quer durch Europa. An Letzteres glaube ich nicht. Ein Glaube aus einer gewissen Kenntnis heraus, aber eben nur ein Glaube. Dass dies alles die Menschen in meinem Heimatland Deutschland verunsichert, das spüre ich.

Wie damit umgehen? Eherne Positionen stehen sich gegenüber. Die Position der etablierten Politik in Deutschland ist klar. Scholz: »Präsident Putin redet stets von unteilbarer Sicherheit. Tatsächlich aber will er gerade den Kontinent mit Waffengewalt in altbekannte Einflusssphären teilen. Das hat Folgen für die Sicherheit in Europa. Ja, dauerhaft ist Sicherheit in Europa nicht gegen Russland möglich. Auf absehbare Zeit aber gefährdet Putin diese Sicherheit. Das muss klar ausgesprochen werden.«

Sind noch mehr Waffen die Lösung? Russland in der Ukraine in die Knie zu zwingen? Ich glaube nicht. Tatsache ist, den Krieg in der Ukraine kann niemand militärisch gewinnen. Nur: Russland kann diesen Krieg noch jahrelang führen. Das kann und will der Westen wiederum nicht. Eine bittere Wahrheit. Schließlich ist Russland, das diesen Krieg begonnen hat, im Unrecht. Völkerrechtlich – und für die meisten wohl auch moralisch.

Alternativen? Die »Alternative für Deutschland« ist für mich aus vielerlei bekannten Gründen keine wählbare Alternative, sondern gerichtsbestätigt ein »rechtsextremistischer Verdachtsfall«. Mehr oder minder offen suchen AfD-Politiker Kontakt zum Kreml in Moskau. Besuche von AfD-Abgeordneten in Russlands Hauptstadt habe ich selbst miterlebt. Mein Eindruck aber: Allzu großes Interesse hat der Kreml nicht an der AfD. Ihre Gesprächspartner in Moskau waren zumeist nicht sehr hochrangig.

Bleibt das frisch gegründete »Bündnis Sahra Wagenknecht«. In deren Programm steht: »Unsere Außenpolitik steht in der Tradition des Bundeskanzlers Willy Brandt und des sowjetischen Präsidenten Michail Gorbatschow, die dem Denken und Handeln in der Logik des Kalten Krieges eine Politik der Entspannung, des Interessenausgleichs und der internationalen Zusammenarbeit entgegengesetzt haben. Die Lösung von Konflikten mit militärischen Mitteln lehnen wir grundsätzlich ab.« Vernünftig – aber auch realistisch?

Und weiter: »Unser Ziel ist ein eigenständiges Europa souveräner Demokratien in einer multipolaren Welt und keine neue Blockkonfrontation, in der Europa zwischen den USA und dem sich immer selbstbewusster formierenden neuen Machtblock um China und Russland zerrieben wird.«

Bleibt die Frage, wie erfolgreich das »Bündnis Sahra Wagenknecht« mit diesem politischen Konzept sein wird. Wie es sich in den kommenden Wahlen behaupten wird. Bei der Europawahl 2024 erreichte das Bündnis auf Anhieb sechs Prozent, die Prognosen für die Landtagswahlen im gleichen Jahr lagen wesentlich höher.

Zwei extreme Positionen stehen sich gegenüber: Die einen wollen so viele Waffen in die Ukraine schicken, dass das angegriffene Land den Krieg gewinnen kann, manche sprechen gar von NATO-Truppen. Die anderen setzen auf Diplomatie und Kompromisse. Was das bedeuten würde, scheint klar: Die Ukraine müsste auf besetzte Gebiete verzichten.

Darüber müsste breit in der deutschen Gesellschaft diskutiert werden. Wie aber funktioniert die Meinungsbildung, nicht nur in dieser Frage? Was wird wie berichtet und bewertet, im Fernsehen und in den Zeitungen? Welche Mechanismen gibt es?

Als Auslandskorrespondent, der früher für die *ARD* gearbeitet hat und heute für Zeitungen schreibt, betrifft mich die Frage essenziell. Man stellt sich das so vor: Der Korrespondent entdeckt ein Thema, das er aus seiner Kenntnis und Recherche für wichtig hält, und berichtet seinem Publikum in Deutschland davon. In grauer Vorzeit war das vielleicht tatsächlich einmal so. Heute biete ich den Heimatredaktionen Themen an, über die in Redaktionskonferenzen entschieden wird. Dann kommt der Auftrag – oder nicht. Politische Erwägungen sollten bei der Entscheidungsfindung keine Rolle spielen, tun es aber zuweilen doch, auch in der *ARD*. Das weiß ich aus eigener Erfahrung.

Zudem haben Themen Konjunkturen und konkurrieren miteinander. Waldbrände in Russland, schlimm. Aber in den USA sind sie schlimmer. Also kein Bericht in den Tagesthemen. Einige Monate vor der russischen Invasion, mit der wir alle nicht

gerechnet hatten, wollte ich als *ARD*-Korrespondent in die Ostukraine fahren. Zeigen, dass dort seit 2014 ein »vergessener«
Krieg fortdauert, unter dem die Menschen leiden. Es war schwer
und dauerte lange, das Thema meinen Redaktionen in Deutschland zu »verkaufen«. Schließlich durfte ich fahren und bin wohl
einer der letzten westlichen Korrespondenten, die Mariupol
noch unzerstört erleben konnten.

Damals, 2021, wurde an der sogenannten »Kontaktlinie« zwischen der Ukraine und der selbst ernannten, russisch dominier-
ten »Volksrepublik Donezk« fast täglich geschossen. In einem
der Dörfer begegnete ich einer Frau, die sagte: »Ich wünschte,
die Präsidenten beider Seiten, der russischen und der ukrainischen, würden sich an den runden Tisch setzen und verhandeln.
Damit das aufhört. Wir wünschen uns nur Frieden. Nicht ins
Bett gehen zu müssen, ohne zu wissen, ob du morgen wieder
aufwachst. Ob du beschossen wirst oder nicht.«

In Deutschland, im Westen interessierte das nicht. Nicht in
der Politik, nicht in den Medien. Denn im Vordergrund stand
das Corona-Virus. Nach Beginn der Invasion, wenige Monate
später im Februar 2022, war das Thema Krieg mit einem Schlag
in allen Medien omnipräsent. Keine *Tagesschau* ohne Frontbe-
richt, keine Talkshow ohne leidende Ukrainerin. Keine Sendung
ohne Experten, die den Krieg erklären. Wobei nicht immer klar
ist, wie groß die Expertise wirklich ist – und auf wessen Lohn-
liste der Experte oder die Expertin steht.

Militärische Unterstützung der Ukraine, diese Losung hatte
die Ampel-Koalition um Bundeskanzler Scholz ausgegeben.
Nicht Zurückhaltung, Neutralität, Diplomatie. Die meisten
Medien übernahmen mehr oder minder kritiklos diese Regie-
rungslinie. Später, als die Folgen sichtbarer wurden, die Strom-

und Gaspreise stiegen, die Wirtschaft litt und die Unterbringung der Geflüchteten aus der Ukraine in vielen Gemeinden zum Problem wurde, beschallten Rechtspopulisten ihre Echoräume mit Vorwürfen wie »Staatsfunk« und »Lügenpresse«. In dieser Schärfe stimmen diese Vorwürfe nicht, das weiß ich aus eigener Kenntnis.

Aber wie berichten die öffentlich-rechtlichen Medien, die Zeitungen in Deutschland über die Situation in der Ukraine? Die Kommunikationswissenschaftler Marcus Maurer und Pablo Jost von der Universität Mainz sowie Jörg Haßler von der Ludwig-Maximilians-Universität München nahmen die Berichterstattung in den ersten drei Kriegsmonaten unter die Lupe. Sie untersuchten, ob folgende Behauptung zutrifft: »Die Berichterstattung befürworte einseitig die militärische Unterstützung für die Ukraine und die Lieferung von (schweren) Waffen, obwohl dies mit wirtschaftlichen und militärischen Risiken für die deutsche Bevölkerung und die ganze Welt verbunden sei.«

Fazit der Autoren: »Die *Zeit*, die *FAZ* und die *heute*-Nachrichten beschrieben diplomatische Maßnahmen deutlich überwiegend als sinnvoll, wohingegen sie von der *Tagesschau* sogar leicht überwiegend als nicht sinnvoll beschrieben wurden. (…) Insgesamt wurden Waffenlieferungen aber in allen untersuchten Medien mehrheitlich als sinnvoll eingeschätzt. Gleiches galt auch für wirtschaftliche Sanktionen.«

Angesichts der Schreckensbilder aus der Ukraine halten die Autoren der Studie dies für »verständlich«. Allerdings würde nicht vollkommen einheitlich berichtet. Bemerkenswert sei, »dass der *Spiegel* als einziges Medium zumindest über die Lieferung schwerer Waffen sehr abwägend berichtete und eine diplomatische Lösung als sinnvoller darstellte«.

Wie russische Staatsmedien über den Krieg berichten, ist bekannt. Weniger bekannt ist, dass es Zensur auch in den angeblich freien ukrainischen Medien gibt. Meine Kollegin Daniela Prugger, die von Kiew aus auch für den *STANDARD* arbeitet, sagt im Schweizer *SRF*, es gebe ein Dekret, durch das die Informationspolitik gebündelt und gesteuert wurde. »Die größten Rundfunksender des Landes, darunter auch der öffentlich-rechtliche Rundfunk, wurden in einem Programm vereint. Seitdem strahlen sie alle denselben Inhalt aus. Als Begründung dafür wurde das Ziel genannt, verlässliche Informationen zu liefern. Der Inhalt ist darauf konzentriert, die Moral und den Kampfgeist zu stärken.«

Auch ich verurteile, wie die meisten Menschen, Russlands Invasion in die Ukraine. Eine breite, in alle Richtungen offene Diskussion über die Reaktionen darauf gab und gibt es allerdings in den deutschen Medien nicht. Kaum berichtet wurde etwa über die Friedensverhandlungen, die Russland und die Ukraine kurz nach Beginn des Krieges geführt haben. Die Politikwissenschaftler Samuel Charap (Rand Corporation) und Sergey Radchenko (Johns Hopkins University) haben für die Zeitschrift *Foreign Affairs* alle verfügbaren Papiere dieser Verhandlungen zusammengetragen und Interviews mit Beteiligten geführt. Dann legte die Zeitung *Welt* ein Dokument vor, den Entwurf eines Friedensvertrages. Liest man das 17-seitige Papier, entsteht der Eindruck, beide Seiten seien damals schon sehr weit in Sachen Frieden gewesen. Der *STANDARD* hatte das Thema aufgegriffen, Fazit: »Das Bild, das entsteht, legt nahe, dass in den Gesprächen durchaus an manchen Stellen schon Detailfragen behandelt wurden. Nicht gesagt ist damit aber, dass sie auch mit dem ernsten Willen geführt wurden, sie wirklich abzuschließen – oder gar, dass dies gelungen wäre.« Die Verhandlungen scheiterten, auch weil Großbritannien für einen harten Kurs gegen Putin gewesen sei, so Medienberichte.

Die Frage bleibt: Wie kann, wie wird es mit dem Ukraine-Krieg weitergehen? Darüber werde ich im letzten Kapitel dieses Buches schreiben. Wie auch immer, die Folgen der »Zeitenwende« spüren wir Deutschen sehr deutlich. Viele Menschen, auch in meinem Bekanntenkreis in München, sehen ihren Wohlstand in Gefahr. Andere haben sich an den Krieg gewöhnt, der Konflikt zwischen den westlichen Ländern und Russland ist für sie alltäglich geworden. Aber auch wenn die Strom- und Gaspreise wieder gesunken sind: Die finanzielle Belastung durch den Krieg und die Kriegsfolgen werden wohl bleiben.

Tatsache ist: Die Wirtschaft in Deutschland leidet. Laut der ifo-Konjunkturprognose vom 6. März 2024 sei die Wirtschaft »wie gelähmt«: »Unter Unternehmen und Haushalten ist die Stimmung schlecht und die Unsicherheit hoch.« Bundeswirtschaftsminister Robert Habeck rechnet für 2024 mit einem mageren Wirtschaftswachstum von 0,3 Prozent. Viele Firmen wandern aus Deutschland ab. Auch Traditionsunternehmen wie der Haushaltsgerätehersteller Miele oder der Motorsägenfabrikant Stihl wollen zwar grundsätzlich in Deutschland bleiben, fokussieren aber auf ausländische Standorte. Unsicherheit, zu viel Bürokratie und zu hohe Energiekosten sowie Fachkräftemangel sind die Gründe.

Wirken dann wenigstens die Strafmaßnahmen gegen Russland, treffen sie das System Putin, seine Kriegsmaschinerie? Scholz: »Machen wir uns nichts vor: Putin wird seinen Kurs nicht über Nacht ändern. Doch schon sehr bald wird die russische Führung spüren, welch hohen Preis sie bezahlt. (…) Unsere Sanktionen wirken.«

Tun sie nicht. Zumindest vorerst nicht. 2024 wird Russlands Wirtschaft um 3,2 Prozent wachsen, so der Internationale Währungsfonds. Dieses deutliche Wachstum ist sicherlich auch der Kriegswirtschaft geschuldet. Entscheidenden Einfluss aber hat die neue Wirtschaftsachse Russland – China. Im Mai 2024 besuchte Putin seinen »alten Freund«, Staats- und Parteichef Xi Jinping, in Peking. »Die Russland-China-Beziehungen haben das höchste Niveau erreicht, und trotz der schwierigen weltweiten Lage werden sie stärker«, sagte Putin vorab Chinas Nachrichtenagentur *Xinhua.*

Der Handel zwischen beiden Ländern floriert. 2023 stieg das Volumen um 26 Prozent auf umgerechnet mehr als 220 Milliarden Euro. Die Tendenz hielt im ersten Quartal 2024 an. Russland liefert vor allem Energie und will die Gaspartnerschaft vorantreiben. 2023 kamen 22,7 Milliarden Kubikmeter Gas nach China – die Kapazität der entsprechenden Pipeline kann auf 38 Milliarden Kubikmeter pro Jahr ausgebaut werden. Und Moskau plant eine weitere Pipeline, 50 Milliarden Kubikmeter könnten dann jährlich Richtung China fließen. Das soll die weggefallenen Lieferungen gen Westen wettmachen.

Im Gegenzug liefert China Konsumgüter, die Russland vor den Sanktionen aus dem Westen bezog: Maschinen, Autos, Smartphones und Computer. Doch es geht auch um Hightech-Bauteile, die Russlands Rüstungsindustrie braucht, Mikrochips vor allem. Diese Lieferungen hätten es dem Kreml ermöglicht, »seine Waffenproduktion anzukurbeln«, bilanzieren die Analysten des Washingtoner Thinktanks »Center for Strategic and International Studies« (CSIS), der der US-Regierung nahesteht. Unter dem Druck des Westens schränkt Peking die Ausfuhr von Sanktionsgütern ein. Doch Russland scheint dafür eine Lösung gefunden zu haben, so das CSIS: »Bei den Schlüsselkomponenten und der Elektronik, die der Kreml für seine Kriegsmaschinerie benötigt, hat er sich von maßgeschneiderten militärischen Hochleistungskomponenten« auf sogenannte Dual-Use-Technologien, zivil und militärisch verwendbar, »oder sogar rein zivile Technologien verlegt«, Güter also, die auch weiterhin aus China kommen. »Die Erfolge Russlands bei der Adaption an den Krieg haben tatsächlich die Erwartungen übertroffen«, so der Politologe Maxim Samorukow von der US-Denkfabrik Carnegie.

Treffen sollen die Sanktionen vor allem Russlands Fähigkeit, Krieg zu führen. Doch aufgrund Russlands Partnerschaft mit China tun sie das nicht. Die Menschen in Russland, vor allem die Jungen, treffen sie allerdings schon. Dabei geht es weniger um die gestiegenen Lebensmittelpreise oder die Inflation. Die Russinnen und Russen gehen damit erfindungsreich um, das Land ist erstaunlich resilient. Für die Jungen, vor allem die hoch qualifizierten, aber geht es um ihre Zukunftschancen, die wegbrechen. Dabei hatte Olaf Scholz in seiner Zeitenwende-Rede gesagt: »Unsere Richtschnur bleibt die Frage: Was trifft die Verantwortlichen am härtesten? Die, um die es geht, und nicht das russische Volk! Denn Putin, nicht das russische Volk, hat sich für den Krieg entschieden.«

Beispielhaft ist der Fall der 22-jährigen Studentin Maria. Meine Frau Erika, eine ausgewiesene Sozialwissenschaftlerin, hat sie und andere junge Frauen im Rahmen eines Projekts in Moskau getroffen und ausführlich mit ihnen gesprochen. Maria studiert Soziologie. Sie lebe gern in Russland, sagt sie, aber natürlich will sie zeitweise auch ins Ausland und international arbeiten. »Ich will keine Frau in einer Männerwelt sein. Ich will unabhängig sein. Ich brauche Geld und das Studium, um meine Karriere in der Forschung zu machen.«

Maria hatte einen Plan. Und sie hatte daran geglaubt, was der damalige deutsche Außenminister Heiko Maas und sein russischer Amtskollege Sergei Lawrow 2018 verabschiedeten. Man wollte »Verständigung und das gegenseitige Vertrauen zwischen beiden Seiten fördern«. Ein sogenanntes »Themenjahr« sollte »den vielfältigen Kontakten in der Wissenschaft größere Sichtbarkeit verleihen, positive Dynamik in den bilateralen Wissenschaftsbeziehungen entfalten, die Anzahl Studierender im jeweils anderen Land steigern sowie das Interesse an neuen Hochschulkooperationen und bilateralen Netzwerken stärken.« Heute klingt das wie ein Signal aus ferner Vergangenheit. Der Krieg, die Eiszeit zwischen Ost und West, all das hat Marias Lebensplan zerstört. Und nicht nur ihren. »Ich muss neu denken, weil sich die Pläne geändert haben«, sagt sie.

Mit der internationalen Karriere wird es wohl nichts, zudem ist Soziologie im neuen Russland ganz gewiss kein Zukunftsfach. Vielleicht, so denkt sie, wird sie doch nach Deutschland gehen, was sie eigentlich nicht geplant hatte. »Es sollte einen vollständigen Boykott der russischen akademischen Gemeinschaft geben«, sagte Maksym Strikha, Physiker an der Universität Kiew, kurz nach Kriegsbeginn. Die russische akademische Gemeinschaft solle den Preis für ihre Unterstützung Putins bezahlen. Inzwischen ist jegliche wissenschaftliche Zusammenarbeit zwischen Russland und dem Westen eingestellt. Die junge Russin Maria ist gegen den Krieg. Es nützt ihr nur nichts.

Für Natascha, 31 Jahre alt, sind die Veränderungen in Russland ein Familientrauma. Natascha unterrichtet in Moskau an einer privaten Universität. Die Arbeit mache ihr Spaß, sagt sie im Gespräch mit meiner Frau, sie strebe eine wissenschaftliche Karriere an. Davon träumten schon ihre Eltern in den Neunzigerjahren in der Wissenschaft. Doch mit dem Kollaps der Sowjetunion platzte der Traum. Nach Nataschas Geburt habe sich ihre Mutter um sie gekümmert, der Vater hatte ein kleines Geschäft. Nun wiederhole sich in ihrer Familie die Geschichte. Sie müsse »wegen der politischen Situation flexibler werden und neu denken«. Natascha hat Kontakte zu möglichen Arbeitgebern in Deutschland und Italien. Sie würde aber auch gern für eine russische Firma arbeiten. »Schon meine Eltern mussten ihre Träume wegen der Politik beerdigen und ganz neu anfangen. Das scheint sich nun zu wiederholen.«

Die 24-jährige Tatiana lebt in Hamburg und will zurück nach Moskau. Sie arbeitete im Rahmen eines wissenschaftlichen Förderprogrammes an einer deutschen und an einer Moskauer Universität. Auch dieses Programm ist inzwischen eingestellt. Jetzt hat sie mit ihrer Doktorarbeit begonnen und will sich mit den sozialen Folgen des Krieges in Russland auseinandersetzen. Tatiana vermisst ihre Familie, ihre Freunde in Russland. Doch zurück nach Moskau, das traut sie sich nicht. »Ich glaube nicht, dass man mich verhaften würde«, sagt sie. »Aber wegen meiner Arbeit, die in Zusammenhang mit dem Krieg steht, und weil ich aus einem ›unfreundlichen Land‹ zurückkomme, könnte es schon sein, dass ich irgendwelchen Ärger bekäme.« Ärger befürchtet sie aber auch in Deutschland: »Ich habe Angst, dass russische Wissenschaftler nun in keinem europäischen Land mehr akzeptiert werden.«

Anna, 22, ist in Russland geblieben. Ihr Vater ist Unternehmer, ihre Mutter hat nach der Kindererziehung promoviert. Es wurde und wird viel diskutiert in der Familie, jeder spricht über die eigenen Probleme, erzählt Anna. Das sei ihrem Vater wichtig, dessen Eltern sich trennten, als er ein kleiner Junge war. Er habe sich damals geschworen, dass er, wenn er selbst einmal eine Familie haben würde, mit allen über alles sprechen würde.

Anna hat einen klaren Plan. Mit ihrem Freund, gleichfalls in der Wissenschaft, sucht sie ein Haus am Stadtrand von Moskau. Es soll ein gutes Leben werden, mit Kindern und Karrieremöglichkeiten für beide. Anna träumt vom kleinen bürgerlichen Glück. Sie wird sehen, ob sich das realisieren lassen wird, in Putins Russland, das vor einem tiefgreifenden gesellschaftlichen Umbruch steht. Und vor einer Zukunft, die sich heute noch nicht absehen lässt.

Mitte März 2024 bin ich aus Deutschland wieder zurück in Moskau. Die Präsidentschaftswahlen stehen an. Putins Wiederwahl kann zumindest in Moskau niemand entgehen. Überall in der Stadt begegne ich der Aufforderung, zur Wahl zu gehen, auf Plakaten, Bussen, Videowänden. Bei dieser Wahl, speziell zu Kriegszeiten, soll für den Kreml nichts schiefgehen. Erwartungsgemäß gewinnt Putin mit 87,34 Prozent der Stimmen, wie die Zentrale Wahlkommission mitteilte. Glaubt man den offiziellen Zahlen, haben mehr als 72 Millionen Russinnen und Russen Putin gewählt. Überprüfen kann man das freilich nicht. Wirklich unabhängige Wahlbeobachter, etwa die der Organisation Golos, waren nicht zugelassen. »Es kann festgestellt werden, dass die Gesellschaft keine Möglichkeit hatte, eine echte Kontrolle über diese Wahlen auszuüben«, kritisieren die Experten von Golos.

Dennoch: ein überwältigender Wahlsieg, vom dem deutsche Politiker nur träumen können. Aber wen hätten die Russen auch sonst wählen können? Ernsthafte Gegenkandidaten gab es nicht, dafür hatte der Kreml gesorgt. Alle Putin-Kritiker hatte man schon im Vorfeld der Wahl ausgesiebt. Von der Zentralen Wahlkommission wurden die erklärten Kriegsgegner Jekaterina Dunzowa und Boris Nadeschdin aus formalen Gründen abgelehnt. Putins drei

Mitbewerber, der Kommunist Nikolai Charitonow, Leonid Sluzki von der nationalistischen Partei LDPR und der Liberale Wladislaw Dawankow, sind auf Kremllinie. Sie waren chancenlos. Die Opposition spricht von einer »Wahlfarce«, die nichts mit einer Abstimmung nach demokratischen Regeln gemein gehabt habe. Golos kritisierte, es sei in den einzelnen Regionen Russlands massiv Druck auf Angestellte großer, teils staatlicher Unternehmen ausgeübt worden, um die Wahlbeteiligung in die Höhe zu treiben.

Die Präsidentschaftswahl fand mitten im Krieg statt. Doch ein großes Wahlkampfthema war der Krieg nicht. Für Putin stehe das Thema natürlich an erster Stelle, sagt der unabhängige russische Politologe Alexander Kynew. Doch in der russischen Bevölkerung mache sich Kriegsmüdigkeit breit. »Jedes Gespräch über den Krieg führt zu der Frage: Wann hört er auf?«, sagt Kynew. »Die Staatsmacht hat darauf keine Antwort. Deshalb geht sie der Diskussion aus dem Weg.«

Genau diese Diskussion wollte Jekaterina Dunzowa führen, die Frau, die als Kandidatin nicht zugelassen wurde. Ihr Programm beschreibt sie auf ihrer Homepage so: »Das Land braucht dringend Veränderungen: eine Einstellung der Feindseligkeiten, demokratische Reformen und die Freilassung politischer Gefangener.« Sie wolle Haushaltsprioritäten ändern: »Geld für die Verbesserung des Lebens der Bürger ausgeben und nicht für neue Panzer.« Dunzowas Fazit: »Zumindest seit zehn Jahren bewegt sich das Land in die falsche Richtung: Die Weichen sind nicht auf Entwicklung, sondern auf Selbstzerstörung gestellt. Bürger können ihre Meinung nicht frei äußern, wenn sie nicht mit der Position der Behörden übereinstimmt.«

Jekaterina Dunzowa lebt und arbeitet als Journalistin und Politikerin in der Stadt Rschew in der Region Twer, nicht weit von Moskau. Geboren wurde sie in Krasnojarsk, sie studierte Jura und Fernsehjournalismus. Sie war Abgeordnete im Stadtparlament von Rschew und koordiniert in ihrer Freizeit ein lokales Such- und Rettungsteam, das vermissten Kindern und Erwachsenen nachspürt. Die mutige, engagierte Frau hat drei Kinder, für sie wollte sie gegen Putin antreten. »Sie fragen, was in zwei oder drei Jahren passieren wird, in welche Länder sie gehen können, was mit ihrer Ausbildung passieren wird, mit dem Internet in Russland, wann die ›Spezialoperation‹ endet und was unsere Ziele dort sind.«

Für ihre Zulassung zur Wahl sammelte Jekaterina Dunzowa ausreichend Wählerstimmen, die sie bei der Zentralen Wahlkommission einreichte. Doch wegen angeblicher formaler Fehler wurde sie abgelehnt. Dunzowa will sich dennoch weiter engagieren, »damit jeder von uns, unsere Kinder und unser Land eine Zukunft haben«.

Nicht viel anders erging es dem Oppositionellen Boris Nadeschdin. Er wurde mit ähnlicher Begründung abgelehnt. Nadeschdin sagt: »Putin sieht die Welt aus der Vergangenheit und zieht Russland in die Vergangenheit. Russland braucht eine Zukunft – die Zukunft eines Landes, zu dem man aufschaut und in das freie und gebildete Menschen zurückkehren oder umziehen wollen.« Mit dieser Forderung in seinem Wahlprogramm wollte der 60-Jährige antreten. Den Krieg in der Ukraine hält Nadeschdin für »einen fatalen Fehler«. Und: »Russland läuft Gefahr, vom europäischen Staat, den es jahrhundertelang angestrebt hat, zum Vasallen Chinas zu werden. Doch Putins Abgang ist nur der erste notwendige Schritt. Russland muss einen schwierigen Weg gehen, sich der Zukunft zuwenden und einen Zusammenbruch in Chaos und Katastrophe vermeiden.«

Boris Nadeschdin ist seit 30 Jahren in der Politik, eine heraus-ragende Position besaß er aber nie. Er hatte eng mit dem 2015 er-mordeten liberalen Politiker Boris Nemzow zusammengearbeitet, aber auch mit Sergei Kirijenko, Putins rechter Hand im Kreml. Heute ist er Abgeordneter in der Stadt Dolgoprudny, die an Mos-kau grenzt. Die Bewerbung des erklärten Kriegsgegners Boris Na-deschdin stieß in Russland auf unerwartet großes Interesse. »Boris Nadeschdin ist ein Mann unserer Ansichten, mit dem die meisten von uns keine grundsätzlichen Meinungsverschiedenheiten ha-ben. Er ist gegen den Krieg und scheut sich nicht, darüber zu spre-chen«, so der oppositionelle Politiker Maxim Katz, der im Exil lebt.

Obwohl alles vorbereitet war – ganze ohne Proteste verlief die Präsidentschaftswahl nicht. In Sankt Petersburg warf eine 21-Jährige einen Molotowcocktail auf die Veranda eines Wahllo-kals. In Moskau, Woronesch, Rostow und Karatschai-Tscherkes-sien gossen Wähler grüne Farbe in die Wahlurnen. Und es gab die Aktion »Mittag gegen Putin«. Sie war durchaus ein Erfolg. Tausende Menschen hatten sich am Wahlsonntag in mehreren russischen Städten gegen Mittag vor den Wahllokalen versam-melt und anschließend ungültige Stimmen abgegeben. In langen Schlangen vor den Wahllokalen zu stehen, ist nicht verboten. Trotzdem meldet das Bürgerrechtsportal OVD-Info mindestens 74 Festnahmen.

Durch die Wahl, sofern man sie als solche bezeichnen kann, fühlt sich Wladimir Putin gestärkt. Er wird weiter am Umbau der russischen Gesellschaft zu einer Art Sowjetunion 2.0 arbeiten. »Vor uns liegen große Aufgaben. Doch wenn wir zusammenste-hen, ich denke, das haben alle verstanden, dann kann uns nichts und niemand einschüchtern und unterdrücken. Das ist noch nie gelungen, gelingt nicht und wird nicht gelingen. Alle unsere grandiosen Pläne werden zweifellos umgesetzt und die Ziele unbedingt erreicht«, sagte Putin in seiner Rede nach der Wahl.

Gemäß der russischen Verfassung könnte Putin bis 2036 Präsident sein. Er wäre dann der am längsten amtierende Staatschef Russlands seit Katharina der Großen im 18. Jahrhundert.

Am 7. Mai 2024 legte Putin den Eid für die neue Amtszeit ab. Damit begannen für ihn sechs weitere Jahre als Staatschef. Die Zeremonie im Moskauer Kreml fand vor hochrangigen Gästen statt. Die Ukraine forderte dazu auf, Putin nicht mehr als legitimes Staatsoberhaupt von Russland anzusehen. Die USA blieben der Amtseinführung fern, genauso wie die meisten Botschafter der EU-Mitgliedstaaten. »Wir sind ein einziges und großes Volk, und gemeinsam werden wir alle Hindernisse überwinden. Gemeinsam werden wir gewinnen«, sagte Putin bei seiner Vereidigung. »Wir werden das Schicksal Russlands selbst bestimmen, und nur für uns selbst – für heutige und zukünftige Generationen.« Und weiter: »Wir lehnen den Dialog mit den westlichen Staaten nicht ab – die Wahl liegt bei ihnen.«

Zunächst setzt Wladimir Putin aber auf militärische Stärke. Genauso wie der Westen. Ein neuer Kalter Krieg beginnt. In einer seiner ersten Amtshandlungen, bei der Regierungsbildung, fing der Kremlchef mit dem Umbau der Armee an. Sie soll effizienter, schlagkräftiger werden. Obwohl es Gerüchte um die Zukunft von Verteidigungsminister Sergei Schoigu gab, war seine Entlassung dennoch ein Paukenschlag. Schoigus Nachfolger ist ein Wirtschaftsexperte, der 65-jährige Andrej Beloussow. Er ist Zivilist, war Wirtschaftsminister und zuletzt Erster Stellvertretender Ministerpräsident. Putin setzt mit dieser Regierungsumbildung wohl langfristig auf die Umstellung auf Kriegswirtschaft, was hohe Rüstungsausgaben mit sich bringt. Das kostet viel Geld. Doch Putin will die Fehler der ehemaligen Sowjetunion nicht wiederholen. Neben anderen Problemen führten immer höhere Rüstungsausgaben das Riesenreich in den Ruin. Putin will die Kosten im Griff behalten – zumal es auch innenpolitisch viele Probleme gibt. Deren Lösung kostet Geld.

Andrej Beloussow studierte Wirtschaftswissenschaften, die Moskauer Lomonossow-Universität absolvierte er 1981 mit Auszeichnung. Fast 20 Jahre war er an der Russischen Akademie der Wissenschaften tätig. Dann der Wechsel in den öffentlichen Dienst. Er wurde Putins oberster Wirtschaftsberater und war seit 2020 Vize-Ministerpräsident. Im Juli 2022 wurde Beloussow auf die Sanktionsliste der EU gesetzt. Die Ernennung Beloussows deutet darauf hin, dass Putin den Krieg in der Ukraine vor allem mit der Produktion in den Rüstungsbetrieben gewinnen will. »In seiner Denkweise ist das logisch, weil sich der wirtschaftliche Block in dem Krieg als effektiver erwiesen hat als der Sicherheits- und Militärapparat«, sagt der Russland-Experte Alexander Baunow vom Carnegie Russia Eurasia Center.

Der bisherige Generalstabchef Waleri Gerassimow blieb zunächst im Amt, unter seiner Führung war die russische Armee im Frühjahr 2024 in der Ukraine erfolgreich. Beloussows Ernennung würde keinen Einfluss auf die Tätigkeit Gerassimows haben, so Kremlsprecher Peskow. »Was die militärische Komponente betrifft, so wird diese Ernennung in keiner Weise das aktuelle Koordinatensystem ändern, die militärische Komponente war schon immer das Vorrecht des Generalstabschefs, er wird seine Tätigkeit fortsetzen«, zitiert die Nachrichtenagentur *Interfax* Putins Sprecher.

Im nächsten Schritt ernannte Putin den Ökonomen Oleg Saweljew zum stellvertretenden Verteidigungsminister. Die Ernennung gilt unter Experten als weiteres Zeichen für Putins Absicht, die Effizienz des Militärs und der russischen Kriegswirtschaft zu verbessern und die Ausgaben besser zu kontrollieren. Seinen ehemaligen Verteidigungsminister Schoigu machte Putin zum Sekretär des russischen Sicherheitsrates, einem im Vergleich deutlich weniger einflussreichen Posten. Ob der Präsident mit der Regierungsbildung klug gehandelt hat? Die Politikwissenschaftlerin Tatjana Stanowaja hat daran ihre Zweifel. Sie schreibt auf Telegram: »Die Ernennung von Sergei Schoigu zum Sekretär des Sicherheitsrats ist eine sehr umstrittene Entscheidung. Ich denke, dass Putin hier selbst nicht wirklich verstanden hat, wen er hier gestärkt hat und wen er geschwächt hat.« Putin verbindet mit Schoigu eine enge Freundschaft, die beiden haben immer wieder auch zusammen demonstrativ Freizeit und Urlaub miteinander verbracht. Putin hatte an dem Minister trotz aller Niederlagen und Pannen besonders zu Beginn des Krieges festgehalten. Immer wieder hatte es Spekulationen um eine Ablösung gegeben. Aber Putin gilt seinen Freunden als treu.

Dass er Schoigu nun zum Sicherheitsratschef macht, gilt auch als gesichtswahrende Lösung für den langjährigen Weggefährten. Es hat Vorteile für Putin. So sei es für den Kremlchef sicherer, meint Stanowaja. »Anscheinend beginnt der Sicherheitsrat damit, seinen eigenen Namen zu rechtfertigen: sich vor ehemaligen Schwergewichten zu schützen, die nirgendwo sonst angebracht sind, aber nicht weggeworfen werden können.«

Mit dem Umbau der Armee macht Russlands Präsident weiter. Und das in rasender Geschwindigkeit. Putin tut nun das, was der berüchtigte Söldnerführer Prigoschin vor seinem »Marsch auf Moskau« gefordert hatte: Er räumt in der Armee auf. Geradezu in Serie werden hochrangige Militärs verhaftet. Die Beschuldigungen: Missmanagement und Korruption. Zu den prominentesten Opfern der Verhaftungswelle zählt Wadim Schamarin, einer der Stellvertreter von Generalstabschef Waleri Gerassimow. Der 52-jährige Schamarin leitete im russischen Verteidigungsministerium die Hauptabteilung Kommunikation. Laut der Zeitung *Nesawisimaja Gaseta* werfen ihm die Ermittler vor, Bestechungsgelder in Höhe von umgerechnet rund 360 000 Euro erhalten zu haben, so deren Sprecherin Swetlana Petrenko.

Am Abend seiner Inhaftierung bestätigte das Ermittlungskomitee Medienberichte über eine weitere Festnahme im Verteidigungsministerium. Wladimir Wertelezki, der Chef der Abteilung für die Sicherstellung staatlicher Ankäufe von Waffen und militärischer Ausrüstung, werde Amtsmissbrauch vorgeworfen, heißt es. Er habe Forschungs- und Konstruktionsarbeiten für das Ministerium abgenommen, die gar nicht geleistet worden seien, und damit dem Staat einen Schaden von umgerechnet rund 700 000 Euro zugefügt.

Bereits zuvor waren Vize-Verteidigungsminister Timur Iwanow und der Chef der Kader-Hauptabteilung, Juri Kusnezow, verhaftet worden. Iwanow, Stellvertreter von Ex-Verteidigungsminister Schoigu, war für den Bau militärischer Einrichtungen zuständig. Er wird der Annahme von Bestechungsgeldern »in besonders großem Umfang« beschuldigt, teilte die Ermittlungsbehörde mit. Auch Iwanow musste in Untersuchungshaft. Er hat die gegen ihn erhobenen Vorwürfe zurückgewiesen, gegen die U-Haft haben seine Anwälte Berufung eingelegt. Russischen Medienberichten zufolge drohen dem 48-Jährigen bis zu 15 Jahre Haft. Iwanow gilt als Vertrauter von Ex-Verteidigungsminister Sergei Schoigu. Das Team des im Straflager ums Leben gekommenen Kremlkritikers Alexej Nawalny hatte bereits Ende 2022 Korruptionsvorwürfe gegen den Politiker geäußert: In einer Recherche beschuldigten Nawalnys Mitstreiter Iwanow, er habe sich den Bau von Immobilien in mehreren russischen Regionen durch Auftragnehmer des Verteidigungsministeriums finanzieren lassen.

Anders gelagert scheinen die Hintergründe der Festnahme von General Iwan Popow zu liegen. Popow galt als fähiger Militär, der allerdings ähnlich wie Söldnerführer Jewgeni Prigoschin immer wieder die Armeeführung kritisierte. Säuberungen in der russischen Armee: Kremlsprecher Dmitri Peskow weist zurück, dass es eine umfassendere Kampagne gegen die Beamten des Verteidigungsministeriums gebe. »Der Kampf gegen Korruption ist eine dauerhafte Arbeit«, sagte er. Das gehöre zu den grundlegenden Aufgaben der Strafverfolgungsbehörden.

Schon Wochen vor der Wiederwahl und der Vereidigung ihres Präsidenten wurden die Moskauerinnen und Moskauer auf die neuen Zeiten eingestimmt. Mit einer Ausstellung von Beutepanzern aus dem Ukraine-Krieg im »Siegespark«, in der Moskauer Innenstadt. »Geschichte wiederholt sich« ist das Motto der Ausstellung. Zu Tausenden kommen die Besucher, betrachten Waffen aus den NATO-Staaten, darunter auch ein deutscher Schützenpanzer Marder und ein US-Kampfpanzer Abrams. »Wir gewinnen auch diesen Krieg«, sagt einer der Besucher mit Blick auf die Ukraine.

Krieg als Fest für die ganze Familie: An Ständen im Park können Besucher, darunter auch viele Kinder, eine Kalaschnikow auseinander- und wieder zusammenbauen, Soldatenausrüstungen begutachten und in einer echten Feldküche essen. Geschickt wird der Sieg im Zweiten Weltkrieg mit den Erfolgen russischer Truppen in der Ukraine verknüpft.

Im Zentrum der Ausstellung steht ein erbeuteter Leopard-2-Kampfpanzer, unzerstört und angeblich fahrbereit. Deutlich sichtbar: eine aufgemalte Deutschland-Flagge. Ich frage mich: Wurde der Panzer so an die Ukraine geliefert? Kaum vorstellbar. Eher wurde die Fahne nachträglich aufgemalt. Deutsche Panzer schossen damals auf Russen, heute geschieht das wieder. Dies ist die Botschaft, die bei den Besuchern verfängt. Ein Mann mit Tochter auf der Schulter sagt: »Damals haben wir sie besiegt und heute auch wieder. Wir unterstützen unsere Kämpfer an der Front.«

Aber der Krieg kostet Geld, viel Geld. Das wird den Menschen in Russland langsam klar. Lange waren sie erwartet worden, Mitte 2024 werden sie Wirklichkeit: Steuererhöhungen. Ein Aufregerthema in der Bevölkerung ist die Erhöhung allerdings nicht. Denn sie fällt moderat aus. Wer nicht mehr verdient als rund 24 000 Euro im Jahr, und das sind sehr viele Menschen in Russland, für den ändert sich nichts. Der niedrigste Steuersatz liegt weiter bei 13 Prozent. Für höhere Einkommen wird der Steuersatz von 15 Prozent um sieben Punkte auf 22 Prozent steigen. Auch Unternehmensgewinne werden höher besteuert, mit 25 statt 20 Prozent.

Von den gestaffelten Erhöhungen betroffen sind Schätzungen zufolge etwa drei Prozent der Beschäftigten oder zweieinhalb Millionen Menschen, die mehr als umgerechnet 2000 Euro im Monat verdienen. Besteuert werden sollen auch Zinseinkünfte auf Bankeinlagen. Soldaten im Kriegsgebiet in der Ukraine, die vergleichsweise viel Geld verdienen, sind ebenso wie Selbstständige von den Neuerungen ausgenommen. Insgesamt sollen durch die Reform rund 42 Milliarden Euro in die Staatskasse gespült werden.

Tatsache ist: Kremlchef Putin geht das Geld nicht aus, höhere Einkommen braucht die Staatskasse aber langfristig doch. Russland stellt dauerhaft auf Kriegswirtschaft um, die durch den Krieg in der Ukraine geschrumpften Reserven sollen aufgestockt werden. Seit Kriegsbeginn sind die Rücklagen im »Nationalen

Wohlstandsfonds« um etwa die Hälfte gesunken, die liquiden Mittel lagen zuletzt nur noch bei umgerechnet etwa 50 Milliarden Euro. Das Geld aus dem Fonds wurde und wird immer wieder zum Ausgleichen des Haushaltsdefizits genutzt.

Die neue Konfrontation zwischen Deutschland, dem Westen, und Russland: Tatsache ist, dass Wladimir Putin nicht verschwinden wird. Weder durch die Opposition, die es im Land kaum noch gibt, noch durch die Sanktionen. Und schon gar nicht durch Waffenlieferungen an die Ukraine. »Die EU ist in der Frage der Beziehung zu Russland tief gespalten«, schrieb 2009 der Osteuropahistoriker Alexander Rahr in der Zeitschrift *Internationale Politik*. Rahr war damals in eine Vielzahl deutsch-russischer Projekte eingebunden. »Einige EU-Staaten glauben nicht an eine gemeinsame europäische Friedensordnung. (…) Unterstützt von Großbritannien und Schweden fordern zahlreiche mittelosteuropäische Staaten eine harte Haltung gegenüber einem ›neoimperialen Russland‹. (…) Andere EU-Länder, wie beispielsweise Frankreich, Italien und Deutschland, wollen unter keinen Umständen eine Europa-Politik gegen die Interessen Russlands oder ohne Einbindung Russlands vorantreiben.«

Heute, vor dem Licht des Ukraine-Krieges, scheint dieser Zwist entschieden. An der Blockkonfrontation, der Entwicklung hin zu einem neuen Kalten Krieg, zum Nachteil der Menschen in der EU und in Russland, wird sich auf absehbare Zeit nichts ändern. Vielleicht braucht es irgendwann, in sehr ferner Zukunft, einen neuen Michail Gorbatschow, einen neuen Willi Brandt. Einen Weg aus der Eiszeit zwischen dem Westen und Russland. Politiker, die wie damals gegen Ende der Sowjetunion erkannten: Russland ohne Europa geht nicht. Aber Europa ohne Russland eben auch nicht.

SOWJETUNION 1.0 –
DER ZERFALL EINES WELTREICHS

Berlin

Sankt Petersburg

Minsk

Moskau

Tschernobyl

SOWJETUNION
(in den Grenzen von 1989)

Jekaterinburg

Nowosibirsk

Wladiwostok

Jerewan

Tokio

Taschkent

Peking

2000 km

MICHAIL GORBATSCHOW IST TOT. Die Nachricht erreicht mich in der armenischen Hauptstadt Jerewan, wo ich für den österreichischen *STANDARD* zum russischen Einfluss in Armenien auf das Land recherchiere. Der letzte Staatschef der Sowjetunion starb mit 91 Jahren am 30. August 2022, zu einem Zeitpunkt, als sein Lebenswerk in Trümmern liegt: die Entspannungspolitik mit der Annäherung zwischen Ost und West.

Gorbatschows Politik hat die Welt verändert. Sie führte zum Fall des Eisernen Vorhangs und zum Aufbau vielfältiger Kontakte und Handelsbeziehungen zwischen den beiden zuvor unversöhnlich getrennten Blöcken. Abrüstungsverträge hielten das Gespenst des Atomkrieges in Schach. Und die Deutschen verdanken Michail Gorbatschow ihre Wiedervereinigung. Für all dies bekam der Reformer 1990 den Friedensnobelpreis.

Doch letztlich ist seine Idee von einem demokratischen Miteinander zwischen Ost und West gescheitert. Heute steht die Welt inmitten eines neuen Kalten Krieges, Russlands Präsident Wladimir Putin schwebt eine neue Sowjetunion vor, eine Art Sowjetunion 2.0.

Gorbatschow war der zweitjüngste Generalsekretär der KPdSU. Nach dem Tod von Konstantin Tschernenko wurde er am 11. März 1985 zum mächtigsten Mann in der Sowjetunion. Er trat ein schweres Erbe an. Denn die Sowjetunion zerfiel. Sie zerbrach unter der Last gigantischer Rüstungsausgaben. Die mangelnde Produktivität ihres Wirtschaftssystems war für jedermann in den chronisch leeren Regalen der Geschäfte sichtbar. Die greisen grauen Männer im Politbüro hatten dem nichts entgegenzusetzen, im Gegenteil, sie beschleunigten den Niedergang durch katastrophale Fehlentscheidungen. Der Einmarsch in Afghanistan 1979 geriet zu einem Fiasko, das sich bis 1989 hinzog. Der Super-GAU im Atomkraftwerk Tschernobyl 1986 ließ sich nicht wie gewohnt vertuschen.

Gorbatschow versuchte, den Niedergang mit einer neuen Politik zu stoppen. Mit Glasnost (Offenheit) und Perestroika (Umgestaltung) schuf er die Voraussetzung für das Ende der jahrzehntelangen Konfrontation zwischen Ost und West. Doch die Sowjetunion konnte Gorbatschow nicht retten. Der Zerfall des Riesenreichs war ein Prozess, der sich über Jahre hinzog und dessen Folgen uns noch immer treffen. Denn dieser Zerfall begründete die Krisen, die uns heute so schmerzhaft beschäftigen: der Krieg in der Ukraine, die Eroberung der armenischen Enklave Bergkarabach durch Aserbaidschan, die Spannungen in Georgien und Moldau.

All diese Regionen will ich für dieses Buch besuchen. Doch zunächst lese ich nach. Warum ist die Sowjetunion zerfallen? Was hat das Ende eingeläutet?

»Bereits in den ausgehenden 1980er-Jahren kündigten sich zentrifugale Tendenzen in der UdSSR an«, schreibt Ewgeniy Kasakow auf der Internetplattform *Dekoder*, die russische und belarussische Stimmen aus unabhängigen Medien ins Deutsche bringt. Kasakow weiter: »Offenes Reden über Probleme wie das Warendefizit, die Bürokratie oder die ideologische Bevormundung entzogen der KPdSU zunehmend die Legitimation. Die Krise des Staates wurde noch verstärkt durch das unablässige Wettrüsten mit den USA, was die Ressourcen der UdSSR verschlang. Die Wirtschaft des Landes konnte mit den Ansprüchen der Bevölkerung nicht mehr mithalten. In dieser Zeit wurden auch die Forderungen nach mehr Selbstständigkeit der Republiken zunehmend radikaler.«

Die Produktivität der Wirtschaft war gering, Konsumgüter waren Mangelware. Bei Technologien wie Mikroelektronik, Lasertechnologie und Informatik hatte die Sowjetunion den Anschluss an den Westen verpasst. Man war auf teure Importe angewiesen. Hinzu kam: Die politische Führung des Landes war ein »Rat der Greise«: Männer, weit jenseits des Rentenalters, die die eigene Machtbasis sichern wollten, die Ruhe in den Parteikadern anstrebten. Mit dem, was die Bevölkerung bedrückte, hatten sie wenig zu tun. Korruption und Seilschaften prägten den politischen Alltag in der Sowjetunion. Zwar wuchs die Unzufriedenheit unter den Menschen, doch Widerstand gab es kaum. Die Opposition war weitgehend ausgeschaltet, die Mehrheit der Bevölkerung hatte sich mit ihrer Realität abgefunden.

Dann aber kam es zu zwei Ereignissen, die den Untergang der Weltmacht einläuteten: dem Krieg in Afghanistan von 1979 bis 1989 und der Reaktorkatastrophe von Tschernobyl im April 1986.

»Operation Cyclone« hieß eine streng geheime Operation der amerikanischen CIA. Man finanzierte und bewaffnete afghanische Widerstandskämpfer, die Mudschahedin, die gegen die kommunistische Regierung Afghanistans kämpften. Mitten im Kalten Krieg wollten die USA die Ausbreitung des Kommunismus eindämmen und schufen rund 30 islamistische Mudschahedin-Gruppen. (Aus diesen wiederum rekrutierten sich in der Folge die Taliban, deren Schreckensregime heute, einen Krieg später, Afghanistan terrorisiert.)

Schließlich marschierte das russische Militär ein. Doch den sowjetischen und afghanischen Regierungtruppen gelang es nicht, den Widerstand der von den USA unterstützten Mudschahedin zu brechen. Der Krieg mündete in eine Pattsituation. Außerhalb der großen Städte hatten die Mudschahedin die Kontrolle. Sie kämpften brutal, Gefangene wurden nicht gemacht. Die sowjetische Armee agierte ähnlich, Terror gegen die Zivilbevölkerung war Alltag.

»Das 1979 nach Afghanistan entsandte begrenzte Kontingent der sowjetischen Truppen führe keinen Krieg, sondern leiste lediglich friedliche Aufbauarbeit und sozialistische Bruderhilfe. So wurde es der sowjetischen Öffentlichkeit zumindest anfänglich vermittelt«, schreiben die Wissenschaftler Marie Michel, Jakob Reuster und Christian Siegenthaler in einem Artikel auf *Dekoder*. »Erst als sich ab 1985 durch Perestroika und Glasnost das Spektrum des Sagbaren erweiterte, erfuhren die Bürgerinnen und Bürger vom tatsächlichen Krieg, seinem Umfang und den zahlreichen Toten. Es entstanden Spannungen zwischen der offiziellen Propaganda, in der die Soldaten zu Verteidigern der südlichen Landesgrenze erklärt wurden, und einer Öffentlichkeit, die auf einen Abzug drängte.«

Dann war der Krieg zu Ende – die russischen Truppen hatten verloren. »Afganzy« nannte man die traumatisierten Rückkehrer. Viele waren obdachlos und drogensüchtig. »Wer damals Moskau besuchte, erinnert sich wohl bis heute an die in Flecktarn gekleideten Invaliden, die oft ohne Beine auf Rollbrettern durch die Metro fuhren, Kriegslieder sangen und um Geld bettelten«, so Michel, Reuster und Siegenthaler.

Die belarussische Literaturnobelpreisträgerin Swetlana Alexijewitsch, die ich viel später in Minsk kennenlernen durfte, hat mit ihrem Buch *Zinkjungen* den Afghanistan-Heimkehrern ein Denkmal gesetzt. Es ist eines der wichtigsten Anti-Kriegsbücher, die ich kenne. Die Gräueltaten der Kämpfe, die Gewalt innerhalb der Truppe, der alltägliche Drogenmissbrauch, die Kriegsverbrechen: Kein Thema spart Swetlana Alexijewitsch aus. Heute lebt sie in Berlin. Das Regime des belarussischen Machthabers Alexander Lukaschenko hat sie ins Exil getrieben.

Auch das zweite wichtige Ereignis, das zum Zerfall der Sowjetunion beitrug, die Reaktorkatastrophe von Tschernobyl am 26. April 1986, verarbeitete Swetlana Alexijewitsch in einem Buch. Damals arbeitete ich als junger Reporter für die *BR*-Hörfunksendung *Zündfunk*. Irgendetwas war in Tschernobyl passiert, aber niemand wusste, was genau. Die Staatsführung der Sowjetunion hüllte sich in eisiges Schweigen. Doch bald war uns allen klar: Eine radioaktive Wolke trieb über Europa hinweg. Neue Themen bestimmten unsere Sendungen, etwa die Verharmlosung der Strahlengefahr durch die damalige bayerische Staatsregierung. Kann man Wild noch essen, was ist mit Waldpilzen Milch, Babynahrung? Ich kann mich noch an das Gefühl erinnern, als damals in München der erste Regen fiel. Eigentlich wollte ich am Abend noch ein Bier trinken gehen. Aber sollte ich wirklich rausgehen, wo wir doch alle diese schrecklichen neue Begriffe gelernt hatten, Cäsium und Strontium? Ich war dann doch unterwegs.

Was in Tschernobyl passiert war, ist heute klar. Bereits im September 1982 war es im Block 1 des Kernkraftwerkes zu einem weitgehend unbekannten Unfall mit gleicher Ursache gekommen wie vier Jahre später. Gelernt hatte man daraus nichts. Am 25. April 1986 simulierte die Reaktorbesatzung übungshalber einen vollständigen Stromausfall. Sicherheitsvorschriften wurden missachtet, Schlamperei kam hinzu. Am 26. April, genau um 1:23 Uhr und 44 Sekunden, explodierte der Reaktor, ein verheerender Brand folgte. Unvorstellbare Mengen an Radioaktivität wurden freigesetzt.

Die sowjetische Staatsführung versuchte von Anfang an, die Folgen der Katastrophe zu vertuschen. Es gab eine Nachrichtensperre, kein Wort von der beginnenden Evakuierung der nahe am Reaktor gelegenen Stadt Prypjat mit ihren 48 000 Einwohnern drang nach außen. Zwei Tage später, am 28. April 1986, schlugen im 1200 Kilometer entfernten Kernkraftwerk Forsmark in Schweden die Alarmsysteme an: erhöhte Radioaktivität. Hastig untersuchten die Mitarbeiter die Anlage, konnten aber keinen Fehler finden. Aufgrund der Windrichtung hatten sie jedoch einen Verdacht: Die Radioaktivität musste aus der Sowjetunion kommen. Damit war die Nachricht in der Welt. Um 19:32 Uhr schickte die *Deutsche Presseagentur* eine inzwischen historische Eilmeldung über den Ticker. Eine halbe Stunde später begann die *ARD Tagesschau* mit folgenden Worten: »Guten Abend, meine Damen und Herren! In dem sowjetischen Kernkraftwerk Tschernobyl ist es offenbar zu dem gefürchteten GAU gekommen – dem ›größten anzunehmenden Unfall‹.«

Michail Gorbatschow, der die Sowjetunion reformieren wollte, war damals bereits seit über einem Jahr an der Macht. »Perestroika«, »Umbau der Gesellschaft«, hieß die Losung. Gemeint war eine umfassende Modernisierung, die Sowjetunion sollte zu einem »real-sozialistischen System« werden. Zudem versprach Gorbatschow »Glasnost«, Transparenz. Schluss also mit Vertuschung, Schluss mit Lügen.

Die sowjetische Informationspolitik in diesen Tagen hatte allerdings nichts damit zu tun. Der *Deutschlandfunk* zitiert die damalige Antwort des sowjetischen Botschafters in Deutschland auf Reporterfragen als »trotzig, ja arrogant«: »Können Sie denn sagen, warum die Informationspolitik der Sowjetunion so schlecht war in den vergangenen Tagen?« – »Ich glaube nicht, dass sie schlecht war. Sie war normal.«

Schlechte Informationspolitik? Michail Gorbatschow sah das anders. In einem Kommentar, veröffentlicht 2006 im *STANDARD*, schrieb er: »Dem Politbüro lagen nicht sofort die relevanten und vollständigen Informationen vor, die die Lage nach der Explosion widergespiegelt hätten. Trotzdem herrschte im Politbüro allgemeiner Konsens darüber, dass wir Informationen offen herausgeben sollten, sobald wir welche erhielten – im Geiste der Glasnost-Politik, die damals bereits in der Sowjetunion etabliert war. Daher sind die Behauptungen, das Politbüro habe die Informationen über den Unfall verheimlicht, weit von der Wahrheit entfernt. (…) Mehr als alles andere hat die Katastrophe von Tschernobyl die Durchsetzung der freien Meinungsäußerung ermöglicht. Das System, wie wir es kannten, konnte nicht mehr weiterexistieren. Es wurde absolut klar, wie wichtig es war, die Glasnost-Politik fortzuführen. Ich selbst fing an, die Zeit gedanklich in die Zeit vor und die Zeit nach Tschernobyl einzuteilen.«

Doch Gorbatschow konnte nicht verhindern, dass Tschernobyl zum Symbol wurde für alles, was schieflief in diesem Riesenreich. Für verkrustetes Obrigkeitsdenken, Verantwortungslosigkeit und schließlich für das Versagen des gesamten kommunistischen Systems.

36 Jahre später, Ende April 2022, stehe ich in Tschernobyl. Die Reaktorruine ist in einem gigantischen Sarkophag eingebettet, der die Strahlung abhalten soll. Es herrscht Krieg in der Ukraine, 35 Tage lang war das Gelände von russischen Truppen besetzt. Zwischenzeitlich war die Datenverbindung zur Atomenergiebehörde abgerissen. Und die Angst war groß, nicht nur in Tschernobyl. Denn der Sarkophag ist für viele Eventualitäten ausgelegt – aber nicht für einen möglichen Beschuss mit Raketen und Granaten. Eine Beschädigung hätte eine Strahlenkatastrophe für ganz Europa bedeuten können.

Nach Tschernobyl darf man nur mit Sondererlaubnis reisen. An den Checkpoints kontrollieren Soldaten der ukrainischen

Armee die Papiere, es geht vorbei an zerschossenen Häusern, bombardierten Bahnstrecken. Immer wieder müssen zerstörte Brücken umfahren werden. Panzerspuren im Boden und verkohlte Baumstümpfe zeugen von den schweren Kämpfen. Mein TV-Team und ich haben ein Strahlenmessgerät dabei, auf das wir immer wieder schauen. Gott sei Dank, die Dosis ist nicht gefährlich.

Oleg arbeitet als Feuerwehrmann in Tschernobyl. Ein wichtiger Job. Immer wieder kommt es zu Waldbränden, vor allem im Sommer. Durch die Brände werden radioaktive Partikel vom Erdboden aufgewirbelt. Auch die Rinden der Bäume in der Sperrzone rund um die Atomruine sind radioaktiv verseucht. Während der russischen Besatzung war Oleg nicht im Dienst. »Die Kollegen erzählten, es sei schlimm gewesen, niemand wusste, wann der Krieg zu Ende sein würde. Aber sie arbeiteten weiter, unter Kriegsbedingungen. Sie löschten Brände im Wald, waren eben überall, wo Feuer ausbrach.«

Der Arbeiter Valerij, 75 Jahre alt, hat immer schon in Tschernobyl gelebt. Er ist einer der wenigen Menschen, die in der Stadt geblieben sind. Es sind Menschen wie er, die für die Sicherheit der Atomruine sorgen. 1986, als im brennenden Reaktor die Brennstäbe durchschmolzen, wurden die Bewohner evakuiert. Valerij hielt die Stellung in Tschernobyl, der Gefahr zum Trotz. »Ich bin nicht geflohen, ich habe die Leute mit meinem Bus aus der Stadt in Sicherheit gebracht.«

Über viele Jahre war es ruhig um Tschernobyl, erzählt Valerij. Dann kam der Krieg Russlands in der Ukraine. »Ich sah Flugzeuge, Panzer, sie fuhren umher, aber es gab keine Detonationen nahe meinem Haus. Nur lange Kolonnen von Militärfahrzeugen und Panzern.« Die Russen seien nicht gewalttätig gewesen, bestätigen diejenigen, die hier arbeiten. Sie hätten allerdings geplündert und technische Geräte sowie Computer mitgenommen. Die russische Armee dementiert dies. Valerij will auf jeden Fall bleiben. »Der Krieg ist schrecklich, aber diese Stadt ist meine Heimat. Ich will hier nicht weg. Ich bin hier geboren und werde hier sterben. Und wenn ich sterben muss, dann muss ich eben sterben.«

Als es zum Super-GAU in Tschernobyl kam, befand sich die Sowjetunion bereits im Niedergang, ein Prozess, der sich über mehrere Jahre hinzog. Am 11. März 1990 erklärte sich Litauen für unabhängig. Dann kam der sogenannte August-Putsch von 1991: Konservative Parteifunktionäre versuchten, Michail Gorbatschow abzusetzen und die Macht zu übernehmen. Die alte Sowjetunion sollte wiederauferstehen, Schluss mit Modernisierung, Perestroika und Glasnost. Nach drei Tagen wurde der Putsch niedergeschlagen, und doch war der endgültige Zerfall der Sowjetunion nicht aufzuhalten.

Mit meiner Freundin Natalia Myurisep-Keworkow, die den Putsch in Moskau erlebt hat, spreche ich oft darüber. Sie erinnert sich noch an die Panzerkolonnen, die in Richtung Innenstadt rollten, als sie am Vormittag des 19. August mit dem Auto von ihrem Landhaus ins Moskauer Zentrum unterwegs war. »Auf der rechten Fahrbahn fuhren die Panzer, auf der linken Spur fuhren wir, die Autofahrer. Kurz vor dem Moskauer Ring, am Hotel Moschaiskij, stand die Ampel auf Rot, und all die Panzer hatten angehalten. Wegen einer roten Ampel! Plötzlich erschienen von links und rechts die Babuschkas, alte Frauen, mit Essen und Trinken. Sie haben Kuchen und Wodka auf die Panzer gelegt. Die Soldaten standen unter dem Befehl der Putschisten, aber sie wussten nicht, was sie tun sollten. Das waren doch noch kleine Jungs!«

In Moskau und in Leningrad, dem heutigen Sankt Petersburg, demonstrierten die Menschen. Boris Jelzin, der Präsident Russlands innerhalb der Sowjetunion, kletterte auf einen Panzer und hielt eine Rede, die weltberühmt wurde. Zu den Soldaten sagte er: »Werdet nicht zur blinden Waffe des verbrecherischen Willens von Abenteurern!«

Kurze Zeit später, am 8. Dezember 1991, unterzeichneten die Staatschefs von Russland, Belarus und der Ukraine das Gründungsdokument der »Gemeinschaft Unabhängiger Staaten« (GUS), in der festgestellt wurde, die Sowjetunion habe »ihre Existenz beendet«. Dieser Vereinbarung traten kurze Zeit später weitere Ex-Sowjetrepubliken bei: Armenien, Aserbaidschan, Kasachstan, Kirgisistan, Moldau, Tadschikistan, Turkmenistan und Usbekistan. Am 25. Dezember 1991 trat Michail Gorbatschow zurück. Es war das Ende der Sowjetunion.

Doch was waren die Folgen? Mark Leonard, Direktor des Thinktanks European Council on Foreign Relations, schreibt im *STANDARD*: »Zwischen dem Ende des Zweiten Weltkrieges und dem Fall der Berliner Mauer war die internationale Ordnung durch zwei große Kräfte definiert: ideologische Konflikte, die die Welt in zwei Lager gespalten haben, und das Streben nach Unabhängigkeit, das zur Gründung immer neuer Staaten führte (…) Diese beiden Tendenzen haben sich gegenseitig beeinflusst, aber der ideologische Konflikt war dominanter: Die Bemühungen um Unabhängigkeit führten häufig zu Stellvertreterkriegen, und die Länder waren gezwungen, sich entweder einem Block anzuschließen oder sich selbst als ›blockfrei‹ zu bezeichnen.«

Je mehr Ex-Sowjetstaaten nach Unabhängigkeit strebten, desto konfliktreicher wurde die von Russlands Präsidenten Wladimir Putin später so bezeichnete »multipolare Welt«.

Gwendolyn Sasse schreibt im Januar 2022 in der Zeitschrift *Aus Politik und Zeitgeschichte*: »Der Desintegrationsprozess der auf dem Papier als Föderation verfassten Sowjetunion führte zu einer Reihe von gewaltsamen Territorialkonflikten. Die ersten Konflikte waren unmittelbar mit der Auflösung der Sowjetunion und der nationalen Politik der Nachfolgestaaten verknüpft (Nagorny-Karabach [Bergkarabach], Transnistrien, Abchasien und Südossetien), in einigen Fällen kam es zu einem zweiten Konfliktzyklus (Abchasien und Südossetien 2008 und Nagorny-Karabach 2020).«

Auch den Krieg in der Ukraine sieht Sasse in diesem Kontext: »Der gewaltsame Konflikt in der Ostukraine begann erst 2014, ist aber ebenfalls eng mit den Hinterlassenschaften der Sowjetunion verknüpft. Neben wirtschaftlichen und infrastrukturellen Verflechtungen haben sich vor allem politische Ansprüche und Denkmuster des ehemaligen imperialen Zentrums erhalten. Die Nicht-Anerkennung der ukrainischen staatlichen Unabhängigkeit, die in der Rhetorik vom ›slawischen Brudervolk‹ zum Ausdruck kommt, zieht sich durch die Reden und die gesamte Politik des russischen Staatspräsidenten Wladimir Putin.«

Und Gorbatschow? Im Russland von heute blickt man zwiespältig auf ihn zurück. Viele sehen ihn als den Totengräber der mächtigen Sowjetunion. »Gorbatschow hatte kein Glück mit uns. Aber wir hatten Glück mit ihm. Das ist die Wahrheit, die wir erst noch lernen müssen«, zitieren viele Medien die Politologin Lilija Schewzowa. Trotz der Kritik an seiner Politik blieb Gorbatschow seinen Idealen treu. Wiederholt prangerte er die heutige Kremlpartei Geeintes Russland als »schlechte Kopie der Kommunistischen Partei der Sowjetunion« an. Und er kritisierte Russlands Präsidenten Wladimir Putin. Dieser habe seine Macht so zementiert, dass anderen politischen Kräften keine Luft zum Atmen bleibe, meinte er. »Wir brauchen Demokratie. Ohne sie wird es keine Modernisierung geben.«

Für ein demokratisches Russland setzte sich Gorbatschow mit einer von ihm gegründeten Stiftung in Moskau ein. Er kämpfte gegen das zunehmend repressive Klima in Russland, war Mitherausgeber der Oppositionszeitung *Nowaja Gaseta*, die mit Beginn der Kampfhandlungen in der Ukraine ihr Erscheinen in Russland einstellte. Das Verhältnis zwischen Putin und Gorbatschow war spannungsgeladen. Die beiden waren zu unterschiedlich, sagt mir Carmen Scheide, Historikerin und Osteuropa-Expertin an der Universität Bern: »Gorbatschow versuchte bildlich gesprochen, das schwankende Schiff Sowjetunion trotz starken Seegangs sicher in einen Hafen zu steuern. Putin ist der Seegang egal – er will das Meer beherrschen.«

Aber auch mit dem Westen ging Michail Gorbatschow hart ins Gericht. In seinem letzten Buch *Was jetzt auf dem Spiel steht* kritisierte er ein »Triumphgehabe« des Westens. Russland sei nach dem Zusammenbruch der Sowjetunion nicht als Partner behandelt worden. Die USA bezeichnete er einmal als »Seuche der Welt«. Doch auch die russische »Spezialoperation« kritisierte er laut Weggefährten. Eine offizielle Reaktion von ihm ist aber nicht bekannt.

Von den Sanktionen des Westens nach dem Einmarsch in die Ukraine war er enttäuscht. Er war auch gegen die Strafmaßnahmen nach der russischen Annexion der Halbinsel Krim. »Die Sanktionen haben nur eine einzige Wirkung: Die gegenseitige Entfremdung nimmt zu.« Die Entfremdung zwischen Russland und dem Westen, die neuen Feindbilder hier wie dort, beklagte Gorbatschow oft.

Es war ein klarer, sonniger Samstag, als man Michail Gorbatschow in Moskau im Säulensaal des Hauses der Gewerkschaften aufbahrte. Hunderte Russinnen und Russen wollten Abschied nehmen. »In Moskau wirkt es am Samstag so, als hätte Michail Gorbatschow ein kleines Stück der Freiheit, die er den Leuten einst bescherte, im Tod für einige Momente wiedergebracht«, schrieb die *FAZ*. »Eine Menge hat sich versammelt, nicht auf Geheiß der Staatsmacht, sondern aus eigenem Antrieb, ohne Angst, von den Sicherheitskräften auseinandergetrieben zu werden. Das ist möglich, weil die Versammlung ausnahmsweise nicht illegal ist, sondern ein kollektives Anstehen vor Sicherheitskontrollen im Rahmen der Abschiedszeremonie für Gorbatschow.«

»Wir sind gekommen, um uns zu verabschieden«, sagt mir ein älteres Ehepaar. »Er ist eine historische Persönlichkeit, die sowohl in unserem Land als auch in Europa eine wichtige Rolle gespielt hat. Man kann ihn wegen der Perestroika kritisieren, aber wir finden, dass er ein sehr liberaler Mann war. Ein Politiker, der den Mut hatte, den damals berüchtigten Krieg in Afghanistan zu beenden.« Die 43-jährige Marina meint: »Ich bin mit meiner Freundin hier. Gorbatschow war eine wichtige Figur in unserer Politik. Der letzte Staatschef der Sowjetunion. Das allein ist schon ein Grund zu kommen.« Und Victor, ein junger Mann, ergänzt: »Ich wurde erst nach Gorbatschows Rücktritt geboren. Ich bin aus menschlichen Gründen hier. Und auch, weil er den Friedensnobelpreis bekommen hat. Der wird nicht so einfach vergeben.«

In einem kurzen Beileidstelegramm an die Angehörigen würdigte Putin den Verstorbenen. »Michail Gorbatschow war ein Politiker und Staatsmann, der gewaltigen Einfluss auf den Lauf der Weltgeschichte ausgeübt hat.« Beigesetzt wurde Gorbatschow neben seiner Frau Raissa, die bereits 1999 starb, auf dem Neujungfrauenfriedhof in Moskau, wo prominente Russen zur letzten Ruhe gebettet werden. Gorbatschow bekam kein Staatsbegräbnis, auch wurde kein nationaler Trauertag ausgerufen – und auch Putin kam nicht zur Beerdigung. Er hatte andere Termine. In normalen Zeiten würden zur Beerdigung eines Staatsmannes, der so viel bewirkt hat, Politiker aus aller Welt anreisen, auch und gerade aus dem Westen. Jetzt kam aus den EU-Ländern lediglich der ungarische Ministerpräsident Viktor Orbán. Für viele Politiker westlicher Länder war eine Teilnahme nicht möglich, weil Russland gegen sie Einreiseverbote verhängt hatte.

Den Friedhof, auf dem Gorbatschow begraben wurde, besuche ich immer wieder gern. Das zugehörige Neujungfrauenkloster wurde nach dem Vorbild des Moskauer Kremls errichtet. Im Zentrum steht die 1524/25 erbaute Kathedrale der Gottesmutter von Smolensk. Auf dem Friedhof sind viele prominente Schriftsteller, Musiker und Schauspieler begraben. Immer wieder freue ich mich über die fantasievollen Grabsteine. Manche Gräber haben kleine Sitzbänke, auf denen man verweilen kann. Und gleich daneben liegen die Gräber der Generäle, der sowjetischen Polit-Fürsten. Düstere, monumentale Trutzburgen, so unterschiedlich zu den fast heiteren Gräbern der Künstler. Es gibt kein besseres Sinnbild für die Zerrissenheit der damaligen Sowjetunion – und des heutigen Russlands – als diesen Friedhof, auf dem mit Gorbatschow ein Mann liegt, der mit seiner Idee von Freiheit eine friedlichere Welt schaffen wollte und scheiterte.

SOWJETUNION 2.0 –
PUTINS NEUES RUSSLAND

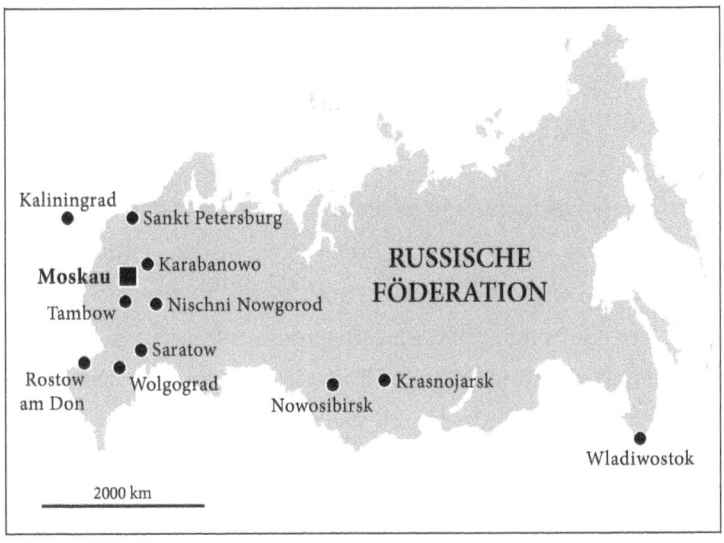

Kaliningrad

Sankt Petersburg

Moskau ■ Karabanowo

Tambow ● Nischni Nowgorod

Saratow

Rostow
am Don Wolgograd

Nowosibirsk

RUSSISCHE
FÖDERATION

● Krasnojarsk

Wladiwostok

2000 km

WIE VIEL SOWJETUNION steckt im Russland von heute? Welche Rolle spielt sie noch im Leben der Menschen? Für mich als Korrespondenten sind diese Fragen zentral. Dafür bin ich vor Ort: um zu erfahren, wie die Menschen denken, fühlen, leben. Im Alltagsgeschäft gehen diese Fragen oftmals unter. Ich lebe und arbeite in Moskau, natürlich, im Zentrum der Politik. Allerdings ist Moskau nicht Russland. Nach wie vor ist die Stadt modern und weltoffen. Will man aber wirklich die Stimmung in diesem Riesenreich Russland erkunden, muss man reisen.

Wieder einmal mache mich auf in die tiefste russische Provinz. Dort, wo die Vergangenheit vielfach noch die Gegenwart ist. Für *ARTE-TV* und den *STANDARD* soll ich eine Reportage über einen Dorfschullehrer recherchieren. Es geht in die Region Tambow, rund 500 Kilometer von Moskau entfernt. Auf dem kleinen Regionalflugplatz treffe ich meine Producerin, die den Dreh vorbereitet hat, und unseren Kameramann. Erst mal aber geht es ins Hotel, eine Art Raststätte an einer Fernverkehrsstraße. Von dort sind es noch viele Kilometer bis zu unserem Drehort, aber ein näheres oder gar besseres Hotel gibt es in dem entlegenen Flecken nicht.

Der erste Drehtag: In Alekseevka erscheint das Leben so, wie es schon immer war – als existiere die Sowjetunion noch. Der Torbogen mit Hammer und Sichel am Dorfeingang verweist auf die örtliche Kolchose, den landwirtschaftlichen Staatsbetrieb, den es zu sowjetischen Zeiten gab. Hier arbeitet Nikolai Stopnewitsch als Dorflehrer. Ein interessanter junger Mann, einer, der aus einer anderen Welt kommt. Nikolai hat in Moskau gearbeitet, er war Manager in einem internationalen Konzern mit hohem Verdienst, Dienstwagen und vielen Auslandsreisen. Ein Traumjob. Doch Nikolai hat hingeschmissen und ist jetzt

104

Dorflehrer. Warum? »Was ich wollte, das war die Grenze zwischen Leben und Arbeit aufzuheben. Früher investierte ich mein Wissen und mein Können in die Arbeit. Und danach fing mein eigentliches Leben an«, erzählt er mir. Jetzt ist Nikolai Dorflehrer, er unterrichtet Geografie und Englisch für ein Zehntel seines bisherigen Gehalts. Ein Aussteiger? Eher ein Einsteiger – in einen Job, in dem er sich wohlfühlt.

Genau fünf Straßen gibt es in Alekseevka, 573 Einwohner leben hier. Die Menschen auf dem Land sind die Stammwähler des russischen Präsidenten Wladimir Putin. Hier verfängt seine Geschichte von den »neuen Feinden« Russlands, den »bösen« Amerikanern. Und Nikolai? Ausgerechnet hier unterrichtet er jetzt Englisch. Im Dorf gebe es schon Widerstände, sagt Nikolai. »Jetzt, wo sich Russland mit gut der Hälfte der Welt in einem Konflikt befindet, sagen sie: Wozu? Wir werden doch nirgendwo hingehen, wir werden hier Traktorfahrer werden, wozu brauchen wir Ihr Englisch?« Nikolai hält dagegen: »Man muss die Kinder motivieren, über die weite und interessante Welt erzählen, die global vernetzt ist, und in der auch sie einen Platz haben. Bei manchen funktioniert das, bei anderen nicht.«

Russlands Abgrenzung von der westlichen Welt, Folge des Krieges in der Ukraine, ist auch in Alekseevka spürbar. Was Nikolai allerdings erstaunt: »Die Welt hat sich ja sehr stark verändert. Doch für die meisten Menschen, die heute hier auf dem Dorf leben, hat sich nichts geändert. Sie stehen weiterhin um fünf Uhr morgens auf, füttern das Vieh und laufen dann zur Arbeit.«

Militärischen Unterricht, wie an vielen Schulen Russlands üblich, gibt es an Nikolais Schule nicht. Den neuen Patriotismus hingegen schon. In den Dörfern der Region werben Plakate für die russische Armee, für den Kampf in der Ukraine. Nikolais

Nachbar wollte nicht in den Krieg ziehen. Doch im September 2022, während der damaligen Teilmobilisierung, wurde er eingezogen. Wenige Wochen später kam er im Sarg zurück. »Das war das tragischste Ereignis hier im Dorf«, erzählt Nikolai. »Das ganze Dorf war bei der Beerdigung dabei. Aber anschließend tat man so, als habe sich nichts geändert. Nach dem Motto: Jetzt haben wir ihn zu Grabe getragen, und das Leben geht weiter.«

»Lehrer für Russland« nennt sich die Privatinitiative, die Nikolai als Dorflehrer nach Alekseevka vermittelt hat. Unterstützt von Spenden und Zuschüssen, will sie Bildung auf die Dörfer bringen. Denn Bildungschancen hängen in Russland stark vom Wohnort ab; wer auf dem Dorf wohnt, schafft es nur schwer auf eine Uni. Gute Lehrer fehlten in der Provinz, sagt Nikolai, das liege am schlechten Gehalt von umgerechnet nur 200 Euro pro Monat. Lehrer wie Nikolai würden ihr Kollegium beleben, sagt mir Irina Rozhkowa, seine Direktorin. »Wenn jemand mit neuen Sichtweisen und frischem Wind kommt, sind auch alle anderen wieder motivierter bei der Arbeit. Sie schauen sich vielleicht etwas bei ihm ab und probieren im eigenen Unterricht aus, ob es funktioniert oder nicht.«

»Kinder sind überall klasse, aufgeweckte und offene Wesen, in Dörfern ebenso wie in Städten«, sagt Nikolai. Er will sie erreichen, auch mit aktuellen Themen. Im Geografieunterricht geht es etwa um den Klimawandel. Für seine Schülerinnen und Schüler ein völlig neues Problem. Nikolai will den Kindern ökologisches Bewusstsein vermitteln. »Ich gebe ihnen zu verstehen, dass wir alle ein gemeinsames Haus, einen Planeten haben. Wir habe keine Alternativen, und wir müssen uns um dieses Haus kümmern.«

Nikolai ist ein weltoffener junger Mann. In der russischen Provinz würde man ihn nicht vermuten. Zugleich ist er sehr religiös. Die russisch-orthodoxe Kirche ist ein wichtiger politischer Machtfaktor im Land, wie später noch zu sehen sein wird. Doch für Menschen wie Nikolai bedeutet gläubig zu sein nicht unbedingt, dass sie auch mit Russlands Politik einverstanden sind. Was also bedeutet Religion für ihn in Kriegszeiten wie diesen, frage ich Nikolai? »Genau dafür beten wir ja, dass das alles möglichst schnell ein Ende hat«, antwortet er. »Mittlerweile wünschen sich alle in Russland gegenseitig einen friedlichen Himmel über dem Kopf. Früher gab es das nicht, jetzt ist das überall zu spüren. Wir hoffen also, dass das alles endet. Es geht uns nämlich schon sehr nahe.«

Wie Nikolai denken viele Menschen in Russland. Doch laut darüber zu reden, vor westlichen Mikrofonen gar, ist schwierig in einem Land, in dem die Meinungsfreiheit zunehmend eingeschränkt wird und das sich politisch in eine Art neue Sowjetunion wandelt. Zurück in Moskau sortiere ich meine Gedanken bei einem Spaziergang. Lenin fällt mir ein. Er ist allgegenwärtig, nach wie vor. Allein in Moskau stehen mehrere riesige Denkmäler des Revolutionärs. Die Nationalbibliothek und die weltberühmte Metro der russischen Hauptstadt tragen seinen Namen. Kremlchef Putin betont, dass es noch immer viele Russen gebe, die einen großen Teil ihres Lebens mit Lenin in Verbindung brächten und mit »gewissen Errungenschaften der Vergangenheit, Errungenschaften der Sowjetunion«, die auf ihn zurückgingen.

Lenins einbalsamierten Leichnam können die Menschen im Moskauer Mausoleum an der Kremlmauer besuchen. Dort liegt er in schummrigem Licht, wie schlafend, im feinen Anzug. Besucher wie die 62-jährige Jelena kommen nach wie vor in großer Zahl. »Wir mussten zuerst in der Schlange warten«, sagt sie. »Dann ging es in den Raum, in dem die Mumie liegt. Ich kann Ihnen meine Empfindungen nicht vermitteln, ich hatte eine Gänsehaut.«

Nach wie vor reisen Gäste aus aller Welt an, ganze Schulklassen pilgern in den vom bewaffneten staatlichen Wachdienst des Kremls beschützten Lenin-Tempel. Sie kommen, um die Mumie jenes Mannes zu sehen, der 1922, fünf Jahre nach der Oktoberrevolution, den ersten sozialistischen Staat der Erde gründete, einen Staat der Arbeiter und Bauern. Nach seinem Tod wurde Lenin einbalsamiert und im Mausoleum am Roten Platz in Moskau aufgebahrt. Seinen Körper zu erhalten, ist aufwendig. Wie genau die Balsamierung vor sich geht, ist ein Staatsgeheimnis. Bekannt ist lediglich, dass Lenins Leiche etwa alle zwei Jahre in einer Wanne im Russischen Forschungsinstitut für medizinische und aromahaltige Pflanzen in ein chemisches Gemisch gelegt wird. In Teile seines Körpers werden konservierende Substanzen gespritzt, so zumindest berichten es russische Medien.

Um den Lenin-Kult gibt es durchaus kontroverse Diskussionen, vor allem bei jüngeren Russen. Alexander zum Beispiel. Seinen Nachnamen soll ich hier nicht nennen. Er ist 43 Jahre alt, geboren noch zu Sowjetzeiten. Ins Mausoleum würde er nie gehen. »Schon als Kind fragte ich mich, warum ich diesen Opa Lenin lieben sollte, den die Erzieherin im Kindergarten und später dann die Grundschullehrerin so positiv beschrieben hatte«, erzählt er mir. Und der 34-jährige Andrej ergänzt: »Es ist seltsam, dass Lenin im Mausoleum liegt, das entspricht nicht der christlichen Bestattungstradition. Sogar Stalin und Breschnew wurden in der Erde an den Kremlmauern begraben, was war an Lenin so groß?«

Sollte Lenin nicht doch noch beerdigt werden? Seit Jahren gibt es darüber Debatten. Nicht nur die russisch-orthodoxe Kirche fordert das, Umfragen zufolge wünschen es sich auch die meisten Russen. »Es ist eine dumme, heidnische Tradition der Liebe zu Leichen, die wir auf dem Roten Platz haben«, sagte einst der prominente Kremlpolitiker Wladimir Medinski, der enge Beziehungen zur Kirche und zu Russlands Präsident Putin pflegt. 2011 hatte Medinski eine Initiative gestartet, die die endgültige Bestattung Lenins forderte. Die Initiative scheiterte.

Für mich, den westlichen Korrespondenten, ist der Lenin-Kult ein befremdliches Ritual. Aber auch eines, das mich fasziniert. Im März 2024, kurz vor Putins Wiederwahl, fahre ich nach Gorki Leninskije, rund eine Autostunde vom Moskauer Zentrum entfernt. Dorthin, in einen großen Park mit mehreren Villen aus der Zarenzeit, hatte sich Lenin zurückgezogen. Von dort führte er das Riesenreich. Und dort starb er. Als ich ankomme, sind mehrere Besuchergruppen auf dem Gelände unterwegs. Lenins bescheidenes Arbeitszimmer kann man besichtigen. Sein Schlafzimmer, das Bett, in dem er starb. Und auch die Wanne, in der sein Körper erstmals einbalsamiert wurde. In der Garage steht noch Lenins Rolls-Royce mit Kettenantrieb und Kufen unter den Vorderrädern. Praktisch: Denn damals waren die Straßen im Winter noch nicht geräumt.

Inzwischen bereite ich mich auf meine nächste längere Reise vor. Und die wird deutlich schwieriger sein als der Abstecher in die russische Provinz. Es soll in die von Russland besetzten Gebiete in der Ukraine gehen. Wie geht es den Menschen dort wirklich? Welche Wünsche haben sie? Ein propagandistisch aufgeladenes Thema, vom Kreml in Russland, aber auch von der ukrainischen Staatsführung. Viele Medien in Deutschland berichten über Unterdrückung und Terror gegen die Bevölkerung durch die russischen Besatzer. Aber wirklich dort waren nur wenige westliche Journalisten.

Also mache ich mich auf den Weg. Zusammen mit meinem Freund und Kollegen Ulf Mauder, dem Bürochef der Deutschen Presseagentur in Moskau, besuche ich Anfang 2024 die annektierte Halbinsel Krim. Als in Russland akkreditierter Korrespondent kann ich einfach in den Zug steigen und hinfahren, ohne Aufpasser, ohne durchorganisierte Pressereise. Ich bin gespannt: Was denken die Menschen? Wie sieht ihr Alltag aus? Und: Wünschen sie sich eine Rückkehr zur Ukraine?

Die Anreise wäre so einfach: Die Krim-Hauptstadt Simferopol hat einen hochmodernen, von den Russen erbauten Flughafen, ein kurzer Flug aus Moskau. Doch der Flughafen ist gesperrt, Kriegsgebiet. Stattdessen sind es mehr als 27 Stunden mit dem Zug, über Woronesch, Rostow am Don und die Krim-Brücke, die in der Vergangenheit mehrfach von ukrainischen Truppen angegriffen wurde. Vor der Überfahrt wird die Unterseite des Zuges kontrolliert: Es könnten Sprengsätze befestigt worden sein, Terroranschläge sind nicht auszuschließen.

Eine junge Frau in meinem Abteil erzählt, sie arbeite in Moskau und fahre jetzt zurück auf die Krim, wo sie lebe. Im Speisewagen sagt mir Alexander, Rechtsanwalt aus Moskau, es sei ein Bruderkrieg. »Meine Verwandten leben in der Ukraine. Die Familie ist zerrissen. In meiner Familie reden sie nicht mehr miteinander.« Auch dies ist Realität in diesem Krieg, er bringt nicht nur Tod und Zerstörung, er zerreißt auch Familien. Schicksale wie die von Alexander sind Alltag in Simferopol, der Hauptstadt der »Republik Krim«. »Ich bin mit meinem Leben heute sehr zufrieden«, sagt mir Alexej, 42 Jahre alt. Er ist verheiratet, hat drei Kinder und wohnt in einem Vorort von Simferopol. In der Ukraine habe er viele Verwandte, erzählt Alexej, doch die hätten seit Kriegsbeginn jeden Kontakt mit ihm abgebrochen.

110

»Ich habe gar nichts gegen Ukrainer, ich spreche auch Ukrainisch, sehe mich aber als Russen – als Teil der russischen Welt.«

Ich erinnere mich an ein Gespräch, das ich kurz nach Kriegsbeginn mit einer 90-jährigen Rentnerin in Kiew geführt habe. Dass Russland gegen die Ukraine Krieg führt, das kann Sofiya, die den Zweiten Weltkrieg noch miterlebt hat, einfach nicht verstehen. »Die Russen sind doch Brüder. In den Jahren 1941 bis 1945 saßen mein Mann und ein russischer Soldat, der heute vielleicht auch Urgroßvater ist, in einem gemeinsamen Schützengraben. Sie aßen Brei oder Eintopf aus einer gemeinsamen Schüssel.«

Simferopol auf der Krim wirkt wie eine normale russische Stadt. An die Zeit vor der russischen Annexion 2014 erinnert nur wenig. Einige Straßen wurden umbenannt. Es gibt eine Fußgängerzone, in den Geschäften und Supermärkten ist alles vorhanden. Die Restaurants und die Bars sind abends gut gefüllt. Alltag. Nur wenige Soldaten sind in der Stadt zu sehen, ab und an dröhnen in der Ferne die Motoren von Militärflugzeugen. »Es ist ruhig hier«, sagt ein junger Mann auf der Straße. »Wir sind überhaupt nicht in Panik. Wir spüren hier vom Krieg überhaupt nichts.«

Auf Bussen und Plakatwänden wird für die Präsidentschaftswahlen im März 2024 geworben. Auch auf der annektierten Krim wurde gewählt. Einige Tage zuvor jährte sich der Einmarsch russischer Truppen zum zehnten Mal. Der Einmarsch jener »grünen Männer« in Uniformen ohne Hoheitsabzeichen. Russische Truppen auf der Krim? Präsident Putin leugnete das damals lange, heute erinnert ein Denkmal an die »grünen Männer«. Es ist mit Blumen geschmückt in diesen Tagen vor dem Jubiläum. Wladimir Putin ist allgegenwärtig in Simferopol. Zu sehen ist er auf

einem Wandgemälde, sein Name steht auf einem schon etwas ver-
blichenen Plakat vor der prächtig restaurierten Alexander-New-
ski-Kathedrale. »Der Wiederaufbau dieser Kirche erfolgt durch
den russischen Präsidenten W. W. Putin«, kann man da lesen.

Über den Krieg und die Annexion sprechen die Menschen
in der Stadt ungern. Zurück zur Ukraine? Politisch nahezu un-
denkbar. Aber darüber reden? Die Marktfrau, die ich an ihrem
Stand darauf anspreche, preist lieber ihr Obst und Gemüse an.

Der 76-jährige Sergej ist gesprächiger. »Natürlich war es vorher besser, weil Frieden war. Jetzt ist Krieg. Eigentlich sollten
wir friedlich miteinander leben. Es ist schlimm, dass unsere russischen Soldaten sterben«, sagt er mir. Und, so ergänzt er: »Es
ist nicht ungefährlich zu sagen, was man denkt, das war früher
leichter.« Wirtschaftlich gehe es ihm aber besser, sagt Sergej.
Rund 200 Euro Rente hat er jetzt im Monat. Früher, als die Krim
noch ukrainisch war, sei es wesentlich weniger gewesen.

Viele Krimbewohner haben ukrainische und russische Wurzeln. Ob die Krim nun ukrainisch oder russisch sei, spielt für
den 35-jährigen Maxim nach eigenen Worten kaum eine Rolle.
Seit der Annexion sei einiges im Alltag besser geworden, erzählt er. »Die Parks werden gepflegt, die öffentlichen Anlagen,
die Straßen. Da werden Dinge auch repariert.« Allerdings habe
Russland auch Nachteile gebracht. Das Schlimmste in der neuen
Zeit sei die Bürokratie. »Es gibt alle möglichen Gesetze, man
muss ständig Formulare ausfüllen. Das war zu ukrainischen Zeiten nicht der Fall.« Als junger Mann könne man heute umgerechnet 400 bis 600 Euro verdienen, sagt Maxim. Das sei schon
in Ordnung – wenn nur das Wohnen nicht so teuer geworden
wäre. Eine Wohnung zu kaufen, davon kann er nur träumen. Bis
zu 1000 Euro kostet hier der Quadratmeter.

Deutlich näher am Krieg ist einige Dutzend Kilometer weiter die Hafenstadt Sewastopol. Hier ist seit der Zarenzeit die russische Schwarzmeerflotte stationiert. Nach dem Zerfall der Sowjetunion blieb sie, auch als die Krim noch nicht von Russland annektiert war. In den Buchten von Sewastopol kann man die grauen Kriegsschiffe sehen, Fotografieren allerdings ist streng verboten. Vor allem der September und der Oktober 2023 seien schlimm gewesen, erzählt Irina, eine Bewohnerin der Stadt. »Es gab sehr viel Luftalarm, immer wieder die sonore Männerstimme per Lautsprecher, die vor Gefahr warnt.« Irina war gerade in der Stadt unterwegs, als Ende September 2023 vermutlich eine Storm-Shadow-Rakete britischer Bauart das Hauptquartier der Schwarzmeerflotte traf. »Es gab einen Riesenknall«, erzählt Irina und deutet auf das zerstörte Gebäude. Es habe Tote gegeben, viele Verletzte. Die ukrainischen Angriffe hätten inzwischen abgenommen, so Irina. Ihre Heimatstadt boome seit der Annexion, die Einwohnerzahl habe sich fast verdoppelt. Sie fühle sich wohl in Sewastopol.

Dass sich die Krim wirtschaftlich gut entwickelt, bestätigt mir im Interview Sergei Aksjonow, der von Russland eingesetzte Regierungschef. Die Krim sei »eine sich entwickelnde russische Region, in der Tat eine der dynamischsten. Zwar sind wir heute immer noch eine subventionierte Region, aber trotzdem vervielfachen wir unser Einkommen im Vergleich zu 2014.« Vor allem der Tourismus soll Geld bringen, ergänzt Aksjonows Pressestelle.

Speziell in Jalta wird viel gebaut. Schon zu Sowjetzeiten war die Touristenstadt für ihre Sanatorien berühmt. Über die von Russland erbaute Krim-Brücke und über den Flughafen von Simferopol soll nach dem Krieg ein Strom russischer Touristen kommen, und zwar nicht wie bisher nur im Sommer, sondern das ganze Jahr über. Man setze auf »Gastronomie, Wein, Berge und Wandern«, so die Pressestelle. Alexej, Taxifahrer in Jalta, sieht die Zukunft nicht ganz so rosig. Die Preise für Lebensmittel seien gestiegen, und man dürfe nicht krank werden, weil auch Medikamente so teuer geworden seien. »Ich wünsche mir Stabilität und Frieden, und ich möchte mir keine Sorgen mehr machen, ob ich Brot kaufen kann«, sagt er.

Viele Russen, die es sich leisten können, wollen sich auf der Krim ansiedeln, in wunderschöner Landschaft mit subtropischem Klima. Bis 2030 soll der Wohnungsbau auf jährlich eineinhalb Millionen Quadratmeter steigen, 55 Prozent der Bildungseinrichtungen seien seit 2014 saniert worden, man habe Kindergärten und Schulen neu gebaut, erfahre ich von Aksjonows Pressestelle.

In Simferopol profitiert die 32-jährige Alina davon. Sie lebt in einer Neubauwohnung, für 36 Quadratmeter hat sie rund 72 000 Euro bezahlt. Die junge Frau arbeitet im Staatsdienst. Der Lohn sei nicht allzu hoch, in der Privatwirtschaft würde sie mehr verdienen, sagt sie. Aber Alina scheint zufrieden. »Ich bin glücklich. Ich habe eine neue Wohnung und lebe heute viel besser als früher. Es gibt einfach mehr Möglichkeiten.« Und der Krieg, die Drohnen und Raketen? Flugzeuge höre sie manchmal, das sei etwas laut. Aber sonst? »Mir ist schon klar«, gibt sie mir noch mit auf den Weg, »dass es im Ausland so wirkt, als ob es hier kein Leben mehr gebe. Als ob alle wegen des Krieges fliehen würden von der Krim.« Dem sei natürlich nicht so.

Alles in Ordnung also im neuen Russland? Mitnichten. Im Land regiert Putin mit eiserner Hand. Eine nennenswerte Opposition gibt es längst nicht mehr, Regimekritiker sitzen im Gefängnis oder sind ins Ausland geflohen. Organisationen der Zivilgesellschaft wie etwa die Organisation Memorial, die sich um die Aufarbeitung der Verbrechen der Stalin-Zeit kümmerte, wurden aufgelöst. Schwule und Lesben werden diffamiert, »Propaganda« für Sexualität jenseits der Norm ist in Russland strafbar. Viele Russen beklagen Armut, Angst und Perspektivlosigkeit. Trotz allem, das zeigen Umfragen, trauen die meisten Menschen vor allem Putin zu, die Probleme zu lösen.

Und Probleme gibt es viele im Land. Allerdings mangelt es auch nicht an Ideen, sie zu lösen. Russland, den Eindruck hat man, wenn man hier lebt, ist erstaunlich resilient. Auch wenn es um die Sanktionen geht.

Das gilt etwa für die Versorgung mit Konsumgütern. In Moskau sieht man kaum eine junge Frau, kaum einen jungen Mann ohne iPhone. Apple hat das Land verlassen, das iPhone ist geblieben, genauer gesagt, kommt es jetzt über Umwege ins Land. Auch all die Apple-Dienste, die das Leben mit dem iPhone so angenehm machen, funktionieren in Russland nach wie vor, die iCloud genauso wie der App-Store. Selbst wenn man eine russische SIM-Karte einsteckt.

Trotz des vorgeblichen Rückzugs arbeitet der US-Konzern sogar mit den russischen Behörden zusammen. Wegen der westlichen Bankensanktionen deaktivierte Apple zwar seinen Bezahldienst Apple Pay und entfernte darüber hinaus mehrere russische Nachrichtenportale und Onlinedienste aus seinem App-Store. Doch den Store selbst, auch in Russland ein lukrativer Markt, wollte man wohl nicht aufgeben. Nach Agenturberichten bezahlte man Anfang 2024 sogar anstandslos eine Strafe der russischen Wettbewerbsbehörde in Höhe von rund 12,5 Millionen Euro. Abgestraft wurde Apple wegen des Missbrauchs seiner dominanten Position auf dem App-Markt. Die Behörde hatte die

Strafe bereits im Juli 2022 verhängt, den Protest des US-Konzerns wies ein russisches Gericht nach längerem Rechtsstreit zurück.

Doch wie kommt man in Russland an das begehrte Statussymbol? Schon zum Verkaufsstart des iPhone 14 im September 2022 beruhigte Denis Manturow, damals russischer Handelsminister und heute Vize-Premier, die Apple-süchtige Kundschaft. Selbstverständlich werde es das neue Handy auch in Russland geben: »Warum nicht? Wenn die Konsumenten diese Telefone kaufen wollen, dann ja. Es wird die Möglichkeit geben.« Dabei ist es bis heute geblieben.

Ich besuche das Europäiskij, eine Shoppingmall um die Ecke meiner Wohnung im Zentrum von Moskau. Viele Leute sind unterwegs, besonders der russische Mittelstand kauft gern hier ein. In einer Vitrine stellt »Megafon«, der Telefonladen im Erdgeschoss, seine Apple-Produkte aus. Auch die neuesten Handys sind darunter, wenn auch nicht ganz billig. Für knapp 1000 Euro gibt es das iPhone 15 mit 256 GB Speicher. Ähnlich sind die Preise im Technikladen zwei Stockwerke darüber. Hier gibt es auch Notebooks, Tablets, Uhren und Zubehör von Apple. Erheblich billiger ist das Telefon beim Versandhändler Ozon, der russischen Variante von Amazon. Dort kostet die neueste Modellversion rund 780 Euro.

Möglich werden solche Angebote durch sogenannte Parallelimporte. Was nicht direkt aus China importiert werden kann, kommt über Drittstaaten ins Land. Die rechtlichen Voraussetzungen dafür hat die russische Regierung kurz nach Verhängung der ersten westlichen Sanktionen geschaffen. Das Industrie- und Handelsministerium veröffentlichte eine Liste mit Produkten aus rund 100 Warenkategorien, für deren Import keine Zustimmung der Hersteller mehr nötig ist. Nunmehr können Zwischenhändler, etwa in Armenien, Georgien, in der Türkei oder in Kasachstan, Waren auf dem Weltmarkt kaufen und ganz legal nach Russland exportieren. Ohne dass es dazu einer Genehmigung des Herstellers bedarf. Der Nachschub an Konsumgütern für Russland scheint gesichert.

Manchmal kommen Haushaltsgeräte aber auch auf ganz besonderen Wegen nach Russland, berichtet die Zeitung *Kommersant*. Käufern von Haushaltsgeräten von Bosch, De'Longhi und Philips sei aufgefallen, dass etwa Spülmaschinen mit Aufklebern in ukrainischer Sprache versehen waren. Waren sie für die Ukraine bestimmt und wurden dann nach Russland geliefert? Die Hersteller dementieren, *Kommersant* sagt, das Geschäft sei über Zwischenhändler gelaufen. Und der russische Versandhändler *Wildberries* kommentiert laut der Zeitung: »Wenn die Verkäufe irgendwo sinken, werden die produzierten Waren in eine andere Region oder ein anderes Land verkauft, wo es Absatzmöglichkeiten gibt.« Sprich: Schwächelt der Absatz in Kiew, gehen die Geräte einfach nach Moskau. Geschäft ist Geschäft.

Auf dem Automarkt läuft es etwas anders. Die Menschen in Russland sind restlos dem Nimbus westlicher Fahrzeuge verfallen. Sie fahren lieber einen uralten VW als einen neuen Wagen aus China. Westliche Neuwagen gibt es noch, auch sie werden über Umwege importiert, weshalb sie sehr teuer geworden sind. Zu den vielen Antworten auf Russlands Probleme zählte daher auch eine Idee, die allerdings bislang nicht recht gezündet hat: die Wiederbelebung einer sowjetischen Traditionsmarke.

»Der neue Moskwitsch ist da«, hieß es 2022. Der Name hat Tradition. Die ersten Moskwitschs liefen ab 1947 vom Band. Schon damals steckte wenig Sowjetisches in diesem Auto, das Kult wurde. Eigentlich war der Moskwitsch ein deutscher Opel

Kadett. Bis 1998 wurden fünf Millionen Moskwitschs hergestellt. Dann ging die Produktion zurück, 2010 war Schluss. Nun also soll ein neuer Moskwitsch Kult werden, diesmal nicht abgekupfert aus Deutschland, sondern ein Auto aus China: Lizenzbauten der chinesischen Modelle JAC X4 und X5. Nur der Schriftzug »Moskwitsch« auf der Kühlerhaube ist original russisch.

Das neue Auto will ich mir natürlich anschauen. Der »Moskwitsch«-Autosalon am Stadtrand von Moskau war früher der örtliche VW-Händler. Der Verkäufer, der uns den Moskwitsch zeigt, trägt noch das VW-Abzeichen am Revers. Alexander, der mit mir das Auto testen wird, war früher Berufskraftfahrer, ist russische, europäische und japanische Autos gefahren. Sein erstes Fazit: »Das Auto macht insgesamt einen angenehmen Eindruck. Es ist sehr sparsam in der Stadt, der Kraftstoffverbrauch beträgt sieben bis acht Liter. Und das ist sehr gut.« Der Innenraum ist in schlichtem Plastik gehalten. Es gibt eine Klimaautomatik, sechs Lautsprecher, eine Rückfahrkamera und einen Touchscreen. Das Auto hat ein stufenloses Automatikgetriebe, das Alexander allerdings als etwas hakelig empfindet. Kaufen würde er den »Moskwitsch« nicht. Lieber einen gebrauchten Japaner, meint er.

Für viele Menschen in Russland sind Neuwagenpreise allerdings das geringste Problem. Sie haben andere Sorgen. Im Netz kursiert ein Smartphone-Video, veröffentlicht auf einem regionalen Nachrichtenportal. Es zeigt riesige Dampfwolken, die einen ganzen Straßenzug einhüllen. »Apokalypse«, kommentiert der unbekannte Kameramann auf der Tonspur. In Nischni Nowgorod, rund 400 Kilometer östlich von Moskau, war eine Fernwärmeleitung gebrochen. Kochend heißes Wasser ergoss sich über den Gehsteig, zehn Passanten erlitten Verbrennungen, ein Kind musste im Krankenhaus behandelt werden.

Nischni Nowgorod stand 2023 beispielhaft für eine ganzen Serie von Unfällen durch defekte Fernwärmeanlagen in vielen russischen Städten. Mangelhaft gewartete Heizkraftwerke, noch aus Sowjetzeiten, fielen regelmäßig aus. Marode Fernwärmerohre platzten, ganze Stadtteile waren über Tage ohne Heizung. Und das mitten im russischen Winter, bei minus 20 Grad. Der Unmut im Land wächst.

Geborstene Heizleitungen gehören inzwischen fast zum russischen Alltag. Im Juli 2023 verbrühten sich Mitarbeiter eines Einkaufszentrums in Moskau, berichtet das Onlineportal *Regnum*. Vier Menschen starben. Im Januar 2024 brachen in der Stadt Podolsk bei Moskau Heizungsrohre, 21 000 Menschen froren. Der Notstand wurde ausgerufen. Ausgefallen war das Heizkraftwerk einer örtlichen Munitionsfabrik, das über 170 Hochhäuser mitversorgt. Die Stadt- und die Gebietsverwaltung blieben tagelang untätig. Deshalb froren die Fernwärmeleitungen ein und platzten. Immer lauter wurden Klagen in den sozialen Netzwerken, Menschen demonstrierten. In diesem Fall mischte sich sogar Präsident Putin ein und ordnete eine schnelle Wiederherstellung der Versorgung an. Der stellvertretende Verwaltungschef der Stadt wurde verhaftet, die Munitionsfabrik kurzerhand verstaatlicht.

Frost und überalterte Leitungen verursachen in vielen russischen Städten Ausfälle von Fernwärme, Wasser oder Strom. Betroffen sind laut russischen Medien Zehntausende Menschen. In der Hafenstadt Wladiwostok am Pazifik waren nach einer Übersicht des Portals *Rosteplo.ru* 3000 Menschen ohne Heizung, in der nahe gelegenen Stadt Nachodka waren es 6000 Menschen. In Elektrostal bei Moskau wärmten sich Menschen im Winter an offenen Feuern auf der Straße.

In der Staatsduma, dem russischen Parlament, berichtete der Leiter des Wohnungsbauausschusses Sergej Pachomow, dass seit Mitte 2022 mehr als 70 Prozent der kommunalen Infrastruktur sanierungsbedürftig seien, wie die Nachrichtenagenturen melden. Doch das Geld für dringend notwendige Maßnahmen fehlt offenbar. Denn die Ausgaben für Rüstung und Militär steigen ständig. Um den Krieg zu finanzieren, sollen die Gelder für die kommunale Infrastruktur bis 2026 auf weniger als die Hälfte gekürzt werden.

Doch vielen Menschen in Russland reicht es jetzt, wie ein Beispiel aus der sibirischen Millionenstadt Nowosibirsk demonstriert. Dort blieben nach einem Unfall am 11. Januar 2024 zunächst 100 Wohnhäuser, 13 Schulen und Krankenhäuser ohne Heizung. Nur sechs Tage später wurden 14 Menschen bei einem Rohrbruch verletzt, wie der Onlinesender *TV Rain* auf Telegram berichtet. Das heiße Wasser aus der Fernwärmeleitung ergoss sich bei minus 15 Grad über eine Hauptverkehrsstraße. »Wir müssen uns organisieren! Sonst frieren wir!«: Unter diesem Motto wollten lokale Aktivisten demonstrieren, so das Onlineportal *Sibir.Realii*. Doch die Behörden verboten die Aktion, sie gefährde »Menschenrechte und die Grundlagen der verfassungsmäßigen Ordnung«. Dies wiederum hielten die Initiatoren für »rechtswidrig und politisch motiviert«. Das Verbot sei »kommunaler Extremismus«.

Marode Infrastruktur und Behördenschlamperei: Der Unmut vieler in Russland darüber wächst. Ein Beispiel ist die Flutkatastrophe am Ural im April 2024. Nach einem Dammbruch in der Nähe der Stadt Orsk, rund 1700 Kilometer südöstlich von Moskau, wurden über 12 000 Häuser überflutet, Tausende Menschen wurden obdachlos.

Der 59-jährige Alexander aber harrte aus. Er wollte sein Haus in der Altstadt von Orsk unter keinen Umständen verlassen. Als es überflutet wurde, zog er auf das Dach, nahm den Hund und die Katze mit, Essen und eine Batterie. Nachbarn versorgten ihn mit Trinkwasser. Seine Mutter und seinen Sohn ließ Alexander evakuieren, doch für ihn selbst kam das nicht infrage. Er sei doch kein »Obdachloser«.

Von den lokalen Behörden erwartete Alexander keine groß-artige Hilfe, schon gar nicht von den Beamten und Politikern, die aus dem fernen Moskau anreisten. Etwa 100 Demonstranten versammelten sich vor dem Rathaus in Orsk, riefen »Schande! Schande!« und warfen den Behörden Versagen vor. Sie kritisier-ten, dass der Damm, für den nach offiziellen Angaben viel Geld ausgegeben wurde, dem Hochwasser nicht standgehalten hatte. Der Bürgermeister und der Gouverneur der Region trafen sich schließlich zu Gesprächen mit einer Delegation der empörten Bürger. Nach dem Treffen versprach Gouverneur Denis Pas-ler den vom Hochwasser Geschädigten, man werde sie in Ho-tels und Kurheimen unterbringen statt in einer Notunterkunft. Doch das reichte den Betroffenen nicht. Sie skandierten »Putin hilf!« Doch Putin kam nicht, schickte lediglich Regierungsmit-glieder in die Katastrophenregion.

Der Wasserstand des Ural in der Region war zwischenzeitlich auf 1069 Zentimeter gestiegen, berichtet die Nachrichtenagen-tur *RIA Novosti* unter Berufung auf den Leiter des Bauministe-riums. Als gefährlich gilt die Marke von 930 Zentimetern. Doch die Dämme waren nur auf eine Wasserhöhe von 550 Zentime-tern ausgelegt, und sie waren mangelhaft. 2020 hatte die Auf-sichtsbehörde den Damm in Orsk untersucht. Dabei wurden 38 Mängel festgestellt und deren Behebung angeordnet. Es ist unklar, ob dies auch geschehen ist. Eine Teilnehmerin des Treffens mit dem Gouverneur äußerte den Verdacht, dass korrupte Machenschaften in der lokalen Führung ein Grund für die Flutkatastrophe sein könnten. Beteiligte am Bau des Dammes wüssten, dass die Hälfte des Schotters und des Baumaterials zu einer privaten Baustelle des Bürgermeisters gebracht wurden, so die Zeugin. Nur ein Gerücht? Vielleicht.

»In Russland gibt es eine Katastrophe nach der anderen«, so Julija Nawalnaja, die Witwe des im Februar 2024 gestorbenen Kremlkritikers Alexej Nawalny. Die Machthaber seien wie immer nicht vorbereitet, meint die Oppositionspolitikerin im Exil. »Im Winter sind sie nicht auf Frost und Schneefall vorbereitet, im Sommer nicht auf die Waldbrände, im Frühjahr nicht auf das Hochwasser.«

Für Kremlchef Putin häufen sich die Probleme im Land. Noch vertrauen die Russinnen und Russen auf ihren Präsidenten. Doch die Verunsicherung wächst. Aus der Unzufriedenheit vieler Bürger könnte eine neue Protestbewegung entstehen. Es wäre eine, die Putin nicht so einfach unterdrücken könnte.

Die Probleme der maroden Infrastruktur wollen die zuständigen Behörden nun mit Nachdruck angehen. Nicht nur dieses Beispiel aber zeigt, wie groß die Kluft zwischen dem Alltag der Menschen und der staatlich verkündeten Realität inzwischen wieder ist. Nicht anders war es damals in der Sowjetunion.

Am deutlichsten sieht man das am Schulunterricht. Als am 1. September 2023 in Russland nach den Ferien die Schule wieder losging, fanden die Schülerinnen und Schüler der zehnten und elften Klassen ein vollständig überarbeitetes Geschichtsbuch vor, mitsamt einem ganz neuen Geschichtsbild. Der russische Bildungsminister Sergej Krawzow hatte das Buch zuvor in Moskau präsentiert. Das Thema Geschichte sei zentral, sagte er. »Unser Präsident hat wiederholt gesagt, dass es unmöglich ist, das historische Gedächtnis zu verfälschen, und dass es wichtig ist, dass in den Schulen objektive Fakten vermittelt werden.«

Und diese »objektiven Fakten« haben es in sich. Die Abschnitte über den Zeitraum von 1970 bis 2000 wurden komplett neu geschrieben und außerdem ein neues Kapitel über die Zeit von 2014 bis zur Gegenwart hinzugefügt. Ein eigener Abschnitt ist der »Sonderoperation« russischer Truppen in der Ukraine gewidmet. Diese hätte das Ziel, »die Feindseligkeiten in der Ukraine zu stoppen«. Breiten Raum nehmen auch die Beziehungen Russlands zum Westen im 21. Jahrhundert ein. Da geht es dann um den »Druck der Vereinigten Staaten«, »Geschichtsfälschung« und »Wiederbelebung des Nationalsozialismus«. Die »Destabilisierung der Lage innerhalb Russlands« sei die »feste Idee« der westlichen Länder.

Die Sanktionen nach Kriegsbeginn und der Rückzug westlicher Firmen aus Russland gelten als Beispiele dafür. Aber, so heißt es im Schulbuch: »Solche einzigartigen Zeiten kommen in der Geschichte nicht oft vor.« Sodann wendet sich das Buch direkt an die Leser: »Nach dem Wegzug ausländischer Unternehmen stehen Ihnen viele Märkte offen. Fantastische Karrieremöglichkeiten in der Wirtschaft und bei Ihren eigenen Start-ups stehen Ihnen offen. Lassen Sie sich diese Chance nicht entgehen. Heute ist Russland wirklich ein Land der unbegrenzten Möglichkeiten.«

Einer der wichtigsten Autoren des neuen Schulbuches ist der Politikwissenschaftler und Journalist Armen Gasparjan, Mitglied im Zentralrat der russischen Militärhistorischen Gesellschaft. Gasparjan wurde vom Journalistenverband Russlands mit dem Ehrenabzeichen »Für Verdienste« ausgezeichnet und besitzt ein Ehrendiplom des russischen Kommunikationsministeriums. Er war Manager in russischen Staatsmedien und veröffentlichte viele Bücher.

Schon mit bloßem Auge sei zu erkennen, dass vieles im neuen Schulbuch »nicht von einem Lehrer oder Historiker, sondern von einem Publizisten verfasst wurde«, so das Onlinemedium *Fontanka.ru.*

»Die Auswahl der Fakten ist sehr einseitig, alles ›Überflüssige‹ wird ignoriert. Schätzungen darüber, was passiert, sind voreingenommen«, bewertet ein Geschichtslehrer auf *Fontanka.ru* das neue Schulbuch. Ein anderer: »In dem Teil, in dem es um das moderne Russland geht, wurden Problembereiche abgeschwächt, obwohl das Land immer noch unter den negativen Folgen des Zusammenbruchs der Sowjetunion leidet. Meiner Meinung nach wird unsere Zeit idealisiert.« Fazit des Onlinemediums *Fontanka.ru*: Das Schulbuch sei wie »aus dem sowjetischen Informationsbüro«.

Für den Historiker und Soziologen Mikhail Rozhansky geht es um viel mehr als um ein einzelnes Geschichtsbuch. Seiner Meinung nach ist der neue Trend im russischen Bildungswesen sowohl für Lehrer als auch für zukünftige Generationen gefährlich. Lehrer könnten Probleme bekommen, wenn »ihr Unterricht nicht mit der Sichtweise des Staates übereinstimmt«. Und: »Die Ergebnisse der Einführung dieses Systems in der Schule sind der Weggang unabhängiger Lehrer oder deren Anpassung, ein schlechtes Beispiel für die Schüler. Massennihilismus unter Teenagern haben wir schon lange nicht mehr gesehen. Doch wir werden ihn sehen. Die Zahl der Opportunisten wird zunehmen.«

Die Militarisierung des Landes fängt bereits bei den Kleinsten an. Inzwischen gibt es in vielen Städten Zentren für die vormilitärische Ausbildung von Schulkindern und jungen Erwachsenen. »Putin hat die Aufgabe erteilt, eine neue Generation von Patrioten heranzuziehen – wir erfüllen das«, wird etwa Igor Worobjow, der Direktor des Zentrums für militärisch-sportliche Ertüchtigung und patriotische Erziehung in Wolgograd, auf der Internetseite des Zentrums zitiert. Es gehe darum, die jungen Patrioten gut auf den Kriegsdienst vorzubereiten, so Worobjow. Veteranen aus dem Ukraine-Krieg treten in Schulklassen auf und geben »Lektionen in Mut«, wie russische Medien berichten. In sozialen Netzwerken machen Bilder die Runde, wie Kinder im Unterricht schusssichere Westen anprobieren.

Die Militarisierung der Gesellschaft beschränkt sich nicht auf den Schulunterricht. Im neuen Russland von Wladimir Putin durchdringt sie selbst die Popkultur. Als 2014 der Krieg in der Ostukraine begann, wurde die Sängerin Mashany mit dem Lied »Mein Putin« bekannt. Es ist ein Liebesbekenntnis an den Präsidenten, den sie als Retter der Ukraine und Beschützer Russlands preist. Mashanys Beispiel fand eine ganze Reihe patriotischer Nachahmer, sodass schließlich ein eigener Name für das Phänomen kursierte: »Z-Pop«. Der Ausdruck bezieht sich auf das Kriegssymbol »Z«, das auf Fahrzeugen der russischen Armee zu sehen ist. Der bekannteste »Z-Popper« ist der Sänger Shaman.

Eigentlich ist Jaroslaw Jurjewitsch Dronow ein eher durchschnittlicher Musiker. Doch seit er des Kremls Lied singt und 2020 den Künstlernamen Shaman annahm, gilt er als Shootingstar am russischen Pophimmel. Bekannt wurde er durch den Song »Wir erheben uns«, den er am 23. Februar 2022 veröffentlichte, dem »Tag des Verteidigers des Vaterlandes« in Russland. Gewidmet ist der Song den gefallenen russischen Soldaten im »Großen Vaterländischen Krieg«, wie der Zweite Weltkrieg in Russland genannt wird. 46 Millionen Aufrufe erreichte das Lied auf YouTube; auch der staatliche Fernsehsender *Rossija-1* strahlte den Song aus.

In einem Interview sagte Shaman, er sei der Meinung, das Lied sei ihm »von oben diktiert« worden. Was auch immer »von oben« bedeutet. Geboren 1991 in Nowomoskowsk, 200 Kilometer südlich von Moskau, absolvierte Shaman die Musikhochschule und begann eine Karriere im Musikgeschäft, die zunächst eher schleppend verlief. 2014 landete er immerhin auf dem zweiten Platz in der russischen Version der TV-Show »The Voice«. Erst als Shaman auf patriotische Texte umstieg, folgte ein kometenhafter Aufstieg. In einer Umfrage des staatlichen russischen Meinungsforschungsinstituts WZIOM wurde er zum zweitbesten russischen Sänger des Jahres 2022 gewählt. Besonders gut kommt er der Umfrage zufolge bei Frauen an.

Shamans wohl bekanntester Song »Ich bin Russe« ist längst eine Art Hymne der neuen russischen Popmusik. Er brachte ihm 50 Millionen Klicks auf YouTube und Auftritte in allen populären Fernsehshows. Der Song läuft offenbar auch im Kreml. Das Onlineportal *Lenta.ru* zitierte Kremlsprecher Dmitri Peskow mit der Aussage, Texte wie die von Shaman seien wichtig, »um den patriotischen Geist zu stärken«.

»Im Endeffekt lässt sich Z-Pop auf vier Grundprinzipien herunterbrechen«, bewertet das Onlineportal *Dekoder* Russlands neue Musik: »Einfache Botschaften und Wiederholungen, hohe Emotionalität, zielgruppenspezifische Ausrichtung und die Nutzung sozialer Netzwerke.« Auch der Chanson- und Softrock-Sänger Grigori Leps, dessen Songs in fast jeder russischen Karaoke-Bar zum Standard gehören, baute sein Repertoire um. In seinem Song »Mutterland« heißt es: »Das Mutterland ruft – lass es nicht im Stich! Für dich erhebe ich mich, Mutter Russland!«

Manchmal allerdings kommt es zu Irritationen. Shaman veröffentlichte ein Video mit dem Titel »Alive« und widmete es »allen, die für die Wahrheit gelitten haben«. Im Video dazu tritt Shaman als gefesselter Gefangener auf, der aus einer Gefängniszelle zum Schafott geführt wird. Am Ende erscheint ein »auferstandener« Shaman ganz in Weiß. In der Beschreibung heißt es: »Diese Geschichte könnte in der fernen Vergangenheit oder irgendwann in der Zukunft passieren. Oder vielleicht passiert sie gerade jetzt.«

Wollte Shaman etwa den später im Straflager verstorbenen Kremlkritiker Alexej Nawalny unterstützen, wie manche im Netz vermuteten? Blogger in den sozialen Netzwerken bemerkten, dass das Video genau zum dritten Jahrestag von Nawalnys Verhaftung veröffentlicht wurde. Auch die Textzeile »Ich bin mit einem Sieg nach Hause zurückgekehrt« machte neugierig. Schließlich war Nawalny mit einem Flugzeug der Airline »Pobeda«, zu Deutsch »Sieg«, nach Moskau zurückgekehrt. Shaman musste dementieren: »Einfach Unsinn! Sie haben sich alles aus der Nase gezogen und es über ihre Telegrammkanäle verbreitet.«

Kritische Töne in der russischen Pop- und Rockmusik gibt es kaum noch. Die schrille Punk-Band Pussy Riot lebt längst im Ausland. Genau 41 Sekunden dauerte im März 2012 ihr spontaner Aufritt in der Moskauer Christ-Erlöser-Kathedrale, dem Herzstück der russisch-orthodoxen Kirche. »Jungfrau Maria, heilige Muttergottes, räum Putin aus dem Weg. Das Gespenst der Freiheit ist im Himmel«: Für diese Zeilen gingen Nadeschda

Tolokonnikowa und ihre Mitstreiterin Maria Aljochina ins Straflager.

Juri Schewtschuk, Sänger der bekannten Rockband DDT, ist in Russland geblieben. Er wurde zu einer Geldstrafe wegen »Diskreditierung der Armee« verurteilt. Schewtschuk sagte in einem Video: »Jetzt töten Menschen Menschen – eine riesige Tragödie.« Und bei einem Konzert in der russischen Stadt Ufa erklärte er: »Das Vaterland, meine Freunde, ist nicht der Arsch des Präsidenten, der ständig geküsst und getröstet werden muss. Das Vaterland ist die bettelnde Oma am Bahnhof, die versucht, Kartoffeln zu verkaufen. Das ist das Vaterland.« Medienberichten zufolge applaudierte das Publikum.

Die nach wie vor sehr beliebte Sängerin Alla Pugatschowa lebt heute in Israel. Anders als international bekannte Megastars wie Filipp Kirkorow, Dima Bilan und Sergej Lasarew ist sie nicht komplett auf die Kremllinie eingeschwenkt. Pugatschowa wünscht sich »ein Ende des Sterbens unserer Jungs für illusorische Ziele, die unser Land zum Paria machen und das Leben unserer Bürger erschweren«. Gemeinsam mit Udo Lindenberg sang Alla Pugatschowa dereinst vor begeistertem Publikum in Moskau den Anti-Kriegssong »Wozu sind Kriege da?«, auf Deutsch und auf Russisch. Das war 1985. Eine ganz andere Zeit.

Eine wichtige Rolle bei der Stabilisierung des Systems im neuen Russland spielt die Kirche. Nicht nur in Sachen Krieg arbeiten der Kreml und die Führung der russisch-orthodoxen Kirche Hand in Hand, sondern auch wenn es um Moral und gesellschaftliche Entwicklung geht. »Ich danke Gott, dass sich die Beziehungen zwischen Kirche und Staat heute im russischen Staat so entwickeln«, erklärte laut russischen Nachrichtenagenturen Patriarch Kirill gegenüber dem russischen Präsidenten.

Nie zuvor in der gesamten russischen Geschichte habe es so günstige Bedingungen für die Kirche gegeben. Wladimir Putin dankte seinerseits in seiner Weihnachtsansprache 2022: Kirchliche Organisationen »unterstützen unsere Soldaten, die an einer besonderen Militäroperation teilnehmen. Solch ein großartiges, vielfältiges, wahrhaft asketisches Werk verdient den aufrichtigsten Respekt.«

Zunehmend missbilligen viele gläubige wie nicht gläubige Russen die Staatsnähe der Kirche. Laut einer Umfrage des unabhängigen Meinungsforschungsinstituts Lewada glauben 21 Prozent der Menschen, »dass sich die Kirche und religiöse Organisationen nicht in das öffentliche Leben einmischen sollten«. Wohl auch deshalb versucht der Präsident, die russisch-orthodoxen Christen enger an sich zu binden. Per Dekret verfügte Putin die Rückgabe zweier, für Gläubige enorm wichtiger Kunstwerke aus staatlichen Museen an die Kirche: einen Silbersarkophag mit den Überresten von Fürst Aleksandr Newski aus der Petersburger Eremitage und die weltberühmte Dreieinigkeitsikone von Andrej Rubljow aus der Moskauer Tretjakow-Galerie.

Der barocke Silbersarkophag soll eine Reliquie von Putins Lieblingsheiligem enthalten. Fürst Alexander Newski kämpfte gegen die Kreuzritter; Konservative verehren ihn als Vorläufer von Russlands geopolitischer Wende. Der Direktor der Petersburger Eremitage musste den Schrein aus seinem Museum ins Alexander-Newski-Kloster überführen lassen. Er erklärte dies mit der »aktuellen geopolitischen Lage«. Auch die Ikone wird der Kirche zurückgegeben, so ein Beschluss des Präsidenten. In der internationalen Museumswelt löste er damit Entrüstung aus.

Kirchenoberhaupt Kirill steht nach wie vor unverbrüchlich zu Putins Politik. Bereits wenige Tage nach Beginn der Invasion in der Ukraine übernahm Kirill das offizielle russische Narrativ: Der Westen zwänge der Ukraine »schädliche Werte« auf. »Seit acht Jahren gibt es Versuche, das zu zerstören, was im Donbass existiert. Und im Donbass gibt es Ablehnung, eine grundsätzliche Ablehnung der sogenannten Werte, die heute von denen angeboten werden, die Weltmacht beanspruchen.« Gemeint waren die USA. Selbst die umstrittene Teilmobilisierung russischer Reservisten im September 2022 fand die volle Unterstützung Kirills. Der Tod eines Soldaten im Krieg sühne alle Sünden, meinte der Patriarch. »Er opfert sich für andere. Und deshalb glauben wir, dass dieses Opfer alle Sünden wegwäscht, die ein Mensch begangen hat.«

Doch in der Kirche gibt es auch Widerstand. Am 1. März 2021, kurz nach Beginn der Invasion, erschien online ein Aufruf russisch-orthodoxer Geistlicher, den »Bruderkrieg in der Ukraine« sofort zu beenden. Sie riefen die Kriegsparteien zur Versöhnung und einem Waffenstillstand auf. 293 Geistliche unterzeichneten diesen Aufruf.

Manche Priester gehen noch weiter. Im der Stadt Karabanowo im Bezirk Kostroma im Nordwesten Russlands predigte Ioann Burdin gegen die Kämpfe in der Ukraine. Ein Dutzend Gemeindemitglieder hörten zu, einer meldete den Vorfall der Polizei. Der mutige Priester war der erste Geistliche, der wegen »Diskreditierung« der russischen Armee zu einer Geldstrafe verurteilt wurde. Rund 400 Euro musste er zahlen. Er verlor seinen Job, musste das Land verlassen und lebte vorübergehend in einem Kloster in Bulgarien. Inzwischen ist er zurück und hält ab und an Gottesdienste in einer kleinen Kirche. »Wenn jemand von Ihnen bei uns mitmachen möchte, sind Sie herzlich willkommen«, schreibt er auf Telegram.

Andersdenkende und Minderheiten finden kaum noch Raum im neuen Russland. Das gilt für die Opposition, auf die ich später eingehen werde, aber auch in der Gesellschaft. Unterstützung erfährt nur, was traditionellen Vorstellungen entspricht. Ganz im Einklang mit der offiziellen Kirche soll vor allem die Familie gefördert werden. In seiner Rede zur »Lage der Nation« im März 2024 verwies der Kremlchef auf die verbreitete Armut und kündigte weitere Schritte an, um Familien zu helfen. Neun Prozent der gesamten Bevölkerung und mehr als 30 Prozent der kinderreichen Familien lebten in Armut, sagte der Präsident. Bis 2030 sollten diese Anteile auf weniger als sieben beziehungsweise zwölf Prozent gesenkt werden. Angesichts der schrumpfenden Bevölkerung kündigte Putin Steuervorteile für Familien in Regionen mit niedrigen Geburtenraten an.

Keinen Platz in der russischen Gesellschaft soll es hingegen für Menschen geben, deren Sexualität oder Lebensentwurf traditionellen Vorstellungen widerspricht. In Russland sind Lesben, Schwule, Trans- und Bisexuelle seit Jahren einer zunehmenden politischen Verfolgung ausgesetzt. Per Gesetz ist jegliche »Propaganda« für »nicht traditionelle sexuelle Beziehungen« verboten. Dadurch soll die »intellektuelle, moralische und mentale Sicherheit der Gesellschaft« gewährleistet werden. Ein Gericht in Sankt Petersburg verurteilte einen Musikfernsehsender zur Zahlung einer Strafe von über 5000 Euro, weil er ein Video des bekannten russischen Popstars Sergej Lasarew gezeigt hatte. Das Gericht nahm Anstoß an einer Szene voller Zärtlichkeit zwischen zwei Frauen. Kein Porno, versteht sich, das Video zeigte nur Händchenhalten.

Russlands Oberster Gerichtshofs verschärfte die Situation noch. Das Gericht gab einem Antrag des Justizministeriums statt, »die internationale öffentliche LGBT-Bewegung als extremistische Organisation anzuerkennen und ihre Aktivitäten in Russland zu verbieten«. Sprich: Wer sich für die Rechte sexueller Minderheiten und Menschen unterschiedlicher Geschlechteridentität einsetzt, gilt nun als »extremistisch«. Das ist ein Straftatbestand. Was genau mit der »internationalen öffentlichen LGBT-Bewegung« gemeint ist, bleibt im Dunkeln.

Homosexualität ist in Russland zwar nicht verboten, wird aber weitgehend tabuisiert. Die russische Gesellschaft ist mehrheitlich homophob. Homosexualität galt in Russland bis 1993 als Verbrechen. Viele Russen glauben noch heute, Homosexualität sei eine Perversion, eine Geisteskrankheit. Laut einer Umfrage des unabhängigen Lewada-Instituts vom Oktober 2021 sind 69 Prozent der Bevölkerung gegen gleichgeschlechtliche Beziehungen.

Doch die Diskriminierung von Menschen anderer Sexualität als der traditionellen hat durchaus auch einen politischen Hintergrund. Wladimir Putin versteht sich als Vorkämpfer gegen den westlichen Liberalismus. Menschenrechtler hingegen beklagen, dass Gewalt gegen Homosexuelle oder auch Mordaufrufe für die Täter immer wieder folgenlos bleiben. »Dies ist das repressivste und grausamste Gesetz der letzten Jahre«, schreibt die Journalistin Ksenja Sobtschak laut dem Onlinemedium *Osnmedia.ru* auf ihrem Telegram-Kanal. Nicht nur sie befürchtet, dass in Zukunft noch mehr Menschen Russland für immer den Rücken kehren. Aus Angst vor Repressionen, aus Angst um ihr Leben.

»Mein Partner und ich haben versucht, das Land 2022 zu verlassen«, erzählt mir der 40-jährige Englischlehrer Kirill aus Moskau. »Zuerst waren wir in Usbekistan. Das ist definitiv nicht der beste Ort für Schwule.« Dann ging es weiter nach Spanien, dort scheiterten sie an der Bürokratie. Nun sind sie wieder zurück in Moskau. Die beiden versuchen, im Alltag nicht aufzufallen. »In Moskau, Sankt Petersburg oder einer anderen großen Stadt kann man damit umgehen, da die Menschen im täglichen Leben mehr mit sich selbst beschäftigt sind. Ich fürchte, das ist in einer Provinzstadt nicht möglich.«

Die 36-jährige Kunstmanagerin Julija lebt mit ihrer Partnerin in Sankt Petersburg. Im Ausland haben die beiden geheiratet, in Russland ist die Ehe nichts wert. Julija hat einen Sohn geboren, der Vater ist ein schwuler Freund. »Wir wissen, dass die Probleme mit dem Erwachsenwerden unseres Sohnes beginnen könnten«, berichtet mir Julija. »Jetzt ist unser Sohn ungefähr ein Jahr alt. Aber wenn wir unser Kind in den Kindergarten geben müssen, könnten sich dort Fragen ergeben. Deshalb arbeiten wir an einem Plan, das Land zu verlassen.« Dabei bliebe Julija eigentlich lieber in Russland. Aber: »Es ist erschreckend, sich vorzustellen, dass man mir meinen Sohn wegnehmen könnte.«

Vor allem in der Provinz sind Menschen anderer Sexualität zum Rückzug ins Private gezwungen. Immer mehr Bars und Clubs schließen. »Leider können wir unsere Bar nicht weiterbetreiben. Die Schließung des Elton ist hiermit offiziell«, schreibt die Geschäftsführung einer Bar in Krasnojarsk, der drittgrößten Stadt in Sibirien. Zuvor hatte es mehrfach Polizeikontrollen gegeben. »In einer Situation, in der nichts als Hass propagiert wird, und in der man nur noch darauf aus ist, die einen gegen die anderen aufzuhetzen, können wir eure Sicherheit und die Sicherheit unserer Mitarbeiter nicht mehr garantieren.«

Die Diskriminierung von Minderheiten, Szenen aus dem neuen Russland. Wladimir Putin will nahtlos an die frühere

Weltmacht Sowjetunion anknüpfen. Wer wissen will, wie man die Köpfe und Herzen der Menschen mit dem neuen Gedankengut erreichen möchte, der muss in Moskau eine Ausstellung besuchen. Es ist Winter, wenige Monate vor der Präsidentschaftswahl im März 2024. Ich bin unterwegs zu »Rossija«, »Russland«, wie die Ausstellung schlicht heißt. Der Eintritt ist frei, Millionen Menschen waren bereits dort. Der Ausstellungsort ist nicht zufällig gewählt. Das 1939 eröffnete Messegelände WDNCh (übersetzt: »Ausstellung der Errungenschaften der Volkswirtschaft«) diente schon der Sowjetunion als Leistungsschau; es war damals bereits ein Publikumsmagnet.

Daran will »Rossija« anknüpfen. Per Dekret hatte Präsident Wladimir Putin im März 2023 die Planung angeordnet, um »die wichtigsten Errungenschaften der Russischen Föderation«, »positive Erfahrungen« in der regionalen Entwicklung und »die Förderung der internationalen Zusammenarbeit« zu demonstrieren. Unmittelbar danach begannen die Arbeiten.

Umgerechnet rund 50 Millionen Euro habe die gigantische Ausstellung in Moskau gekostet, berichtet das Onlineportal *Sirena*. 18 Millionen hätten die einzelnen Regionen aus ihren Etats beigesteuert, den Rest der russische Staat. Offizielle Zahlen gibt es nicht. Tausende blinkende LEDs, Videoinstallationen, 3-D-Animationen und Liveauftritte haben einen einzigen Zweck: dem Besucher klarzumachen, wie großartig Russland doch ist. Und das Land wird in Zukunft noch großartiger werden, verspricht die Ausstellung. Es ist ein technisch perfekt inszeniertes Propaganda-Narrativ.

»Rossija« ist riesengroß geworden. 40 verschiedene Ausstellungsorte sind auf dem Messegelände verstreut. Im Hauptpavillon stellen sich die einzelnen Regionen Russlands vor. Gleich nach dem Eingang des Messegeländes gehe ich durch eine Art Tunnel. Auf Wänden und Decken flimmern unablässig Videocollagen, die das moderne, das fortschrittliche Russland zeigen sollen. Am Ende des Tunnels, bevor es zur eigentlichen Ausstellung geht, wird in Dauerschleife ein Bild projiziert: Kremlchef Putin im Kreis der Chefs der besetzten Gebiete in der Ukraine.

An den Ständen zeigt sich die Macht und die Wirkung von Bildern. Russland ist reich an spektakulären Landschaften. Am Stand von Kamtschatka beispielsweise, jener Halbinsel im Fernen Osten Russlands, wähnt man sich inmitten der dort aktiven Vulkane. Viele Stände laden zum Mitmachen ein, die Besucher können sich etwa in Originaltrachten verschiedener Regionen fotografieren. Sympathische Menschen, überwiegend junge Frauen aus allen Teilen des Riesenreichs schwärmen von ihrer Heimat. Probleme im neuen Russland gebe es keine, suggeriert die Ausstellung. Auch dort, wo Kohle abgebaut wird, wo der Schnee manchmal tiefschwarz vergiftet ist, zeigt sich in der Ausstellung die Landschaft als Wintermärchen. Schneeweiß, wilde Tiere sind zu sehen.

Bei den Besuchern kommt das an. »Die Eindrücke von dem, was ich gesehen habe, sind unglaublich. Es gefällt mir sehr«, sagt mir eine junge Frau. Und eine andere Besucherin ergänzt, die Ausstellung sei sehr informativ: »Es ist schön zu erfahren, dass es so viele interessante Orte in meinem Land gibt. Spontan habe ich den Wunsch, dorthin zu fahren.« Ein »großes Dankeschön«, sagt ein weiterer Besucher, »für Kinder ist es eine unglaubliche Attraktion.«

Doch auch vorsichtige Kritik gibt es. »Für mich persönlich ist es hier zu überfüllt, laut und ein bisschen pathetisch«, meint einer. Aber auch er sagt, die Organisatoren hätten die Hauptaufgabe bewältigt, »das Publikum, einschließlich der Kinder, zu begeistern.«

Das Grundprinzip von »Rossija« ist einfach. »Interaktiv« heißt das Zauberwort. Am Stand von Rostow, einer landwirtschaftlich geprägten Region, können die Besucher auf einem virtuellen Feld Weizen ernten. Anderswo in der Ausstellung kann man als Pilot im nachgebauten Flugzeugcockpit über die Landschaft steuern. Natürlich präsentieren sich auch russische Unternehmen wie der Energiegigant Gazprom in der Ausstellung. Und das Staatsfernsehen ist ebenfalls vertreten.

Man zeigt, worauf man stolz ist. Am Stand der Teilrepublik Tschetschenien im Nordkaukasus etwa steht eine Art Strandbuggy in militärischer Tarnfarbe. Die Besucher, vor allem die Männer, setzen sich ans Steuer und machen Selfies. Per Video spricht Tschetschenen-Führer Ramsan Kadyrow zu ihnen. Und gleich daneben gibt es einen elektronischen Schießstand, auf dem Erwachsene und Kinder auf Zielscheiben schießen. Unter fachkundiger Anleitung.

Prominent präsentieren sich auch die »neuen« russischen Regionen, die besetzten Gebiete in der Ostukraine. »Cherson ist eine russische Stadt«, heißt es auf einem Schild, ignorierend, dass die Stadt zumindest im Winter 2023/24 von der Ukraine kontrolliert wird. Der Krieg ist kein Thema, er wird ausgeblendet. Lieber wirbt man mit einem möglichen touristischen Potenzial der Region. Donetzk, Luhansk und Saporischschja zeigen sich nüchtern, sachlich. Umlagert sind die Stände allerdings nicht. Dabei locken sie mit kleinen Geschenken, etwa mit einem Aufkleber, auf dem »Donbass – für immer Russland« zu lesen ist. Ins Gästebuch hat ein Besucher geschrieben: »Endlich sind wir wieder vereint!«

RICHTUNG EU ODER DOCH NACH RUSSLAND? GEORGIEN, SÜDOSSETIEN UND ABCHASIEN

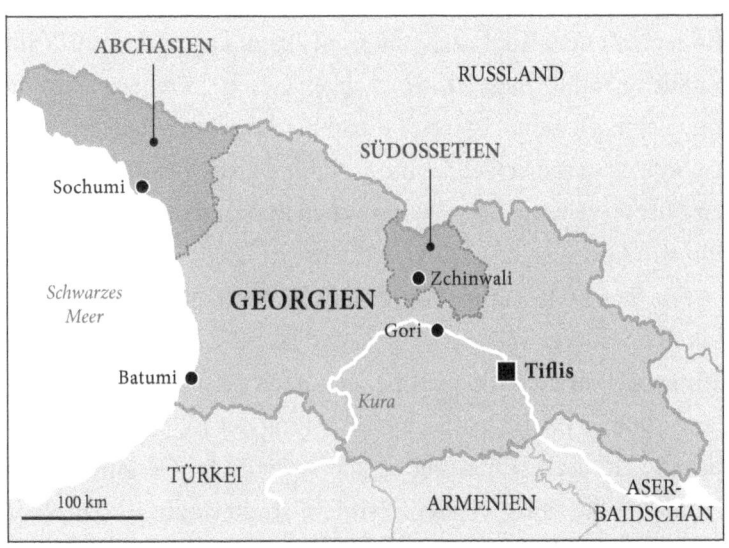

Ich bin auf der Suche nach einem Diktator, irre durch Gori, rund 85 Kilometer von der georgischen Hauptstadt Tiflis entfernt. Irgendwo dort, in seiner Geburtsstadt, haben sie Josef Stalin versteckt. Irgendwer hat mir unter der Hand die Koordinaten gegeben, fast als wäre es ein Staatsgeheimnis. Natürlich ist der sowjetische Diktator den Georgiern unbequem, in Gori aber sind insgeheim viele stolz auf den Sohn der Stadt.

Dann endlich, nach einiger Zeit, finde ich den »Stählernen«. Er liegt mit dem Kopf nach unten auf einem Lagergrundstück am Rande der Stadt. Sein Sockel ist abgesägt. Ich spüre, der Umgang mit Stalins Denkmal ist ein Sinnbild für das schwierige Verhältnis Georgiens zu seiner Geschichte. Und für das schwierige Verhältnis zu einer Gegenwart irgendwo zwischen Russland und der EU. Wohin sich Georgien entwickeln wird, das ist längst noch nicht klar.

Das Stalin-Denkmal stand früher im Stadtzentrum von Gori, bis die Stadtverwaltung es in einer Nacht-und-Nebel-Aktion 2010 abreißen ließ. Es war die Zeit nach dem Krieg mit Russland 2008, als sich Georgien in Richtung der EU zu orientieren begann. Keine Erinnerung an die sowjetische Geschichte des Landes sollte übrig bleiben. Seitdem streitet man in der Stadt um die Zukunft des Denkmals. Und damit auch über den Umgang mit der Vergangenheit.

»Das ist Teil der Geschichte«, sagt mir Ketewan Achobadse, die Vorsitzende der Stiftung Stalin-Museum. Ich besuche sie an ihrem Arbeitsplatz im Stadtzentrum. Ketewan Achobadse würde das Denkmal gern wieder aufstellen lassen – nicht im Stadtzentrum, aber durchaus auf dem Museumsgelände. Sie sagt: »Es gibt viele Leute, die viel Schmerzhaftes erlebt haben und den Schmerz noch immer nicht vergessen haben. Andere sehen Stalin als Teil der Geschichte Georgiens und wollen sich dem stellen.«

Das Stalin-Museum in Gori ist ein Touristenmagnet. Zehntausende Besucher kommen Jahr für Jahr, die meisten aus Russland. Stalin-Fans überwiegend, aber auch Touristen, die sich für Geschichte interessieren. Stalin wurde 1878 in Gori geboren, sein Geburtshaus steht auf dem Museumsgelände. Hier verbrachte Stalin, Sohn eines Schuhmachers, seine ersten Lebensjahre. 1957, vier Jahre nach seinem Tod, hat man das Museum eingeweiht. Nach dem Zusammenbruch der Sowjetunion wurde es geschlossen – und kurze Zeit danach wiedereröffnet.

Ich gehe durch das Museum. Man findet in sechs Sälen zahlreiche Ausstellungsstücke aus Stalins Leben. Frühe Gedichte, Fotografien, zahlreiche Geschenke von anderen Staatsoberhäuptern, sogar zwölf seiner Totenmasken. Ich schaue mir die Einrichtung seines früheren Büros an, und auch Stalins persönlichen Eisenbahnwaggon, gepanzert, 83 Tonnen schwer. Das Museum in Gori: Stalin-Verherrlichung pur. Lediglich in einem kleinen Nebenraum wird fast verschämt mit einigen Exponaten an Stalins Schreckensherrschaft erinnert.

Josef Stalin steht für Diktatur, Repression, die vollständige Unterdrückung jeder Denk- und Meinungsfreiheit und für brutale Säuberungen. Millionen Menschen starben in den Straflagern, den Gulags, in denen die Häftlinge unter unmenschlichen Bedingungen arbeiten mussten. Teile der Transsibirischen Eisenbahn wurden ebenso von Gefangenen erbaut wie der Weißmeer-Ostsee-Kanal. Viele Häftlinge starben an Hunger und Entkräftung. 300 Gramm Schwarzbrot und einen Teller Suppe gab es pro Tag – bei schwerster körperlicher Arbeit. Vermeintliche und tatsächliche Gegner wurden verhaftet und in Schauprozessen abgeurteilt.

Stalin steht aber auch für den Sieg über die Nazis im Zweiten

Weltkrieg, der in Russland der »Große Vaterländische Krieg« genannt wird. Jahr für Jahr wird dieser Sieg am 9. Mai mit einer Militärparade auf dem Roten Platz in Moskau gefeiert. Seit dem Krieg in der Ukraine, offiziell »Spezialoperation« genannt, hat Stalins Sieg für den Kreml eine ganz besondere Bedeutung. Schließlich ist das offizielle Narrativ für die Invasion die »Entnazifizierung« der Ukraine. Man will wieder siegreich sein und eine besondere Rolle in der Welt spielen.

In Putins neuem Russland spielt zunehmend auch der Stalin-Kult eine Rolle. Retro-Restaurants in Moskau haben Konjunktur. Zum Beispiel die Gaststätte »Sowjetische Zeit« in der Moskauer Innenstadt. Das Lokal ist im Original-Sowjetstil gehalten, an der Wand hängen Propagandaplakate und Fotos von Stalin bis Gorbatschow. Eher Nostalgie. Doch in Russland werden auch neue Stalin-Denkmäler eingeweiht, etwa in der Millionenstadt Wolgograd. Dort setzen sich Bürger sogar dafür ein, dass die Stadt per Referendum auf den alten Namen Stalingrad zurückgetauft wird. Und der Bürgermeister verweist vielsagend auf »gewisse Länder, die heute das Andenken an den großen Sieg der sowjetischen Armee tilgen wollen«. Dem werde man machtvoll entgegentreten.

Das Stalin-Museum in Gori glorifiziert das Damals. Die Sowjetunion. Im Georgien von heute sehen das viele als problematisch. Im kleinen Nebenraum, wo Stalins Verbrechen dokumentiert werden, finden sich auch Bilder eines Krieges, mit dem Stalin überhaupt nichts zu tun hat. 2008 führte Russland Krieg gegen Georgien, unterstützte die abtrünnigen, international nicht anerkannten Republiken Südossetien und Abchasien. In der Folge wollte der damalige georgische Kulturminister Nikolos Watscheischwili das Stalin-Museum in ein »Museum der russischen Aggression« umwandeln. Einige Jahre lang hing ein Plakat über dem Eingang, dessen Aufschrift besagte, dass im Museum Geschichtsverfälschung betrieben werde. Das Plakat ist längst verschwunden. Und 2012 stimmte die Stadtverwaltung von Gori gegen eine Neugestaltung der Ausstellung.

Allerdings geht auch in Gori die Debatte weiter. Was tun? Das Museum abschaffen? Eher nicht. Schließlich verdient man Geld mit den vielen Touristen. Überall gib es Stalin-Souvenirs zu kaufen. Kleine Büsten und Sticker, sogar Socken mit Stalin-Konterfei finde ich im Sortiment. Stalin-Verherrlichung in einem Land, das zumindest offiziell in die EU strebt? »Wir werden immer wieder gefragt hier, ob wir Stalin lieben«, sagt mir Ketewan Achobadse, die Chefin der Museumsstiftung. »Das ist aber Unsinn, weil es nur darum geht, die Geschichte zu bewahren. Meine Familie und viele andere haben unvorstellbares Leid durch Stalins Politik erfahren.« Für Ketewan Achobadse scheint das kein Widerspruch zu sein. Stalin, der verbrecherische Diktator, ist für sie und viele andere Menschen in Gori trotzdem der große Sohn der Stadt. Das Museum jedenfalls, mit all seiner Heldenverehrung, soll bleiben.

Ich fahre zurück nach Tiflis, in die Hauptstadt. Eingemietet habe ich mich mit meiner Frau Erika in einem wundervollen Hotel auf einem Hügel in der Altstadt. Von der großen Terrasse haben wir einen Blick über die Stadt, Tiflis mögen wir beide. Leben könnte man dort gut, wäre nicht das immerwährende Verkehrschaos. Um eine vernünftige Verkehrspolitik kümmert sich hier niemand. Und das sei symptomatisch, meint der Künstler Wato Tsereteli. Er beschreibt seine Landsleute in Georgien als Menschen, die aus der Sowjetzeit immer noch ein kollektives Trauma mitschleppen. Die nichts aus eigenem Antrieb tun, sondern immer auf Vater Staat warten. Alle warten auf den Staat – aber niemand versteht sich als Teil von ihm.

Wato Tsereteli hat in Europa Film und Kunst studiert, er spricht viele Sprachen, unter anderem perfekt Deutsch. International hatte er glänzende Karrierechancen, trotzdem ging er zurück in seine Heimat. Während ich recherchiere und einige Ausflüge in die Umgebung mache, besucht Erika Wato in seinem Atelier, einem alten, stillgelegten Elektrizitätswerk im Stadtzentrum. Ein E-Werk erzeugt Energie, genau das ist auch Watos Anliegen. In den Ateliers dort arbeiten georgische und internationale Gegenwartskünstler. Überall gibt es Möglichkeiten, sich auszutauschen, neue Ideen zu entwickeln, die man nicht unbedingt mit Kunst in Verbindung bringen würde.

So werden vor dem Haupthaus sogenannte Permakultur-Pflanzen von allen Mitwirkenden gepflegt und weiterentwickelt. Pflanzen, die in einem natürlichen Kreislauf leben, ohne Kunstdünger. Yoga ist ein integraler Teil der Kultur der Künstler, die hier arbeiten. Manche wichtigen Prozesse werden in den Wald verlagert, weil die Atmosphäre dort neue Möglichkeiten eröffnet – auch das ist das Ergebnis eines Kunstprojekts. In einer Bildungskampagne werden Menschen innerhalb von neun Monaten zu kulturellen Mediatoren ausgebildet. Diese Fachleute sind im Anschluss überall auf der Welt gefragte Experten, wenn es um die Lösung von komplizierten und komplexen Problemen geht, für die es neue Wege der Konfliktlösung braucht.

Am Abend erzählt mir Erika von Watos modernen Ideen, von seiner Lebensgeschichte. In seiner Biografie spiegelt sich die Zerrissenheit des Landes wider. Er ist nicht mit dem gleichnamigen Oligarchen Tsereteli in Russland verwandt, stammt aus einer angesehenen Architektenfamilie. Seine Mutter war eine

der ersten feministischen Künstlerinnen in Georgien, der Vater
stammt aus einem kleinen Dorf. Nachdem dessen Mutter sehr
früh gestorben war, begann er das Malen und verließ sein Dorf.
In der Blüte seines Erfolges stand der Namensgeber des Kölner
Museums Ludwig bei ihm im Atelier und kaufte 13 seiner Bilder und drei seiner Frau. Sie sind jetzt im gleichnamigen Museum zu sehen.

Als Wato 16 war, verliebte er sich unsterblich in die Schau-
spielerin des legendären Films von Tarkowski *Mirror.* »Ich habe
mir bei der Künstleragentur die Telefonnummer beschafft, habe
sie angerufen und ihr meine Liebe zu Füßen gelegt. So einfach
hätte ich mir das niemals vorgestellt. Aber danach dachte ich,
vielleicht ist alles einfach, wenn man es nur macht.« Ein ein-
schneidendes Erlebnis und eine große Einsicht in das Leben in
einem Land, in dem es kaum jemand wagt, selbst etwas zu tun,
selbst zu entscheiden, mutig die eigene Vision zu verwirklichen.

Ein paar Tage später befinde ich mich auf dem Europa-Tag
in Tiflis. Organisiert von der EU-Botschaft soll dieser Tag für
Europa werben. Für den *STANDARD* soll ich darüber berich-
ten. Der Frage nachgehen, wie viel Europa schon heute in Georgien steckt. Schafft es Georgien in die EU? Und wollen dies die
Georgier überhaupt? Der erste Eindruck: Der Europa-Tag ist
eine Art Potemkinsches Dorf. Viel Fassade, nur wenig Realität.
Überall auf dem Ausstellungsgelände sehe ich EU-Fahnen, die
Stände mit kulinarischen Spezialitäten aus den EU-Mitglieds-
ländern sind umlagert. Die Botschafter der in Tiflis vertretenen
EU-Staaten stellen sich im Gruppenfoto der örtlichen Presse.
»Frieden, Stabilität und Wohlstand« verspricht Pawel Herc-
zynski, seit September 2022 EU-Botschafter im Land. »Geor-
gien gehört zu Europa, und Europa wäre nicht vollständig ohne

Georgien.« Warme Worte. Auf meine Nachfrage, wann denn mit dem EU-Beitritt konkret zu rechnen sei, antwortet der Botschafter knapp: »Sie sollten mit Ihrem Bundeskanzler sprechen, denn das wird von 27 EU-Mitgliedern entschieden.«

Auf dem Papier hat Georgien inzwischen den Status eines Beitrittskandidaten erhalten. Im Dezember 2023 haben die EU-Staaten so entschieden. Als zuvor die EU-Kommission die entsprechende Empfehlung abgab, sagte die georgische Präsidentin Salome Surabischwili zu den feiernden Menschen in Tiflis: »Dieser Tag gehört uns allen. Diese tapfere Liebe nährt unsere Vergangenheit und unsere Zukunft. Dies ist unsere Antwort auf Russland.« Doch in Wahrheit rechnet niemand mit einen EU-Beitritt Georgiens in absehbarer Zeit. Denn die Hausaufgaben, die das Land zuvor erledigen muss, sind umfangreich. Justiz und Verwaltung müssen reformiert, Korruption und illegale Machenschaften bekämpft werden.

Ich spreche darüber mit meinem Kollegen Irakli Absandze, einem in Georgien sehr bekannten Journalisten. Seit vielen Jahren verfolgt er den Weg seines Heimatlandes in Richtung Europa. »Ich hätte nie gedacht, dass ich und meine Generation eine echte Chance haben würden, der Europäischen Union beizutreten. Ohne den Krieg in der Ukraine hätte es diesen Moment nicht gegeben. So wie es aussieht, verdient Georgien die Mitgliedschaft nicht weniger als andere Kandidatenländer.« Aber was ist mit all den Problemen im Land, die dem Beitritt entgegenstehen? »Auch in der Ukraine und in Moldau sind Korruption und Oligarchie kein Fremdwort«, so Iraklis süffisante Antwort.

Laut Umfragen will zwar die Mehrheit der Bevölkerung in Richtung Europa. Doch die meisten Menschen hätten völlig falsche Vorstellungen von der EU, sagt mir der Soziologe Iago Kachkachschishvili. Sie erhofften sich einfach nur ein besseres Leben. Vor allem die Armut im Land sei eine wichtige Triebfeder. »Die offizielle Arbeitslosenquote liegt bei rund 13 Prozent.« Doch dabei würden nur diejenigen gezählt, die sich tatsächlich arbeitslos melden. »In Wirklichkeit liegt die Arbeitslosenquote bei 35 bis 37 Prozent.«

Fragt man in Sachen EU-Betritt bei den Georgiern genauer nach, ergibt sich durchaus ein differenziertes Bild. Mzia Chachava zum Beispiel ist Rentnerin. Sie will so schnell wie möglich in die EU. »Dort ist das Leben freier und friedlicher. Die Rente in Europa ist viel höher. Auch das Gesundheitssystem ist deutlich besser.« Luka Razmadze ist 22 Jahre alt und studiert Wirtschaftswissenschaft. Er warnt vor einem EU-Beitritt. »Unsere Wirtschaft ist dafür nicht bereit. Damit der Übergang von unserer Währung zum Euro reibungslos verläuft, sollte unsere Wirtschaft unabhängiger und stärker sein.« Nino Sioridze (20) meint dagegen, die EU biete »eine bessere Lebensqualität, eine starke Wirtschaft, ein besseres, Bildungssystem und den Schutz der Menschenrechte.«

Nino hat Angst, dass es Georgien ähnlich wie der Ukraine ergehen könnte. »In einem an Russland grenzenden Land zu leben, bedeutet, in ständiger Angst vor Krieg zu leben.« Zu frisch ist noch die Erinnerung an den Südkaukasus-Krieg von 2008. Die damaligen Kämpfe um die abtrünnigen Republiken Abchasien und Südossetien sind das Trauma des Georgiens der Neuzeit.

Ich lese nach. Südossetien ist ein gebirgiger Landstrich im Kaukasus, knapp 4000 Quadratkilometer groß, etwa 50 000 Menschen leben dort. Völkerrechtlich zählt Südossetien zu

Georgien, die Region hat sich aber mit Russlands Unterstützung nach dem Zerfall der Sowjetunion für unabhängig erklärt. Einer der typischen »eingefrorenen Konflikte«.

Ähnliches gilt für Abchasien. Zu Sowjetzeiten war die Region mit ihren 250 000 Einwohnern ein beliebtes Touristenziel. Es gab Kurorte und Strände für die Erholung der Werktätigen. Vor allem aber hat das russisch kontrollierte Gebiet Zugang zum Schwarzen Meer und damit für Russland jetzt wieder eine große Bedeutung. Auf der annektierten Halbinsel Krim steht Russland unter Druck durch die ukrainische Armee. Daher will der Kreml in Abchasien einen Teil seiner Schwarzmeerflotte stationieren. »Wir haben ein Abkommen unterzeichnet, und in naher Zukunft wird es im Bezirk Otschamtschira eine ständige Basis der russischen Marine geben«, zitierte die russische Zeitung *Iswestija* im Oktober 2023 den abchasischen Präsidenten Aslan Bschania. Von dort bis zur Küste des NATO-Mitglieds Türkei sind es weniger als 150 Kilometer. Abchasien könnte zum nächsten Brennpunkt werden.

Schon einmal eskalierte der Konflikt. In der Nacht zum 8. August 2008 rückte das georgische Militär gegen südossetische Milizen vor und versuchte, das Gebiet zu erobern. Russische Truppen griffen ein. Über 800 Menschen starben, rund 3000 wurden verwundet, bis am 12. August ein Waffenstillstand verhandelt wurde. Russland gewann. Eine EU-Beobachtermission überwacht seither den brüchigen Frieden. Generell sei die Lage derzeit ruhig, sagt mir Dimitrios Karabalis, der Leiter der Mission.

Ich besuche ihn im Hauptquartier der Beobachtermission in Tiflis, ein Hochsicherheitstrakt in einem modernen Bürohaus am Stadtrand. Elektronische Zugangskontrollen, Sicherheitsschleusen wie am Flughafen, auch das Handy darf man zum

Gespräch nicht mitnehmen. Die Hauptaufgabe seiner Beobachter sei die Vermittlung bei Alltagsproblemen, erzählt Karabalis. Etwa, wenn sich eine Kuh eines georgischen Bauern über die imaginäre Grenzlinie verirrt. Die EU-Beobachter organisieren dann die Rückgabe. Ziemlich banal, denke ich. Aber auch wieder nicht: Die verirrte Kuh ist vielleicht die einzige Existenzgrundlage des Bauern.

Viele russische Soldaten seien aus Abchasien und Südossetien abgezogen worden, erzählt mir Karabalis. Sie würden jetzt in der Ukraine kämpfen. An ihrer Stelle würden junge, unerfahrene Soldaten die Grenzlinie bewachen. Ein Problem, wie ein Vorfall im November 2023 zeigt. Ein örtlicher Fernsehsender hatte darüber berichtet: Ein 58-jähriger Georgier wollte zu einer Kirche, zu der russische Soldaten den Zutritt untersagt hatten. Als er sich widersetzte, erschossen sie ihn. Es sei ein »unverfrorener Angriff auf die georgische Staatlichkeit« gewesen, schrieb die georgische Präsidentin Salome Surabischwili auf der Plattform X, vormals Twitter. Sie sei »zutiefst empört über die Erschießung eines georgischen Staatsbürgers durch die russische Besatzungsmacht während einer rechtswidrigen Festnahme«. Dimitrios Karabalis sagt mir, er sehe auch 15 Jahre nach dem Krieg zwischen Russland und Georgien keinerlei Bewegung in Richtung einer möglichen Lösung.

»Abchasien und Südossetien sind nicht nur von Russland annektierte Gebiete – dort ist jetzt eine neue Generation aufgewachsen. Menschen, deren Gehirne ähnlich wie in Putins Russland durch Propaganda vergiftet werden«, sagt mein Kollege Irakli Absandze. Die Menschen dort seien Russland durchaus zugewandt, weil sie sich von Moskau größere Chancen erhofften. »Der Staat Georgien sollte jungen Abchasen und Osseten eine viel bessere Zukunft bieten als Russlands Vasallentum: Wohlstand, Frieden, Freiheit nach westlichem Standard«, meint er. Wünschen kam man sich das. Aber ist das auch realistisch? In einem armen Land wie Georgien?

Politisch ist das Land gespalten. Da ist auf der einen Seite die proeuropäische Präsidentin Surabischwili. Ihr entgegen steht die Regierungspartei Georgischer Traum. Eine Entoligarchisierung wäre eine wichtige Vorbedingung für einen EU-Beitritt. Die betreibt der Georgische Traum jedoch allenfalls halbherzig. Denn gegründet wurde die Partei von Bidzina Ivanishvili, selbst Oligarch, der seine Multimilliarden in Russland verdient hat. Bis heute ist er der Strippenzieher im Hintergrund der Partei. Mit einem Amtsenthebungsverfahren gegen die Präsidentin scheiterte die Regierungspartei jedoch. Sie hatte der 71-jährigen Surabischwili vorgeworfen, sich ohne Zustimmung der Regierung auf Auslandsreisen begeben und sich dabei für den EU-Beitritt ihres Landes starkgemacht zu haben. Damit habe sie ihre Befugnisse überschritten. Als Präsidentin hat Surabischwili der georgischen Verfassung zufolge eine eher repräsentative Rolle. Die georgische Opposition jedenfalls fürchtet, dass sich die Regierung von der EU fort und zurück in Richtung Russland orientiert.

Im Frühjahr 2024 eskalierte die Situation. Auslöser war ein Gesetzesvorhaben der Regierungspartei. Es sieht vor, dass Organisationen, die Geld aus dem Ausland bekommen, diese Finanzquellen offenlegen müssen. Die georgische Regierung will so nach eigenen Angaben für mehr Transparenz sorgen und das Ausmaß ausländischer Einflussnahme stärker kontrollieren. Viele Projekte der Zivilgesellschaft und zur Demokratieförderung in Georgien werden vom Westen finanziert, auch mit Geldern aus der EU und den USA.

Gegen dieses Gesetz gingen im April 2024 die Befürworter eines EU-Beitritts in Tiflis auf die Straße. Für sie war es ein »russisches Gesetz«, angelehnt an das Gesetz über »ausländische Agenten« im verhassten Russland. Der Vergleich hinkt jedoch. Denn das Gesetz in Georgien fordert lediglich die Offenlegung von Finanzquellen. In Russland können Personen und Organisationen willkürlich als »ausländische Agenten« eingestuft werden, was mitunter auch geschieht. In Tiflis aber wurde dennoch über Tage und Wochen gegen das neue georgische Gesetz demonstriert.

Mit aller Kraft schwenkt die 48-jährige Nana auf der Demonstration die EU-Fahne. Mund und Nase hat sie mit einer Maske verhüllt, um sich gegen die beißenden Tränengasschwaden der Polizei zu schützen. Das Foto ihres Kampfes gegen die Staatsmacht ist berühmt geworden, viele Medien haben es abgedruckt. Es ist ein Sinnbild für die Zerrissenheit Georgiens zwischen der EU und dem Verbleib in der russischen Welt. Ein Sinnbild auch für den Machtkampf zwischen der Präsidentin Surabischwili und der Regierungspartei Georgischer Traum. Und Nana? »Jetzt, wo es Proteste gegen das russische Gesetz gibt, gehe ich morgens zur Arbeit, und nach der Arbeit gehe ich zur Kundgebung und bleibe bis spät in die Nacht«, erzählt sie.

Tausende demonstrieren. Mit Gewalt geht die Polizei gegen die Menschen vor. Sicherheitskräfte hätten Pfefferspray eingesetzt, berichteten örtliche Medien. Es gab Festnahmen, das Innenministerium meldete, ein Polizist sei verletzt worden. »Die Regierung versucht, uns zu ermüden. Aber das wird nicht passieren. Jetzt wird über das Schicksal Georgiens entschieden«, sagt mir die Studentin Salome. »Wir haben gesehen, was in Russland passiert ist. Wir wählen das Neue, wir wählen den

Westen, wir wählen Europa«, ergänzt Irakli, ihr Kommilitone. Dieses Gesetz sei nicht zum Wohl des Landes und der Menschen, meint der Schauspieler Giviko. »Im Gegenteil, sie benötigen dieses Gesetz, um ihre politische Macht zu stärken. Es ist ein wichtiges Instrument der Zensur, wie wir es in anderen Ländern, allen voran Russland, gesehen haben.«

Präsidentin Surabischwili kritisiert laut Nachrichtenagenturen, bei diesem Gesetz handle es sich um eine Provokation, die der russischen Strategie einer Destabilisierung Georgiens in die Hände spiele. EU-Ratspräsident Charles Michel erinnert daran, dass das Gesetz mit dem Georgien im vergangenen Dezember verliehenen Status als Beitrittskandidat nicht vereinbar sei. Es werde Georgien von der EU entfernen und nicht näherbringen, schrieb er auf der Plattform X.

Dagegen wies die Regierungspartei Georgischer Traum die »Einmischungsversuche des Westens« zurück und betonte, dass es sich um ein Gesetz im Interesse des Landes handle. Trotz Appellen der EU-Staaten werde der Entwurf nicht zurückgezogen. Ministerpräsident Irakli Kobachidse verwahrte sich gegen die Kritik. Die ausländischen Kritiker lieferten keine Argumente, was an dem Gesetz falsch sei. Ohne Argumente gebe es aber für die Regierung keinen Grund, an dem Vorhaben etwas zu ändern. Nötig sei eine offene Diskussion. Georgien sei »ein kleiner, aber unabhängiger und stolzer Staat«, sagte Kobachidse. »Wir erlauben niemandem, uns ohne Argumente etwas vorzuschreiben.«

Trotz wochenlanger Massenproteste stimmte das georgische Parlament schließlich für das Gesetz und überstimmte auch das Veto der Präsidentin. Die oppositionelle Abgeordnete Anna Zitlidse warf der politischen Führung eine »gedankenlose Politik«

vor, die Georgien den Weg in die EU versperre und dem Land viele Probleme bereiten werde. Parlamentschef Schalwa Papuaschwili wiederum beschuldigte die oppositionellen Abgeordneten, nicht im nationalen Interesse, sondern im Interesse anderer Länder zu agieren. »Das ist offener Verrat.«

Westliche Politiker hatten mehrfach gefordert, dass die Regierung das Gesetz zurückziehen solle. Die USA kündigten Konsequenzen an. Sie wollen nach Aussage von Außenminister Antony Blinken Visa-Beschränkungen für »Personen, die für die Untergrabung der Demokratie in Georgien verantwortlich oder daran beteiligt sind, sowie deren Familienangehörige« verhängen. Zudem werde die bilaterale Zusammenarbeit zwischen den USA und Georgien auf den Prüfstand gestellt. Dagegen gab es Lob aus Moskau. Kremlsprecher Dmitri Peskow dementierte zwar, dass Russland etwas mit dem Gesetz zu tun habe. Er bezeichnete es aber als »normale Praxis«, um sich vor äußeren Einflüssen zu schützen.

Im Juni 2024 beschlossen die EU-Staats- und Regierungschef auf ihrem Gipfeltreffen, das Beitrittsverfahren mit Georgien bis auf Weiteres nicht fortzusetzen. Die Erklärung war einstimmig, doch laut der Nachrichtenagentur AFP sagte der ungarische Regierungschef Viktor Orbán vor dem Gipfel: »Die georgische Regierung macht ihre Sache gut. Die Wirtschaft verbessert sich. Ich denke also, sie sind auf dem richtigen Weg.«

Georgien in der EU? Russland möchte das natürlich verhindern. Doch diesmal schickt Kremlchef Wladimir Putin keine Soldaten, sondern Touristen. Erstmals seit 2019 erlaubte Russland im Jahr 2023 wieder Direktflüge nach Georgien. Russische Billig-Airlines fliegen täglich in die georgische Hauptstadt. Auch die georgische Fluggesellschaft »Georgien Airways« bietet Nonstop-Flüge an.

Georgier dürfen nunmehr auch visafrei nach Russland einreisen, etwa als Gastarbeiter. In Russland leben Hunderttausende Georgier, die nun leichter von ihren Verwandten aus der Heimat besucht werden können. Viele von ihnen nahmen die Entscheidung mit Erleichterung auf. Präsidentin Surabischwili dagegen hat Putins Schritt als »Provokation« bezeichnet. Sie warnt immer wieder vor Versuchen Russlands, seinen Einfluss in der früheren Sowjetrepublik auszuweiten. Die Regierungspartei Georgischer Traum hingegen sieht das anders. Direkte Flugverbindungen könnten dem bettelarmen Land zusätzliche Einnahmen in Höhe von 300 bis 400 Millionen Dollar bringen, sagt der georgische Wirtschaftsminister Lewan Dawitaschwili. Denn russische Touristen lieben das Land, seine Strände, die Wein- und Gebirgsregionen und die kaukasische Küche.

Für Spannungen sorgen dagegen Zehntausende Russen, die nach Kriegsbeginn in der Ukraine nach Georgien ausgewandert sind. Viele sind Reservisten der russischen Armee, die Angst vor einer Zwangsmobilisierung für den Ukraine-Krieg haben. Sie sind zumeist gut ausgebildet, arbeiten international, etwa in der IT-Branche.

Präsidentin Surabischwili sieht im Zuzug junger Russinnen und Russen eine »hybride Kriegsführung« Russlands. Die Einwanderer würden sie »nervös machen«. Sie schließe nicht aus, dass der Kreml in Zukunft unter dem Vorwand, diese Menschen zu schützen, Georgien einen umfassenden Krieg erkläre. Sie selbst würde die Einwanderung von Russen verbieten, dazu hätte aber nur die mit Moskau sympathisierende Regierung die Befugnis. Viele in Georgien sahen derartige Argumente als reine Rhetorik vor den Parlamentswahlen im Oktober 2024.

Tsypylma Darieva, die am Berliner Zentrum für Osteuropa-

und internationale Studien einen Forschungsschwerpunkt zum Thema Migration leitet, meint in einem Aufsatz der Bundeszentrale für politische Bildung vom April 2024, die russischen Neubürger zögen es vor, »unsichtbar zu bleiben und sich von öffentlichen Protesten fernzuhalten. Sie wollen sich nicht in innere Angelegenheiten einmischen, um der georgischen Regierung und Gesellschaft, die ihnen temporär Zuflucht gewährt haben, nicht noch mehr Ärger zu bereiten.« Die meisten Einwanderer würden auch einen proeuropäischen Kurs unterstützen, so die Wissenschaftlerin.

Doch sozialer Sprengstoff sind die russischen Einwanderer allemal, erfahre ich. So seien die Mietpreise und die Preise für Lebensmittel erheblich gestiegen, sagt mir Nino Sioridze, die Angst vor einem neuen Krieg mit Russland hat. »Fuck Russia«-Parolen sehe ich an vielen Häuserwänden der georgischen Hauptstadt. Es ist nicht sicher, ob damit die Russen an sich gemeint sind oder Putins Politik. »Putin ist böse« lese ich auf einem Plakat am Eingang eines beliebten Restaurants im Zentrum von Tiflis. »Wenn Sie dem nicht zustimmen, dann bleiben Sie bitte draußen.«

Und Josef Stalin, der in seiner Geburtsstadt mit dem Kopf nach unten auf einem Lagergrundstück liegt? Er wartet wohl noch darauf, wie seine Zukunft aussehen wird. Mal sehen, wo ich ihn bei meinem nächsten Besuch in Georgien treffen werde. Verloren am Stadtrand oder gehegt und gepflegt im Stadtzentrum?

WILLKOMMEN IN ABSURDISTAN –
MOLDAU UND TRANSNISTRIEN

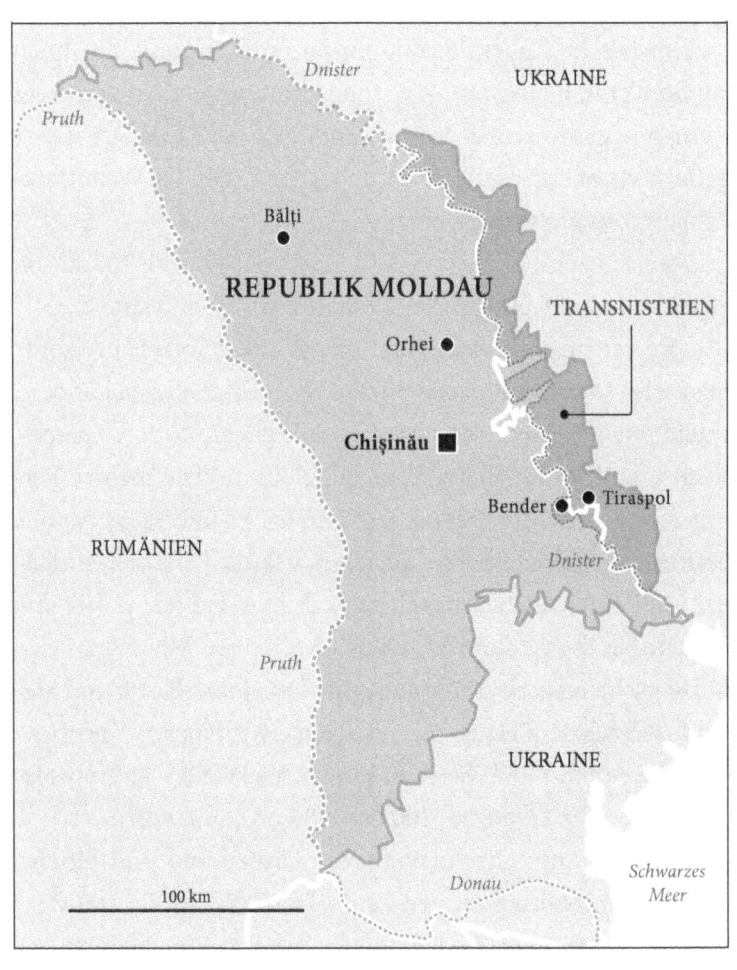

TRANSNISTRIEN, jener von russischen Truppen besetzte schmale Landstreifen zwischen den EU-Beitrittskandidaten Ukraine und Moldau, ist eine Art sowjetisches Freilichtmuseum mit rund 500 000 Einwohnern. Ein international nicht anerkannter Pseudostaat, sogar eine eigene Währung gibt es hier. An der Grenze zwischen Moldau und Transnistrien muss ich einige Zeit warten, nach der Passkontrolle bekomme ich eine Einreisekarte. Mein Fahrer Dmitri schenkt mir ein paar transnistrische Rubel, Plastikmünzen und Scheine. Für mich ein Souvenir, denn diese Währung kann nirgendwo getauscht werden – nicht einmal in Russland. Seit 1992 existiert dieser bettelarme »Staat«, lange Zeit unbeachtet von der Weltöffentlichkeit. Das ändert sich gerade.

Doch zunächst fallen mir direkt nach der Grenze Plakate am Straßenrand auf. Agenturen werben um Arbeitskräfte für die EU. Sie versprechen das Blaue vom Himmel, Jobs bei Autofirmen wie VW und Porsche etwa. Die Realität aber sei anders, erzählt mein Fahrer: Gesucht würden Erdbeerpflücker, Spargelstecher und Müllsortierer zum Billiglohn. »Viele meiner Verwandten arbeiten in Polen«, sagt Dmitri. Er und seine Familie besitzen rumänische Pässe und können in die EU reisen. »Männer mit Führerschein arbeiten auch als Lkw-Fahrer, immer drei Monate am Stück, dann kommen sie für einen Monat zurück.« In Deutschland gebe es nur unqualifizierte Jobs, Plastik und Metalldosen aus dem Hausmüll sortieren etwa. Für den Knochenjob gebe es rund 1000 Euro im Monat. Viel Geld – in Transnistrien liegen die Löhne bei 200 bis 300 Euro, so Dmitri.

Er erzählt mir Geschichten von Ausbeutung und bitterer Armut, während wir an den Lenin-Denkmälern der transnistrischen Hauptstadt Tiraspol vorbeifahren. Ein Paradies der

Werktätigen ist dieser Landstrich gewiss nicht. Wohl aber ein Zankapfel, seit dem Zerfall der Sowjetunion.

Wie in Georgien schwelt auch in Transnistrien ein »eingefrorener« Konflikt. Um ihn zu verstehen, lese ich mich in die Geschichte ein. Der Landstreifen im Osten des heutigen Moldau ist die Heimat von Menschen russischer, ukrainischer und rumänischer Herkunft. Zusammen mit Moldau und Rumänien war er Teil jener Region, die als Bessarabien bekannt war. Lange Zeit war diese Region eine Art Puffer zwischen Österreich, Russland und dem Osmanischen Reich. Später gehörte sie zum russischen Zarenreich und dann zur Sowjetunion. 1940 zog die rumänische Armee auf Wunsch der sowjetischen Staatsführung aus Transnistrien ab. Die »Moldauische Sozialistische Sowjetrepublik« wurde politisch zunächst von Vertretern aus Transnistrien dominiert, zumeist ethnische Russen oder Ukrainer.

Das änderte sich in den Achtzigerjahren. In der Folge der Glasnost-Politik des Reformers Michail Gorbatschow gewann der prorumänische Nationalismus in Moldau an Kraft, wie Mikhail Polianskii von der Hessischen Stiftung Friedens- und Konfliktforschung in einem Aufsatz schildert, den die Landeszentrale für politische Bildung Baden-Württemberg veröffentlicht hat. Dieser Nationalismus »strebte eine Union (Vereinigung) mit Rumänien an. Obwohl die Unionisten in der Republik Moldau nicht die größte politische Kraft darstellten, waren sie 1989 bis 1992 die mobilisierteste und einflussreichste. So ist es ihnen im Jahr 1989 gelungen, ein Sprachengesetz zu verabschieden, das die moldauische Sprache in lateinischer Schrift als einzige Amtssprache des Landes bestätigt.«

Nach dem Ende der Sowjetunion wurde Moldau unabhängig, doch das überwiegend russisch besiedelte Transnistrien spaltete sich ab. International anerkannt wurde Transnistrien nie. Der Konflikt eskalierte 1992 in einen Krieg. Mit Unterstützung der russischen Armee kämpften die Separatisten gegen die prowestliche Regierung Moldaus. Viele Hundert Menschen starben. Ein Denkmal in Tiraspol erinnert an die Kämpfe.

Doch zur Ruhe kamen Transnistrien und damit auch Moldau nicht. 2006 beschlossen die Separatisten ein Referendum über einen Anschluss an Russland. 97,1 Prozent der Menschen im Land waren angeblich dafür, doch auch die Abstimmung wurde international nicht anerkannt.

Seit Beginn des Ukraine-Krieges steht Transnistrien erneut im Fokus. Äußere Kräfte heizten die Situation an, sagt in Moskau Kremlsprecher Dmitri Peskow. Russland warnt vor Angriffen auf in Transnistrien stationierte russische Soldaten. Solche Attacken würden als Angriff auf die Russische Föderation betrachtet, erklärt das Außenministerium. Viele befürchten, dass Russland eine weitere Front eröffnen könnte. In Transnistrien sind rund 1500 russische Soldaten stationiert. Die Region liegt nur wenige Kilometer von der ukrainischen Hafenstadt Odessa entfernt. Angeblich gibt es dort große Munitionslager, noch aus Sowjetzeiten.

Die Spannungen in der Region wachsen. 2022 erschütterten mehrere Explosionen das Gebiet. Im März 2023 erklärte die Führung der Separatisten, die Ukraine habe einen gescheiterten Mordanschlag auf ihren Anführer verübt. Beweise: keine. Dann wurden im September 2023 Raketenüberreste in der Region gefunden. Weitere Informationen dazu: keine.

Schon im Februar 2023 hatte Russlands Präsident Putin ein für den »eingefrorenen« Transnistrien-Konflikt ausschlaggebendes Dekret von 2012 annulliert. Darin war festgelegt, dass eine endgültige Lösung des Konflikts ausschließlich »unter Einhaltung der Souveränität, territorialen Integrität und Neutralität der Republik Moldau« erfolgen könne. Als die Separatisten im Januar 2024 um Schutz vor Moldau baten, zitierten staatliche russische Nachrichtenagenturen das Außenministerium in Moskau mit den Worten, »der Schutz der Interessen der Bewohner Transnistriens, unserer Landsleute, ist eine der Prioritäten«.

Die Region entwickelt sich zum Pulverfass. Aber vielleicht geht es gar nicht so sehr um politische oder geostrategische Interessen. Denn Transnistrien ist quasi in Privatbesitz, ein Schmugglerparadies. Von Odessa aus gelangten vor dem Krieg über die ukrainische Grenze Zigaretten, Alkohol und andere Waren nach Transnistrien und weiter über Moldau in Richtung EU. Die »Sheriff-Gruppe«, eine Holding, angeführt von einem Ex-KGB-Mitarbeiter und Oligarchen, beherrscht Transnistrien; sie besitzt dort Supermärkte und Tankstellen. Ein Drittel des transnistrischen Haushalts lande in den Kassen von Sheriff, berichtete bereits 2015 das investigative Nachrichtenmedium *RISE Moldova*. Nachprüfbar ist das nicht, aber Mikhail Polianskii von der Hessischen Stiftung Friedens- und Konfliktforschung kommt zum Schluss: »Nach Ansicht einer Reihe westlicher und russischer Experten ist das zentrale Hindernis auf dem Weg zu einer transnistrischen Regelung nicht die geopolitische Konfrontation zwischen Russland und dem ›kollektiven Westen‹, sondern die ›Sheriff Corporation‹. Dem Unternehmen sind de facto die wichtigsten Industrien in der Region sowie der Obersten Rat der PMR (lokales Parlament) unterstellt.«

Über die Fantasiegrenze fahre ich von Transnistrien zurück in die moldauische Hauptstadt Chişinău. Einchecken im Hotel, dann ein Spaziergang durch die Innenstadt. Der erste Eindruck:

viel Armut, verfallende Häuser. Doch gleich daneben werden Luxuswohnungen gebaut. »Wer sich die Wohnungen dort leisten kann, weiß ich nicht«, sagt meine Kollegin, eine junge Frau aus Chișinău, die mich begleitet. Sie selbst lebe in einer kleinen Zweizimmerwohnung und sei gerade in ihr Schlafzimmer gezogen, um das Wohnzimmer unterzuvermieten. Die Kosten rennen ihr davon. So geht es den meisten Menschen in Moldau. Strom und Gas sind teuer geworden, die Preise haben sich vervielfacht. Das wiederum hängt auch mit dem Krieg im Nachbarland zusammen.

Die Energiekrise begann im Oktober 2021, noch vor der russischen Invasion in die Ukraine. Über all die Jahre hatte Moldau auf der Grundlage langfristiger Verträge billiges Gas aus Russland erhalten. Moldau war abhängig von Russland, zumal es seinen Strom überwiegend in Gaskraftwerken erzeugt. Ende September 2021 lief der letzte Liefervertrag zwischen dem russischen Gazprom-Konzern und Moldovagaz aus. Die Verhandlungen über neue Verträge waren zäh, die Spannungen zwischen der proeuropäischen Regierung in Moldau und Moskau groß. Schließlich gab es einen Vertrag, doch der Preis wurde an den internationalen Gaspreis gekoppelt. Plötzlich musste Moldau für russisches Gas das Fünf- bis Sechsfache zahlen. Die Heiz- und Stromkosten stiegen. Mit verschiedenen Maßnahmen versuchte die Regierung, die Preisexplosion abzufedern, was zum Teil auch gelang. Die Inflationsrate, die im Oktober 2022 mit 34,6 Prozent ihren Höchststand erreichte, ist aber inzwischen stark rückläufig.

Die gerade einmal 2,5 Millionen Menschen in der winzigen Republik Moldau fühlen sich zerrieben zwischen den Polen der entstehenden »multipolaren Welt«. Viele wollen in die EU, das

Land ist inzwischen Beitrittskandidat. Ihr Vorbild ist das benachbarte Rumänien. Etwa ein Drittel der Moldauer sind rumänischer Abstammung. Die übrigen haben ukrainische oder russische Wurzeln. Andere wollen lieber in der russischen Welt bleiben. Das sei sicherer als die Hoffnung auf einen EU-Betritt, der vielleicht niemals kommen werde.

Maia Sandu ist seit Dezember 2020 Präsidentin der Ex-Sowjetrepublik, in einer Stichwahl mit 58 Prozent gewählt. Sandu strebt die EU-Mitgliedschaft an und warnt vor russischen Umsturzversuchen. Der Plan Moskaus beinhalte, gewalttätige Ausschreitungen und Angriffe auf staatliche moldauische Institutionen anzuzetteln und diese als Proteste zu tarnen. »Das Ziel ist es, die verfassungsmäßige und legitime Ordnung in eine illegitime umzuwandeln.« Moldaus Außenministerium sekundiert. »Wir wären allen Staaten der Welt, einschließlich der Russischen Föderation, dankbar für die Wertschätzung der Wahl unseres Volkes.« Man weist Vorwürfe des russischen Außenministers Sergei Lawrow zurück. Dieser hatte im russischen Staatsfernsehen behauptet, Moldau werde nach dem Vorbild der Ukraine vom Westen zu einem »neuen Anti-Russland« aufgebaut.

Sandus Gegenspieler sitzen im Parlament. »Shor« nennt sich die Partei, die für Russland Stimmung macht. In Orhei, etwa eine Autostunde von der Hauptstadt entfernt, hat sie ihre Hochburg. 20 000 Einwohner leben hier in einem Schlaraffenland. Gepflegte Parks, saubere Gehsteige. Sogar ein Sozialkaufhaus für Bedürftige gibt es. Alles finanziert vom moldauischen Oligarchen Ilan Shor. Von hier aus organisieren seine Anhänger Aktionen und Demonstrationen gegen den EU-Betritt. Sie versprechen Wohlstand für alle – mit Unterstützung aus Moskau.

Ilan Shor agiert im Hintergrund, bestimmt vieles in der Politik Moldaus. Seine Eltern, Juden aus Chişinău, waren Ende der Siebzigerjahre nach Israel gezogen. 1990 kehrte die Familie zurück, der Vater wurde Unternehmer. Der Sohn eiferte ihm nach. Angeblich, so wird erzählt, baute Ilan mit 13 Jahren sein erstes Geschäft auf, einen Handy-Laden. Später besaß er eine Unternehmenskette und sogar einen Fußballclub, den FC Milsami. Dieser spielt regelmäßig in der UEFA Conference League, scheitert aber ebenso regelmäßig bereits in der Qualifikationsrunde.

2015 wurde Ilan Shor mit 62 Prozent zum Bürgermeister von Orhei gewählt, bis 2019 übte er dieses Amt aus – und machte aus seiner Stadt ein Paradies für die Armen. Geld dafür hatte er, seit 2014 war er Vorstandsvorsitzender der Moldauischen Sparbank. Er war allerdings auch ein Bankräuber, glaubt man dem Nationalen Antikorruptionszentrum Moldaus. Ganz aufgeklärt sind der größte Bankenskandal Moldaus und die Verwicklungen Shors darin bis heute nicht: Zwischen dem 24. und 26. November 2014 wurde rund eine Milliarde Dollar von drei Banken gestohlen und auf Konten von Scheinfirmen unter anderem in Hongkong verschoben. Die betreffenden Banken gingen in Konkurs und wurden schließlich mit Notkrediten aus dem Staatshaushalt gerettet. Der Bankraub geriet zur Staatskrise.

2017 wurde Shor zu einer Haftstrafe von zunächst 7,5 Jahren verurteilt. Ins Gefängnis musste er freilich nicht, er ging in Berufung. Das Berufungsgericht verdoppelte die Haftstrafe zwar auf 15 Jahre, doch Shor war längst schon nach Israel geflohen und steuert seine Anhänger von dort aus. Das Urteil »wird unserer Forderung weiterhelfen, dass er ausgeliefert wird«, kommentiert die für Korruption zuständige Chefanklägerin. Bislang aber lebt Shor in Israel unbehelligt. Der Vorwurf, er bezahle Demonstranten, die gegen Sandus Europapläne auf die Straße gehen, ist allerdings nicht belegt.

Ilan Shor steht auf den Sanktionslisten der USA, der EU, Großbritanniens und Kanadas, seine Partei wurde inzwischen in Moldau als verfassungswidrig erklärt und verboten. Was politisch kaum Bedeutung hat. Denn, so heißt es im Urteil des Verfassungsgerichtes in Chișinău, »Vertreter und Mitglieder der Partei, die zum Zeitpunkt des Urteils ihr Mandat als Abgeordnete im Parlament der Republik Moldau ausüben, werden ihr Mandat weiterhin als unabhängige Abgeordnete behalten«. Shor selbst kommentiert das Urteil als illegal. Marina Tauber, Vize-Chefin der Partei, meint: »Wir werden dennoch mit unserem Team an die Macht kommen. Für uns ist dieser beschämende Prozess eine Erfahrung«, zitiert sie das Onlineportal *Euractiv. com*. »Die Bürger müssen das Recht haben, frei zu wählen. Unser Team wird für alles kämpfen, was gut für Moldau ist.«

In Deutschland werden die prorussischen Kräfte, die in Moldau Stimmung machen, von der AfD unterstützt. »30 bis 40 Prozent der Bevölkerung stellen eine russischsprachige Minderheit dar, diese Minderheit bekundet ihre Loyalität gegenüber der Politik des russischen Präsidenten Wladimir Putin«, heißt es in einer Bundestagsanfrage der AfD vom Dezember 2022. Die AfD bezweifelt, ob die Entscheidung für einen EU-Beitritt »von der Mehrheit getragen werde.« Dies sei »alarmierend«.

Stimmt das? Ich frage die Menschen in Chișinău. Wie sehen sie die Situation im Land? Will wirklich die Mehrheit der Menschen weg von Russland, in Richtung EU?

Wenig optimistisch ist der 66-jährige Rentner Vasile. »Es wird immer schlimmer. Früher war es etwas besser, aber jetzt ist alles teuer – die Preise, das Gas und der Strom. Das Leben ist schwer, vor allem für Rentner.« Und die Hoffnung seiner Präsidentin auf die EU? »Schauen Sie sich Maia Sandu an. Ich persönlich habe sie nicht gewählt, aber andere schon. Sie hat viel versprochen, aber nichts getan. Null. Ich vertraue ihr nicht.« Wen Vasile gewählt hat, das will er mir nicht erzählen. Eher wohl eine Partei aus dem linken, dem prorussischen Spektrum. Diesem steht ein proeuropäisches Wahlbündnis gegenüber.

Die Zukunftsvorstellung der Moldauer, darin spiegelt sich auch eine Art Generationenkonflikt. Die Älteren sehnen sich eher nach russischer Obhut, die Jüngeren nach dem Westen. »Europa natürlich!«, antwortet mir die 27-jährige Softwareentwicklerin Alina auf die Frage, wohin die Reise gehen soll. Das würde Wohlstand ins Land bringen, sagt sie. »Ich würde mir wünschen, dass hier jeder die Möglichkeit hätte, das gleiche gute Geld zu verdienen wie im Ausland. Damit wir uns hier weiterentwickeln können. Ich will in Moldau arbeiten, nicht woanders. Ich bin viel gereist, habe mich in verschiedenen Berufen auch in anderen Ländern versucht, aber es zieht mich hierher zurück, in mein Heimatland.«

Vasile, der Rentner, wünscht sich einen Ausgleich mit allen Seiten. »Früher, als wir gute Beziehungen zu Russland hatten, waren Gas und Strom billiger, und unser Obst ging nach Russland. Aber was nun?« Viele Bauern, so erzählt es Vasile, hätten bereits ihre Obstgärten aufgegeben. »Trauben, Wein, sie wissen nicht, wohin sie das schicken sollen. In Europa gibt es Frankreich und Italien, die den Markt beherrschen, den Wein aus Moldau brauchen sie nicht.« Vermutlich ist das so. Was schade wäre – Wein aus Moldau ist gut. Die Kirschen aus Moldau, die ich nach wie vor auf meinem Markt in Moskau bekomme, sind sogar exzellent.

Die 59-jährige Angela, Inhaberin eines Ladengeschäftes, teilt Vasiles Ängste nicht. »Ich bin für die EU, weil die EU eine sehr große Bevölkerung hat und nur alle zusammen stärker sein können als Russland. Ich möchte bei dieser starken Kraft sein.« Ob die EU wirklich Russland Paroli bieten kann, das sei dahingestellt. Aber, so Angela: »Es ist eine andere Kultur, kein Totalitarismus, es herrscht geistige Freiheit, Demokratie. Die EU bietet Möglichkeiten, auch wirtschaftlich, für unsere Produkte. Ich erinnere mich, dass man uns nach der Sowjetunion immer Angst machte, dass wir niemanden hätten, an den wir unsere Produkte verkaufen könnten.« Ein Beitritt zur EU wäre eine Chance, meint Angela. »Wir möchten nicht nur die Vorteile in der EU nutzen, sondern auch an der Entwicklung teilnehmen, zu der wir beitragen können. Wir haben hier viele fleißige und gebildete Menschen.«

Mit der Frage, ob die Moldauer in die EU wollen oder nicht, beschäftigt sich der Soziologe Vasile Cantarji seit Langem. Regelmäßig wertet er entsprechende Umfragen aus. »Es sind etwa 55 bis 60 Prozent, die sich gern in die Europäische Union integrieren würden. Es gibt auch einen beträchtlichen Anteil der Bevölkerung, der Russland vorzieht, aber er ist mit weniger als 30 Prozent in der Minderheit«, erzählt mir Cantarji in seinem Büro in der Innenstadt von Chișinău. »Das Thema ist im Allgemeinen sehr politisiert, und das wird von Russland ausgenutzt. Sie veröffentlichen hier in Moldau viele Fake News im Zusammenhang mit der EU. Verschiedene unpopuläre Ideen, die sie der Europäischen Union unterschieben.«

Victoria Olari, die für den US-Thinktank »Atlantic Council« in Moldau arbeitet, sagt mir im Interview: »Ich glaube, die Mehrheit der Bevölkerung denkt sehr praktisch. Für sie bedeu-

tet die europäische Integration, ihren Lebensstandard zu erhöhen, Zugang zu besseren Arbeitsplätzen, Zugang zu Reisen, Bildung und so weiter zu haben. Das ist sehr praktisch. Vielleicht
geht es für die jüngere Generation auch um Werte, denn die
neue Generation ist anders als die ältere.« Ein großer Teil der
Bevölkerung sei in den Neunzigerjahren nach Russland ausgewandert, um dort zu arbeiten. »Jetzt hat sich der Trend umgekehrt. Die große Mehrheit der Bevölkerung reist in die EU.
Die Moldauer arbeiten dort. Sie kämpfen darum sicherzustellen, dass ihr Leben in Zukunft besser sein wird.« Aber, so sagt
Olari realistisch: »Ich glaube nicht, dass irgendjemand daran
glaubt, dass Moldau in sehr kurzer Zeit Teil der Europäischen
Union sein wird.«

In der Tat, schnell wird der Beitritt in die EU nicht gehen,
wenn er überhaupt je kommt. Denn es gibt gewaltige Hürden.
Mit dem Start von Beitrittsverhandlungen werden die sogenannten Kopenhagener Kriterien geprüft: Demokratische und rechts-
staatliche Ordnung müssen gegeben sein. Wichtig sind die Wah-
rung der Menschenrechte sowie die Achtung und der Schutz von
Minderheiten. EU-Recht muss übernommen werden. Und es
muss eine funktionsfähige Marktwirtschaft geben.

Von einem funktionierenden Rechtsstaat ist Moldau allerdings weit entfernt, ähnlich den anderen Beitrittskandidaten
Ukraine und Georgien. Korruption sei das Hauptproblem, meint
der Soziologe Vasile Cantarji. »Es handelt sich nicht nur um ge-
wöhnliche Korruption, Bestechungsgelder, die etwa von einem
Polizisten oder einem Arzt verlangt werden.« Das ganze Par-
teiensystem sei korrupt, eine politische Partei in Moldau finan-
ziere sich nicht durch Beiträge ihrer Mitglieder. »Die Hauptfi-
nanzierungsquelle ist das Großkapital. Um die politische Macht

zu übernehmen, muss man vom Großkapital finanziert werden.« In Georgien und der Ukraine sei das ähnlich.

Antikorruptionseinrichtungen des Staates seien nicht zentral organisiert, ihre Zuständigkeiten nicht eindeutig geregelt, bemängelt die von der Bundesregierung finanzierte Deutsche Gesellschaft für Internationale Zusammenarbeit. Nach wie vor gebe es Korruptionsfälle auf höchster Ebene, »verdeckte Interessen und Probleme mit einer unabhängigen Justiz beeinflussen die Fortschritte insbesondere in wichtigen Bereichen wie Aus- und Weiterbildung, medizinische Versorgung und Landwirtschaft«. Transparency International kommt zu dem vernichtenden Schluss: »Maßnahmen zur Korruptionsbekämpfung sind dringend erforderlich, um systematische Muster staatlicher Vereinnahmung umzukehren und die Integrität der Justiz zu stärken.«

Moldau sei sehr weit von der EU entfernt, meint auch meine Kollegin bei unserem Abschiedsabend in Chişinău. Korruption gebe es nicht nur in der Politik, Korruption sei der Alltag. »Ich kenne zum Beispiel eine Bar, in der die Polizei regelmäßig die Gäste belästigt, wegen angeblicher Ruhestörung und anderer Dinge, weil der Inhaber die Polizisten nicht schmiert. Eine Straße weiter, in einer anderen Bar, feiern die Gäste unbelästigt eine Party nach der anderen. Dort wird eben gezahlt.«

Moldaus Präsidentin Maia Sandu will den Weg in Richtung EU weitergehen. Das Parlament hat grünes Licht gegeben für ein von Sandu beantragtes Referendum über Verfassungsänderungen für einen Beitritt zur EU. Stattfinden soll dieses Referendum im Oktober 2024. Jetzt, wenige Monate zuvor, während ich dieses Buch schreibe, glaube ich, dass die Moldauer dafür stimmen werden. Konkret soll die Verfassung des Landes um zwei neue

Absätze erweitert werden, die vor allem die Unumkehrbarkeit des europäischen Weges von Moldau bezwecken. Der EU-Beitritt des Landes soll als »strategisches Ziel« definiert werden, der Vorrang des EU-Rechts vor allen Bestimmungen des nationalen Rechts, einschließlich der Verfassung, soll verankert werden.

Noch vor dem Beitritt will die Präsidentin sogar das prorussische Transnistrien in das Staatsgebiet eingliedern. Wie das gehen soll, weiß niemand. »Wir wollen das Land bis 2030 auf die EU-Integration vorbereiten«, kündigte Maia Sandu an. »Im Idealfall möchten wir, dass die Reintegration des Landes vor dem Beitritt erfolgt, und wir arbeiten daran, aber es hängt nicht nur von uns ab.« Natürlich laufen die Anhänger des Oligarchen Ilan Shor dagegen Sturm, und auch gegen Sandus Europa-Pläne. Da Shors Partei nunmehr verboten ist, haben sie ein Wahlbündnis namens »Pobeda«, »Sieg«, gegründet. Ihrer Meinung nach stellen Sandus Pläne ein »Attentat auf die Souveränität« des Landes dar. Ihr Slogan heißt: »Nein zur EU«.

Ex-Präsident Igor Dodon, der bei der letzten Präsidentschaftswahl gegen Sandu verloren hat, will erneut antreten. »Lasst uns zum normalen Dialog mit unseren Partnern zurückkehren, Russland, China und anderen Ländern«, sagt er. »Da gibt es viel zu tun.« Dodon ist der Chef der Sozialisten in Moldaus Parlament. »Jeder sollte verstehen, dass Moldau für den Frieden steht«, meint der prorussische Politiker. Man solle sich nicht in die geopolitischen Querelen hineinziehen lassen, in die die Ukraine hineingezogen wurde.

Klar ist, dass der Westen, die EU, die NATO und die USA im Zuge des sich anbahnenden neuen Kalten Krieges Ex-Sowjetrepubliken wie die Ukraine, Georgien und Moldau aus Russlands Einflussbereich herauslösen wollen. Und natürlich will Russland das verhindern. Vom Westen wird das Selbstbestimmungsrecht der Völker angeführt. Ein völkerrechtlicher Grundsatz, international eingeführt unter dem Eindruck des Zweiten Weltkrieges. Aber wie selbstbestimmt kann etwa Moldau agieren, ein bettelarmes Land, wirtschaftlich abhängig von den Nachbarn? Anders gefragt: Angenommen, Moldau würde in die EU aufgenommen, wären die Deutschen, die Franzosen, die Menschen der anderen EU-Staaten wirklich bereit, ein Land wie Moldau dauerhaft zu finanzieren? Würden die reichen Länder auf einen Teil ihres Wohlstands verzichten, in der vagen Hoffnung, dass das Land eine positive wirtschaftliche Entwicklung nimmt?

So bleibt es bei warmen Worten. Mit der Ukraine haben inzwischen Beitrittsverhandlungen begonnen. Klartext in Sachen Moldau dagegen findet sich im Entschließungsantrag des EU-Parlaments vom 2. Oktober 2023. Man begrüße »die Anstrengungen der moldauischen Regierung, die in der Stellungnahme der Kommission zum Antrag auf Mitgliedschaft in der EU festgelegte Anforderung der ›Entoligarchisierung‹ zu erfüllen«. Nicht nachgekommen sei das Land allerdings bislang der EU-Forderung »Institutionen und Rechtsvorschriften in Bezug auf Monopole, Wettbewerbspolitik, politische Parteien, Wahlen, Korruption und Geldwäsche zu stärken«.

Gleichfalls im Mai 2024 besuchte US-Außenminister Antony Blinken Moldau. Die Vereinigten Staaten würden sich für eine »resiliente Demokratie« in der Republik Moldau einsetzen sowie sicherstellen wollen, dass das moldauische Volk »sein Schicksal selbst bestimmt«, berichten Nachrichtenagenturen. Etwas Geld gab es auch. Auf ein angekündigtes »robustes Hilfspaket« wolle man zusätzliche 50 Millionen Dollar drauflegen. Mager, verglichen mit den Milliarden, die in die Ukraine fließen. Präsidentin

Sandu dankte trotzdem für die »Unterstützung für die Sicherheit Moldaus«. Sie verwies darauf, dass die Ukraine und ihre Nachbarn gegenwärtig einen »bitteren Preis für ihr Bestreben nach Freiheit bezahlen« und »unsere Bürger in ihrem Wunsch nach Frieden durch die Gegner der Demokratie schwer geprüft werden«.

Die meisten Menschen in Moldau wollen in die EU und erhoffen sich Wohlstand. Auch wenn sie wissen, dass der Beitritt wohl erst in vielen Jahren gelingen könnte. Anders sieht es aus, wenn es um eine mögliche NATO-Mitgliedschaft geht. Nur etwa 30 Prozent der Bevölkerung befürworten das, sagt der Soziologe Vasile Cantarji. Er zählt sich zu diesen 30 Prozent. »Wir haben keine anderen Optionen als die Integration in die Europäische Union und die NATO, und wir müssen alle ernsthaften Beziehungen zur Russischen Föderation abbrechen, weil ich denke, dass dieses Land in naher Zukunft große Instabilität in der Region hervorbringen wird.«

Die Angst aber bleibt. Die Angst, dass sich der Krieg im Nachbarland Ukraine ausweiten könnte auf Moldau. Auch Vasile Cantarji hat diese Angst. Angela, die Ladenbesitzerin, sagt, nach Beginn der Invasion in der Ukraine hätte sie einen Koffer gepackt. »Für den Fall, dass ich gehen muss.« Auch Alina, die Softwareentwicklerin, macht sich Sorgen. »Ich wünsche unserer Gesellschaft kein solches Schicksal, mache mir aber große Sorgen, dass es so kommen könnte.« Der Rentner Vasile hingegen meint: »Ich glaube nicht an so etwas. Russland verfügt über so viel Territorium, dass Moldau nicht benötigt wird. Das ist alles Propaganda, glaube ich.«

»EU, NATO, Stabilität bei uns, alles Illusion. Seifenblasen«, sagt der Taxifahrer, der mich zum Flughafen bringt. Am liebsten würde er sofort sein Heimatland verlassen, meint er, und dreht das Radio lauter. Aus ihrer Heimat wegzugehen – viele in Moldau sehen für sich keine andere Zukunft. Ganze Heerscharen von Arbeitsvermittlern in den reichen Ländern der EU leben davon. Spargelstecher, Erdbeerpflücker, Mülltrenner und Altenpflegerinnen aus Moldau und aus Transnistrien sind ein Geschäftsmodell.

Beim Einchecken am Flughafen von Chişinău denke ich an das, was mir die 42-jährige Fabrikarbeiterin Lurie erzählt hat. »Ich habe Verwandte in Russland und in Italien, ich habe Verwandte in Deutschland. Überall mag es gut sein. Aber die Menschen sind verstreut. Die Hälfte der Moldauer ist ins Ausland gegangen. Das macht mich traurig.«

SPIELBALL DER WELTMÄCHTE –
BERGKARABACH, ARMENIEN
UND ASERBAIDSCHAN

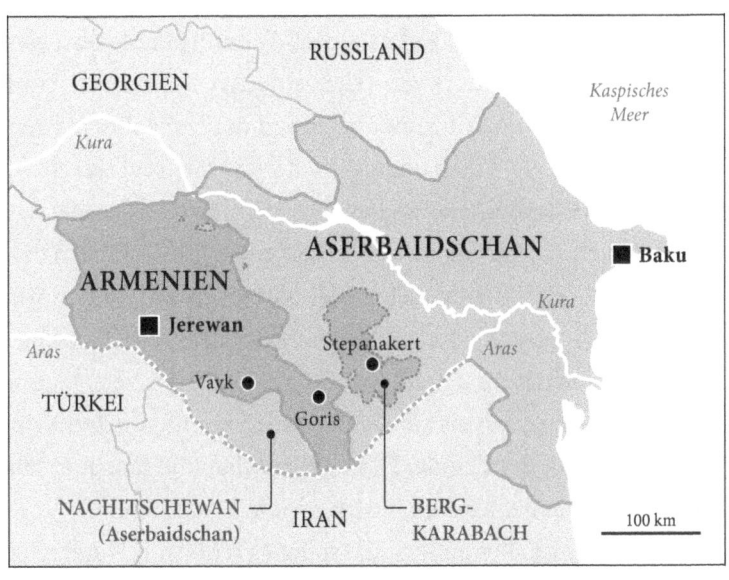

DIE SCHLANGE AN DER PASSKONTROLLE im Flughafen Zvartnots ist erstaunlich kurz. Wieder einmal bin ich in Jerewan, der Hauptstadt Armeniens. Seit den westlichen Sanktionen können wir von Russland aus nicht mehr direkt in die EU reisen, Jerewan ist die Zwischenstation. Meistens muss man die Nacht auf dem Flughafen verbringen. Die Cafés hier kenne ich gut. Doch diesmal verlasse ich den Flughafen, ich möchte länger in Jerewan bleiben.

Ich mag die Armenier. Nahe meiner Wohnung in Moskau gibt es in einem lang gestreckten Keller eine Art Ladenzeile. Vom Wasserhahn bis zum Putzeimer bekommt man hier alles für den Haushalt. Auch ein Änderungsschneider hat hier sein Geschäft, er macht das Unmögliche möglich. Die Händler sind fast alle Armenier. Ebenso viele Standbesitzer auf meinem Gemüsemarkt um die Ecke. Als ich zum ersten Mal dort einkaufte, kamen wir ins Gespräch. Nachdem sich herausstellte, dass ich Deutscher bin, versammelten sie sich im Kreis um mich und riefen »Guten Tag!«, das Einzige, was sie auf Deutsch noch konnten, gelernt vor vielen Jahren in der Schule. Es mag pauschal klingen, aber ich finde, die Armenier sind ein lustiges Volk. Eigentlich.

Doch heute ist alles anders. Ich spüre es schon am Flughafen. Beklommenheit. Viele sind angespannt. Gekommen bin ich mit einem Ferienflieger aus Frankfurt. Die Maschine war halb leer, Touristen waren keine an Bord. Nach Armenien reist niemand mehr im September 2023. Denn es herrscht Krieg. Soldaten aus dem verfeindeten Nachbarland Aserbaidschan haben Bergkarabach überrannt. Nun haben viele Menschen Angst, dass der Krieg weitergehen könnte.

Die Situation in Bergkarabach war oft Thema meiner Berichterstattung. Ein weiterer der »eingefrorenen Konflikte« spielt sich hier ab, den die Weltöffentlichkeit vergisst, bis er plötzlich wieder heiß wird und ein Krieg ausbricht. Ein paar Wochen zuvor war ich das letzte Mal hier, ich berichtete für den *STANDARD* über die Blockade des sogenannten Latschin-Korridors durch Truppen aus Aserbaidschan. Es ist die einzige Straßenverbindung, die aus Armenien in die international nicht anerkannte »Republik Arzach« führt, bei uns besser bekannt unter dem Namen Bergkarabach. 4400 Quadratkilometer armenisch besiedeltes Land inmitten Aserbaidschans. Der Konflikt um diesen Landstrich reicht weit zurück.

1918, nach dem Ende des Ersten Weltkrieges, wurde die Region erstmals zum Zankapfel zwischen den beiden Ex-Sowjetrepubliken Armenien und Aserbaidschan. Damals erklärten beide ihre Unabhängigkeit, doch schon zwei Jahre später wurden sie Teil der Sowjetunion. 1988, in der Endphase des Riesenreichs, brach der Konflikt erneut aus. Bergkarabach zählt heute völkerrechtlich zu Aserbaidschan, hatte aber 1991 seine Unabhängigkeit erklärt. Anfang der 1990er-Jahre eskalierte der Konflikt zum Krieg, Armenien eroberte weite Teile der Region. Im Jahr 2020 kam es erneut zu Kämpfen mit zahlreichen Toten, die nach sechs Wochen mit einer von Russland vermittelten Waffenruhe endeten. In einem Waffenstillstandsabkommen mussten die Armenier mehr als 70 Prozent der zuvor von ihnen kontrollierten Gebiete in Bergkarabach sowie besetzte aserbaidschanische Bezirke in angrenzenden Regionen abtreten.

Doch Bergkarabach kam nicht zur Ruhe. Ende 2022 ging Aserbaidschan erneut in die Offensive. Erst waren es angebliche aserbaidschanische Demonstranten, die die Straßenverbindung nach Bergkarabach blockierten. Ende April 2023 dann richtete die Regierung in Baku einen Kontrollpunkt an der Zugangsstraße ein. Vorgeblich wollte man Waffentransporte unterbinden, in Wirklichkeit aber die etwa 120 000 Armenier in Bergkarabach aushungern. Lkws wurden angehalten, Transporte kamen nicht mehr durch. Das war ein klarer Widerspruch zum Waffenstillstandsabkommen von 2020. Der aserbaidschanische Präsident Ilham Alijew hatte darin den freien und sicheren Transport von Menschen und Gütern durch den Korridor garantiert. Russische Soldaten sollten demnach den fünf Kilometer breiten Landstreifen kontrollieren. Doch die hielten sich jetzt zurück.

In Bergkarabach greift die Verzweiflung um sich. Hunger gehört zum Alltag, Nahrungsmittel und Medikamente fehlen, ständig fällt der Strom aus. Die Schlangen vor den Geschäften werden immer länger. Menschenrechtler vor Ort berichten von ersten Hungertoten. Oft warten Kinder stundenlang vor den Bäckereien auf Brot, während ihre Eltern arbeiten oder anderswo anstehen. Einer dieser Jungen ist der 13-jährige Arsen. Erst spätnachts kommt er an diesem Tag, an dem wir mit ihm sprechen, nach Hause. Heute hat er keinen Erfolg gehabt, vielleicht hat er morgen mehr Glück.

»Manchmal kommt es vor, dass die Leute bis vier oder fünf Uhr morgens in der Schlange stehen und trotzdem ohne Brot nach Hause gehen«, erzählt Seyran Mailyan, der in Stepanakert, der Hauptstadt von Bergkarabach, lebt. Auch Gemüse und Obst seien kaum zu bekommen, sagt er. In den Dörfern gebe es nicht genug Diesel für die Lastwagen, die die Ernte in die Stadt bringen. Das ständige Anstehen sei besonders schlimm für ältere Menschen, sagt Mary Asatryan, die stellvertretende Bürgerbeauftragte vor Ort. »Viele werden in den langen Schlangen ohnmächtig.«

Im Hotel in Jerewan vertiefe ich mich noch einmal in die Geschichte der Auseinandersetzung um Bergkarabach. Über Jahrhunderte kam die Region nicht zur Ruhe. Armenische, persische, tatarisch-mongolische, türkische, russische und andere Einflüsse prägten das bergige Land. Anfang des 20. Jahrhunderts gewann die Frage nach nationaler Identität an Bedeutung. 1918 erklärten Armenien, Aserbaidschan und Georgien ihre Unabhängigkeit. Aber zu welchem Staat sollte Bergkarabach gehören? Aserbaidschan setzte sich durch, unterstützt vom Osmanischen Reich, der heutigen Türkei. Die Armenier konnten allerdings im August 1919 ein Abkommen mit Aserbaidschan aushandeln, das dem Gebiet Autonomierechte garantierte. Immer wieder wurde das Abkommen gebrochen, das Land blieb zerrissen.

Zu einem kollektiven Trauma für Armenien entwickelte sich dann das Pogrom vom März 1920 in der Stadt Schuscha, die auf Armenisch Schuschi heißt. Zur Zeit der russischen Zaren war sie das Zentrum der Region Karabach. 1916 lebten hier etwa 43 000 Menschen, die Hälfte davon waren Armenier. Es gab russisch-orthodoxe und armenisch-gregorianische Kirchen sowie zwei schiitische Moscheen. Es war die Blütezeit von Schuschi, Armenier und Aserbaidschaner lebten als Nachbarn. Doch mit der Abdankung von Zar Nikolaus II. im März 1917 änderte sich das. Das Zarenreich ging in den Wirren der russischen Revolution unter. Die wirtschaftliche Not und die Mangelversorgung der Bevölkerung waren die Ursachen. Zwischen den unabhängigen Republiken Armenien und Aserbaidschan, die später zur Sowjetunion gehörten, flammte der Kampf um Karabach auf. In den armenischen Vierteln von Schuschi wurden Tausende Menschen ermordet. Wer überlebte, floh.

Zu Sowjetzeiten war Schuschi eine muslimische Stadt. Der Konflikt war »eingefroren«, die sowjetische Zentralregierung ließ keine politischen Unruhen zu. 1920 wurde das mehrheitlich von Armeniern bevölkerte Bergkarabach der »Aserbaidschanischen Unionsrepublik« zugesprochen. Mit dem Zerfall der Sowjetunion flammte der Konflikt erneut auf. Viele Staaten erklärten sich für unabhängig, die Grenzziehungen waren teilweise willkürlich. Armenien und Aserbaidschan wurden eigenständige Staaten, Bergkarabach wollte das 1991 auch werden. Doch die Republik Arzach wurde niemals international anerkannt und von der UN völkerrechtlich Aserbaidschan zugeschlagen.

Die Folge war zwischen 1992 bis 1994 der Krieg zwischen Armenien und Aserbaidschan mit 20 000 Toten auf beiden Seiten, Flucht und Vertreibung. An seinem Ende stand ein brüchiger Waffenstillstand, zu einem Friedensabkommen kam es nie. Völkerrechtlich aber war Aserbaidschan im Recht, zumal die Karabach-Armenier über ihre Region hinaus weitere aserbaidschanische Provinzen besetzt hatten. Unterstützt wurden sie dabei von Armenien, das seine Schutzmacht Russland damals noch fest an seiner Seite wusste. 2020 folgte der nächste Krieg. Das jetzt hochgerüstete Aserbaidschan, unterstützt von der Türkei, eroberte weite Teile der Region zurück. Wieder starben Tausende Menschen, wieder kam es zu Flucht und Vertreibung. In der Folge agierten russische Soldaten als Friedenstruppe. Doch einen echten Frieden gab es wieder nicht. Am Stadtrand von Baku leben heute noch aserbaidschanische Flüchtlinge, vertrieben von Armeniern im Krieg Anfang der 1990er-Jahre. Sie könnten jetzt zurück, doch ihre Häuser sind zerstört, ihr Heimat vermint.

Mit dem Ukraine-Krieg hat sich die weltpolitische Lage wieder einmal geändert. Russland braucht nun Aserbaidschan, um Handelswege in Richtung Iran aufzubauen. Und Russland braucht die Türkei, die Schutzmacht Aserbaidschans. Über die

Türkei werden viele Waren nach Russland exportiert, unter Umgehung der westlichen Sanktionen. Aber auch die EU umschmeichelt Aserbaidschan, denn statt aus Russland soll Gas jetzt aus Aserbaidschan kommen. EU-Kommissionspräsidentin Ursula von der Leyen war in Baku und lobte das Land als zuverlässigen Gaslieferanten. Da interessiert die humanitäre Katastrophe in Bergkarabach nur am Rande.

Aserbaidschans Präsident Ilham Alijew hat derzeit gut lachen. Sein Amt hat er von seinem Vater »geerbt«, kurzerhand ernannte er 2017 seine Ehefrau Mehriban zur Vize-Präsidentin. Seit nunmehr drei Jahrzehnten beherrschen die Aliijews das Land. Vater Heydar Aliijew war schon zu Zeiten der Sowjetunion der Chef. Nach deren Zerfall gründete er den heutigen Staat Aserbaidschan, von 1993 bis zu seinem Tod 2003 war er Präsident eines nationalistischen Staates, der mit allen Seiten gut konnte: mit Russland, dem Iran und vor allem mit der Türkei. Aserbaidschan setzte auf die verstärkte Ausbeutung und den Export der Öl- und Gasvorkommen des Landes, was Aserbaidschan vor allem in den 2000er-Jahren ein massives Wachstum des Bruttoinlandsprodukts bescherte.

Die US-Organisation Freedom House stuft Aserbaidschan als autoritäres Regime ein. Wahlen seien weder frei noch fair, die Betätigung von politischen Parteien, Zivilgesellschaft und Presse werde durch Druck und Einschüchterung stark eingeschränkt. Korruption sei an der Tagesordnung. Der Begriff »Kaviar-Diplomatie« macht die Runde: Vor allem im Europarat agierten aserbaidschanische Lobbyisten sehr erfolgreich mit teuren Geschenken und Einladungen. Im Gegenzug wurde schon mal ein kritischer Bericht über politische Gefangene im Plenum abgelehnt oder eine offenkundig manipulierte Wahl einfach zur

Kenntnis genommen. Laut den Enthüllungen aus den »Pandora Papers« 2021 hat die Familie Aliijew im Ausland ein Privatvermögen im Wert von Hunderten Millionen Dollar angehäuft.

In dieser Situation sah die Regierung in Baku im Herbst 2023 ihre Chance gekommen, auch in der Hoffnung, dass sich Russland angesichts des Krieges in der Ukraine nicht allzu stark engagieren würde. »Russlands zögerliches Agieren gegenüber Aserbaidschan zeugt offensichtlich von der Angst, das Land als wichtigen Wirtschaftspartner zu verprellen und den dahinterstehenden türkischen Verbündeten nicht zu provozieren«, schreibt Nadja Douglas vom Berliner Zentrum für Osteuropa- und internationale Studien im Aufsatz »ZOiS Spotlight 10/2023«.

Dann, genau am 19. September 2023, greift Aserbaidschan Bergkarabach erneut an. »Im Moment sind die Hauptstadt Stepanakert sowie andere Städte und Dörfer intensivem Beschuss ausgesetzt«, melden lokale Behörden auf Telegram. Explosionen seien zu hören, Einschläge von Artilleriegranaten. Es gebe Luftalarm. Zuvor waren aserbaidschanischen Angaben zufolge sechs Menschen bei Minenexplosionen getötet worden. Unmittelbar nach Beginn der Kämpfe hatte der Ministerpräsident Armeniens, Nikol Paschinjan, eine Sitzung des armenischen Sicherheitsrates einberufen.

Der Krieg, offiziell als »Antiterroroperation« bezeichnet, dauerte nur einen Tag. Die Karabach-Kämpfer haben der überlegenen Armee Aserbaidschans nichts entgegenzusetzen. Sie kapitulieren und müssen ihre Waffen abgeben. 200 Menschen wurden getötet, mehr als 400 verletzt. »Die Intensität und Grausamkeit der Offensive macht deutlich, dass die Absicht darin besteht, die ethnische Säuberung der armenischen Bevölkerung von Bergkarabach abzuschließen«, sagt Armeniens Außenminister Ararat Mirzoyan. Per Dekret verkündete die selbst ernannte Regierung von Bergkarabach das Ende der Republik Arzach zum 1. Januar 2024. Eine Entscheidung, die später wieder relativiert werden wird.

Zu diesem Zeitpunkt bin ich in meiner Heimatstadt München, eigentlich um Urlaub zu machen. Ich spreche mich mit meiner Redaktion ab und fahre zurück nach Armenien. Der erste Eindruck: Von den russischen Friedenstruppen sind viele Armenier enttäuscht. Ministerpräsident Nikol Paschinjan wollte kurz vor dem Krieg, während der Blockade des Latschin-Korridors, ein Zeichen setzen. Eine geplante Militärübung des Militärbündnisses OVKS, eine Art Gegen-NATO Russlands, hatte er als zwecklos abgesagt. »Eagle Partner 2023« hieß eine kleine, eher symbolische Militärübung mit den USA, die stattdessen durchgeführt wurde. In einem Interview mit der italienischen Zeitung *La Repubblica* erklärte Paschinjan, Russland habe dabei versagt, Armenien vor den Aggressionen Aserbaidschans zu schützen.

Ganz so einfach ist es allerdings nicht, erzählt mir in Jerewan der Publizist Boris Navasardyan. »Nach dem Krieg in den 1990er-Jahren hätte Armenien über seine Souveränität und den Schutz seiner Grenzen nachdenken müssen. Das ist nicht geschehen, weil es komfortabel war für die armenische Regierung, dafür kein Geld auszugeben. Paschinjan hat darüber nicht nachgedacht. Nun sind wir damit konfrontiert, dass sich Russlands Prioritäten verändert haben. Aserbaidschan ist heute für Russland wichtiger als Armenien. Dort bekommt Russland vieles, was Armenien nicht zu bieten hat.«

Nun ist Armenien mit einem gigantischen Flüchtlingsproblem konfrontiert. Aus dem Ausland kommen warme Worte, aber wenig Hilfe. Maria Sacharowa, die Sprecherin des russischen Außenministeriums, fordert sowohl Aserbaidschan als auch Armenien dazu auf, das »Blutvergießen« zu beenden. Russland sei besorgt über die Eskalation, Moskaus Friedenstruppen in der Region würden ihre Mission fortsetzen. Russlands Präsident Wladimir Putin sagt, die Eroberung von Bergkarabach sei »unvermeidlich« gewesen. Wenige Tage später gratuliert Aserbaidschans Präsident Ilham Alijew Kremlchef Putin zu seinem 71. Geburtstag.

Bundeskanzler Olaf Scholz fordert den »ernsthaften Versuch, dafür zu sorgen, dass ein dauerhafter Frieden gesichert werden kann zwischen Aserbaidschan und Armenien«. Wenig überraschend lehnt Ungarns Ministerpräsident Viktor Orbán EU-Sanktionen gegen Aserbaidschan ab: »Wenn wir von Russlands Energie unabhängig werden wollen, brauchen wir Aserbaidschan.«

Armenien hat Aserbaidschan inzwischen vor dem Internationalen Gerichtshof in Den Haag »ethnische Säuberung« in der Region Bergkarabach vorgeworfen. »Vor weniger als neun Monaten stand ich auf diesem Podium und warnte, dass Aserbaidschan einen Plan zur ethnischen Säuberung Bergkarabachs von allen Armeniern auf den Weg bringt«, sagte der armenische Vertreter Jegische Kirakosjan in einer Anhörung. Dies sei nun Wirklichkeit geworden. Er forderte die Richter auf sicherzustellen, dass Baku keine »Maßnahmen ergreift, die zur Vertreibung der verbliebenen ethnischen Armenier führen oder die sichere und rasche Rückkehr« der Flüchtlinge verhindern.

Während Ilham Alijew, Aserbaidschans Präsident, in der Karabach-Hauptstadt Stepanakert die Staatsflagge hisst, appelliert Armeniens Regierungschef Nikol Paschinjan vor dem Europaparlament an die internationale Gemeinschaft: »Der Südkaukasus braucht Frieden. Kein Land kann im Frieden sein, wenn nicht die gesamte Region im Frieden ist. Das ist meine politische Kernaufgabe.« Bergkarabach ist längst aus den Schlagzeilen verschwunden – doch nach wie vor ist der Frieden weit entfernt. Nach wie vor gibt es Schießereien in der Grenzregion.

Von Russland enttäuscht liebäugelt Armenien nun mit einem Anschluss an die EU. Weg von Russland? Die EU hat im April 2024 ein Hilfspaket in Höhe von 270 Millionen Euro zugesagt. Kommissionspräsidentin von der Leyen hatte sich zuvor in Brüssel mit dem armenischen Ministerpräsidenten Nikol Paschinjan und US-Außenminister Antony Blinken über eine Stärkung der Beziehungen beraten. Paschinjan nannte die Gespräche einen »Beweis für die verstärkte Partnerschaft« mit der EU und den USA. Blinken kündigte an, die Wirtschaftshilfe für Armenien auf 65 Millionen Dollar zu erhöhen, um Armenien zu einem »starken, unabhängigen Staat zu machen, der mit seinen Nachbarn in Frieden lebt«. Wenig Geld, verglichen mit den Milliarden, die für die Ukraine ausgegeben werden.

Und Aserbaidschan? Präsident Alijew zeigt sich skeptisch. »Hochrangige US- und EU-Vertreter wollen uns weismachen, dass das Treffen in Brüssel sich nicht gegen Aserbaidschan richtet, aber es schafft neue Spannungen im Kaukasus«, erklärte er. Inzwischen wird über einen offiziellen Friedensvertrag zur Beilegung des jahrzehntelangen Konflikts verhandelt.

Im Mai 2024 hat Aserbaidschan im Rahmen eines Grenzabkommens mit Armenien die Kontrolle über vier unbewohnte Dörfer im Bezirk Gazakh an der Grenze zu Armenien übernommen. Dies gilt als Meilenstein auf dem Weg in Richtung Frieden. Für Armenien sind die Dörfer strategisch relevant, da sie an einer wichtigen Verbindungsstraße zwischen der Hauptstadt Jerewan und der georgischen Grenze liegen. Hunderte Menschen demonstrierten gegen die Übergabe der Dörfer in der armenischen Hauptstadt.

Selbst wenn es Frieden geben wird: Wird dieser auch von Dauer sein? Die Politikwissenschaftlerin Cindy Wittke vom Leibniz-Institut für Ost- und Südosteuropaforschung ist skeptisch, sie schreibt: »Wenn man Alijew zuhört – und ich glaube, das sollte man genauso tun, wie man Wladimir Putin vor 2022 hätte aufmerksam zuhören sollen –, dann gibt es gute Gründe, hier tatsächlich um die territoriale Integrität des armenischen Staates besorgt zu sein.«

So ist die internationale Politik. Jeder verfolgt seine Interessen. In der Ukraine etwa gibt es Rohstoffe, das Land ist geostrategisch von Bedeutung, für Russland genauso wie für den Westen. Deshalb führt Russland dort einen erbitterten Krieg, deshalb hält der Westen mit Waffen und Milliarden dagegen. Armenien hingegen ist für beide Seiten uninteressant, während das energiereiche Aserbaidschan umschmeichelt wird. Auch vom Westen. Dabei ist Korruption dort das treibende Element. Einfluss und Macht erkauft man sich mit Öl-Milliarden. Jede »werteorientierte Außenpolitik« müsste sich mit Grausen abwenden. Eigentlich.

Zurück in jene Oktobertage 2023. Jetzt kommen in der armenischen Grenzstadt Goris Tag für Tag Tausende Flüchtlinge an. Mit Autos, Lastwagen, sogar mit Traktoren und Baumaschinen. Ein paar Habseligkeiten haben sie retten können, den Rest mussten sie zurücklassen. Auf Armenien rollt eine Flüchtlingswelle zu. Wohl fast alle der 120 000 Karabach-Armenier werden ihre Heimat verlassen. Internationale Hilfe wäre nötig, doch die tröpfelt. Die armenische Regierung verspricht jedem Flüchtling einmalig rund 230 Euro. Sofern er eine Wohnung findet, gibt es etwas über 100 Euro Mietzuschuss. Wie lange, das weiß niemand. Viele werden bei Verwandten unterkommen. Und die übrigen?

Die Straßen und Plätze von Goris sind überfüllt mit Hausrat, der in riesigen Taschen oder eingewickelt in Decken und Bettwäsche herumliegt. Daneben sitzen schweigend Frauen und Männer, sie blicken mit leeren Augen in die Ferne. Freiwillige versuchen zu helfen, bringen Essen, helfen bei der Registrierung. »Es gab Chaos in Stepanakert, die Leute hatten Angst zu bleiben«, erzählt mir ein Busfahrer. »Wir fuhren den ganzen Weg schweigend. Sie schauten aus den Fenstern und sahen aus, als hätten sie sich verabschiedet. So eine schwere Fahrt hatte ich noch nie.«

Vor dem Kulturhaus der Kleinstadt Vayk, einem anderen Hotspot der Krise, etwa 140 Kilometer von der Hauptstadt Jerewan entfernt, versammeln sich die Flüchtlinge. Sie besprechen Unterbringungsmöglichkeiten und versuchen, zu Verwandten in der Nähe zu kommen. Hinter einem Zelt, in dem Freiwillige der evangelischen Kirche aus Jerewan Essen vorbereiten, ist Kindergeschrei zu hören. Die kleine Eva wurde kurz vor der Flucht geboren, wegen der Entbehrungen durch die Blockade Bergkarabachs kam sie zu früh, sagt ihre Mutter Marina. 38 Stunden habe die Fahrt aus Bergkarabach hierher gedauert. Normalerweise baucht man für die Strecke zwei Stunden. »Meine Tochter ist stark«, sagt ihre Mutter. Eva ist ihr achtes Kind.

»Eine Lüge hat mein Leben gerettet«, erzählt Alina Safarjan, 64 Jahre alt. Sie steht verloren im Park vor dem Kulturhaus. Zu ihren Füssen hat Alina zwei Bündel mit ein paar Sachen. Warum keinen Koffer? »Weil wir nirgendwohin wollten. Wir wollten nicht verreisen, wir wollten bleiben. In meinen kleinen Reisekoffer passte mein Leben nicht, ich musste es in Bettdecken wickeln.«

Ihr Heimatdorf in Bergkarabach war umkämpft, ständig stand es unter Beschuss. Dann seien plötzlich aserbaidschanische Soldaten aufgetaucht und hätten drei alte Männer erschossen, so berichtet es Alina. Sie selbst rettete sich mit einer erfundenen Geschichte. »Ich konnte die Soldaten davon überzeugen, dass ich Aserbaidschanerin sei, verheiratet mit einem Armenier, der vor langer Zeit gestorben war.« Diese Geschichte habe sie den Soldaten auf Aserbaidschanisch erzählt. Gelernt habe sie die Sprache in einem Waisenhaus in Schuscha, das damals zu Aserbaidschan gehörte. Dort sei sie aufgewachsen.

Noch in der Nacht konnte Alina Safarjan Stepanakert erreichen und zwei Tage später mit einem Flüchtlingsbus nach Vayk fahren. Doch was jetzt? Ihr ganzes Leben hat sie als Köchin gearbeitet, jetzt ist sie im Ruhestand. Verwandte oder Freunde habe sie in Armenien nicht, sagt sie. Sie hofft auf einen Platz in einem Pflegeheim.

Die Menschen aus Bergkarabach erzählen mir ihre Geschichten zögernd, stockend. »Am Morgen hörten wir in der Ferne Geräusche von mehreren Explosionen, wir setzten uns hin, um zu essen, doch dann kamen die Schüsse immer näher. Zuerst versteckten wir uns im Badezimmer, wo es relativ sicher zu sein schien«, berichtet Larissa Gabrielijan. Am Tag nach ihrem 74. Geburtstag musste sie ihr Haus im Dorf Sarnachpür verlassen. Drei Kriege um Bergkarabach habe sie überlebt, erzählt sie, im ersten habe sie ihren Mann verloren.

Sarnachpür wurde fast vollständig zerstört. Gegham Stepanyan zufolge, Menschenrechtsbeauftragter der Republik Arzach, wurden von den 76 Bewohnern des kleinen Dorfs fünf getötet und 15 Bewohner verletzt. Drei der Toten seien Kinder, zwei davon Brüder. Sie starben in ihrer Schule. Beerdigt seien sie in der Stadt Masis, sagt die Mutter von Mikael und Nver Kasarjan. Sie war die Direktorin der kleinen Schule in Sarnachpür.

Wie es weitergehen wird, weiß Larissa Gabrielijan nicht. »Ich wollte meine Enkel verheiraten, die Mitgift war schon fertig«, sagt sie leise, unter Tränen. »Nach zwei Kriegen sind wir zweimal zurückgekommen. Jetzt werden wir nicht mehr zurückkehren. Es gibt keine Heimat mehr, die Heimat ist vorbei.«

Ararat Tananjan wurde in Aserbaidschan geboren, ist aber Armenier. Bis 1990 lebte er in Baku. Als nach dem Ende der Sowjetunion die Spannungen zwischen Armenien und Aserbaidschan zunahmen, floh er nach Stepanakert. Nun die nächste Flucht. »Wir hatten in den letzten Tagen Chaos, die Behörden konnten die Situation nicht vollständig kontrollieren«, sagt er. Jetzt werden sie wohl in die Stadt Berd gehen, die an der Grenze zu Aserbaidschan liegt. Dort scheint es ihm sicherer, obwohl auch diese Stadt mehrmals beschossen wurde. »Ich weiß nicht, wie es sein wird«, sagt Ararat.

Nwer Manukjan (48), seine Frau Mira Michailova (37) und die sechsjährige Tochter Schamiram stammen aus dem Dorf Atherk. Ein großes, reiches Dorf mit viel Landwirtschaft. Vor allem Beeren hat Nwer Manukjan angebaut, was ihm ein gutes Einkommen brachte. Nwers Sohn kämpfte gegen die aserbaidschanischen Truppen, eine ganze Woche lang hatte sein Vater nichts von ihm gehört. Dann rief er an, er sei mit anderen Soldaten nach Armenien gebracht worden. Wahrscheinlich werde er Vertragssoldat bei der armenischen Armee. Leute wie er, mit Kampferfahrung, würden gebraucht. Nwer selbst will zu Verwandten gehen, in ein Dorf in den Ararat-Tälern, und weiter als Bauer arbeiten.

»Wir haben drei Tage am Hauptplatz von Stepanakert gelebt und auf Busse gewartet. Wir hatten Angst zu gehen, um sie nicht zu verpassen, obwohl wir in Stepanakert lebten«, berichtet der 76-jährige Ararat Tananjan von seiner Flucht. In Vayk ist er mit seiner Frau Jasmin und seiner Tochter Elina. Krieg kennen sie alle zur Genüge, auch seine beiden anderen Töchter. Sie leben in Charkiw, in der Ukraine.

Mit der Vertreibung aus Bergkarabach wollen sich die Armenier nicht abfinden, so ist mein Eindruck. »Es wird nicht möglich sein, Karabach in Aserbaidschan zu integrieren«, sagt mir der armenische Publizist Boris Navasardyan. »Selbst wenn es symbolische internationale Sicherheitsgarantien gäbe, würden die Karabach-Armenier nicht zurückkehren. 2020 haben sie auf die russischen Friedenstruppen vertraut, dass sie dort unter dem Schutz Russlands leben könnten. Jetzt sind sie vollkommen enttäuscht.«

Ich jedenfalls verlasse Armenien und fliege weiter nach Moskau. Der Krieg in Nahost überschattet in der Zwischenzeit alles. Präsident Putin gibt sich dabei als Friedensstifter. Russland hat Kontakte zu Ägypten, zum Iran und zu Syrien sowie gute Beziehungen zur Hamas. Im September 2022 war eine Delegation des Hamas-Politbüros zu Gast bei Außenminister Sergei Lawrow. Der Kreml bietet sich als Vermittler an. Es gebe die »grundsätzliche Bereitschaft der russischen Seite, weiterhin zielgerichtete Arbeit im Interesse der Beendigung der palästinensisch-israeli-

schen Konfrontation und der Erreichung einer friedlichen Lösung mit politischen und diplomatischen Mitteln zu leisten«, so
zitiert die Nachrichtenagentur *Interfax* den Kreml.

Der Konflikt um Bergkarabach scheint vergessen. Doch das
wird er nicht bleiben. Der nächste Krieg wird ihn wieder ins
Licht der Weltöffentlichkeit rücken. Ich werde wiederkommen.
Wiederkommen müssen.

DER KRIEG, DER ALLES ÜBERSTRAHLT –
UKRAINE UND KEIN ENDE?

DER KRIEG IN DER UKRAINE überstrahlt in der öffentlichen Wahrnehmung alles. Als ich im Sommer 2024 von meiner Reise nach Deutschland zurück in Moskau bin, denke ich über die entscheidenden Fragen nach: Wie kann der Krieg in der Ukraine beendet werden? Lassen sich Kriege im postsowjetischen Raum unter den derzeitigen Rahmenbedingungen überhaupt verhindern? Was muss Diplomatie leisten?

Beide Präsidenten, der russische und der ukrainische, haben sich offenbar verrechnet. Wladimir Putin ging von einer kurzen, schnellen »Spezialoperation« mit überschaubaren Folgen für Russland aus, ähnlich wie bei der Annexion der Halbinsel Krim. Doch es kam anders. Aus der schnellen Invasion ist ein langer Stellungskrieg geworden. Zwar sind die Auswirkungen der westlichen Sanktionen für Russland zu bewältigen, doch die Welt – und auch Russland – haben sich verändert.

Wolodymyr Selenskyj wiederum vertraute auf die immer wieder öffentlich bekundete Solidarität und Hilfe des Westens. Seine Hoffnung hat sich nur zum Teil verwirklicht. Waffenlieferungen kamen zögerlich, und im Westen herrscht die Befürchtung, dass die Ukraine diesen regionalen Konflikt zu einem Krieg der Systeme eskalieren könnte, NATO gegen Russland. Vor allem aus diesem Grund hat Bundeskanzler Olaf Scholz die Lieferung von Taurus-Marschflugkörpern verweigert. Diese Hightech-Waffe könnte auch Moskau durchaus erreichen. Schwer zu sagen, ob Selenskyj das Risiko eines Weltkrieges eingegangen wäre. Die Zerstörung der Kertsch-Brücke auf die Krim, ernsthafte Angriffe auf Moskau – es hätte den Einsatz taktischer Nuklearwaffen nicht unwahrscheinlich gemacht.

Wie Putin geht es auch Selenskyj um Macht. Doch seine Position in der Ukraine bröckelt. Das Land ist kriegsmüde, junge

192

Männer fliehen vor einer möglichen Mobilisierung ins Ausland. Die Menschen in der Ostukraine haben leidvoll erfahren, wie grausam Krieg ist. Die Region wurde erobert, zurückerobert, vielleicht wird sie erneut erobert. Tod und Zerstörung ist ihr Alltag. Eigentlich schon seit 2014.

Ich denke zurück an meine Reise in die Ukraine im September 2022, kurz nachdem die ukrainische Armee die Stadt Isjum in der Nähe von Charkiw zurückerobert hat. Ich sehe eine geschundene Stadt, überall zerstörte Häuser, am Stadtrand ein Schrottplatz mit zerstörten Panzern und Fahrzeugen. Die Menschen leiden furchtbar unter der russischen Invasion – und der Rückeroberung durch die eigenen Truppen.

Unterwegs bin ich mit dem Ermittler Richard Weir von der US-Menschenrechtsorganisation Human Rights Watch. Weir ermittelt wegen Kriegsverbrechen, überwiegend verübt von Russen, aber eben auch von Ukrainern. Der Ermittler zeigt auf einen Metallzaun am Rand des örtlichen Marktes. Dort ist das charakteristische Einschlagsmuster von Streumunition zu erkennen: eine Waffe, die nicht dafür geschaffen wurde, Panzer zu zerstören, sondern ausschließlich dafür gedacht ist, möglichst viele Menschen zu töten. Von der eigentlichen Bombe lösen sich kleine Bomben, sogenannte Submunition. Am Boden detonieren sie, scharfe Metallsplitter fliegen durch die Luft.

Weir findet eindeutige Beweise für den Einsatz dieser Munition in Isjum, etwa Überreste der Submunition. »Diese Waffen, eingesetzt in bewohnten Gebieten, töten wahllos Zivilisten«, sagt er. In seinem Report für Human Rights Watch kommt Weir zu dem eindeutigen Schluss: Es war die ukrainische Armee, die diese Munition bei der Rückeroberung der Stadt einsetzte. Mit tödlichen Folgen: Der »Angriff mit ukrainischer Streumunition

2022 tötete acht Zivilisten und verwundete 15 Menschen«, so der Report.

Hinzu kommt: Viele dieser kleinen Bomben explodieren nicht. Die Blindgänger bleiben wie Minen für Jahrzehnte eine Gefahr für die Bevölkerung ehemaliger Kriegsgebiete. Wegen seiner grausamen Wirkung ist Streumunition international geächtet. 123 Staaten haben eine entsprechende Konvention unterzeichnet – nicht die USA und Russland, aber auch nicht die Ukraine.

Auf dem Rückweg treffe ich in Kiew die Rentnerin Sofiya, die den Zweiten Weltkrieg noch miterlebt hat. Den Krieg jetzt kann sie einfach nicht verstehen. »Die Russen, das sind doch Brüder. In den Jahren 1941 bis 1945 saßen mein Mann und ein russischer Soldat, der heute vielleicht auch Urgroßvater ist, in einem gemeinsamen Schützengraben. Sie aßen Brei oder Eintopf aus einer gemeinsamen Schüssel.« Gern, so sagt sie mir, würde sie den russischen Präsidenten treffen. »Wenn sie mir erlauben würden, ihn zu sehen, ihm in die Augen zu schauen, würde ich ihm sagen: Du hast doch auch Kinder, was denkst du, wenn du Kinder in den Krieg schickst? Warum lässt du sie schießen?«

Doch wie kann es tatsächlich gelingen, Frieden in der Ukraine erreichen? Auf der Suche nach Antworten schaue ich mir die Geschichte des regionalen Konflikts um die Halbinsel Krim und die Ostukraine an. Die Krim war schon seit den Fünfzigerjahren ein Zankapfel innerhalb der Sowjetunion. Staats- und Parteichef Nikita Chruschtschow, selbst ukrainischer Abstammung, schenkte die Krim anlässlich des 300-jährigen Jubiläums der russisch-ukrainischen Einheit der Ukraine. Eigentlich war das ein bedeutungsloser Schritt, Russland und die Ukraine waren schließlich Teil der Sowjetunion. Kurz vor dem Ende des

Riesenreichs wurde die Krim sogar zur »Autonomen Sozialistischen Sowjetrepublik« innerhalb der Ukraine. Damals strebte die Ukraine längst zur Unabhängigkeit. Doch in den Häfen auf der Krim blieb die russische Schwarzmeer-Flotte stationiert – auch als später die Halbinsel völkerrechtlich an die Ukraine ging.

Wirtschaftlich und finanziell war der unabhängige Staat Ukraine nach wie vor von Russland abhängig. 2010 kam der prorussische Präsident Viktor Janukowitsch ins Amt. Russland und die Ukraine schlossen einen Vertrag über russische Gaslieferungen, quasi im Gegenzug wurde der Pachtvertrag mit der russischen Schwarzmeer-Flotte verlängert. Janukowitsch nahm allerdings auch Verhandlungen mit der EU über ein Handels- und Assoziierungsabkommen auf.

Im November 2013 folgte die Kehrtwende. Die ukrainische Regierung beendete die Gespräche mit der EU und entschied sich für die Wiederbelebung der Wirtschaftsbeziehungen zu Russland. Es kam zu Massenprotesten. Der »Euromaidan«, die »Revolution der Würde«, begann. Auf den Straßen kam es zu Gewalt, Dutzende Demonstranten wurden getötet. Die Opposition forderte den Rücktritt Janukowitschs.

Janukowitsch floh aus der Ukraine und wurde vom Parlament für abgesetzt erklärt. Kurz darauf besetzten bewaffnete Männer das Regionalparlament auf der Krim und hissten die russische Flagge. Die Regierung in Moskau erklärte nach einer international nicht anerkannten Volksabstimmung im März 2014 die Halbinsel für annektiert.

Im April 2014 zogen prorussische Separatisten im Donbass im Osten der Ukraine nach, auch sie erklärten ihre Unabhängigkeit. Es brachen Kämpfe zwischen den von Russland unterstützten Separatisten und der ukrainischen Armee aus. Im Mai wurde der prowestliche Geschäftsmann Petro Poroschenko zum ukrainischen Präsidenten gewählt. Kurze Zeit später einigten sich die Ukraine, Russland, die Separatisten und die OSZE auf eine brüchige Waffenruhe. Doch nach wie vor wurde an der sogenannten Kontaktlinie geschossen, entgegen dem sogenannten Minsker Protokoll von 2014, das eine Waffenruhe vorsah. In jenem Abkommen wurde auch festgelegt, dass bestimmten Regionen der Gebiete Donezk und Luhansk einen Sonderstatus innerhalb der Ukraine bekämen. Doch das Minsker Protokoll schaffte keinen Frieden. Am 12. Februar 2015 kam auf Initiative von Deutschland und Frankreich mit »Minsk II« ein erneutes Waffenstillstandsabkommen zustande. Doch auch dieses Abkommen führte zu nichts.

Die Ukraine ging weiter in Richtung Westen, in Richtung EU- und NATO-Beitritt. Russland wollte diese erneute NATO-Osterweiterung nicht dulden. 2019 gewann Wolodymyr Selenskyj die Präsidentschaftswahl. Er versprach unter anderem, den Konflikt im Osten des Landes zu beenden. Daran scheiterte er. Entschiedenere Diplomatie des Westens und ein Eingehen auch auf die Befürchtungen Russlands hätten vielleicht verhindern können, was dann geschah.

Im Frühjahr 2021 zieht Russland Truppen nahe der Grenze zur Ukraine zusammen. Angeblich ein Manöver. Einige Monate später legt Russland Forderungen vor, darunter eine Garantie, dass die NATO jede militärische Aktivität in Osteuropa und der Ukraine aufgeben wird. Die NATO bietet Gespräche an, eine Einigung gibt es jedoch nicht.

Dann die endgültige Eskalation: Am 21. Februar 2022 erklärt Putin, die Ukraine sei ein Bestandteil der russischen Geschichte, habe nie eine echte Staatlichkeit besessen und werde vom Ausland über ein Marionettenregime gesteuert. Russland erkennt die abtrünnigen Gebiete in der Ostukraine als unabhängig an und schickt Truppen dorthin. Die Diplomatie ist endgültig gescheitert. Am 24. Februar marschieren die russischen Truppen in die Ukraine ein.

Die Erkenntnis ist bitter: Bessere Diplomatie hätte den Krieg vielleicht verhindern können. Womöglich hätte das Zugeständnis an Russland, dass die Ukraine der EU, aber nicht der NATO beitreten könnte, etwas verändert. Der Krieg in der Ukraine ist nur zum Teil auf das Machtstreben Putins zurückzuführen, genauso auf einen Konflikt, entstanden durch den Zerfall der Sowjetunion. Meine These: Hätte der Westen diesen Konflikt rechtzeitig in seiner Tragweite für Russland erkannt, wäre zumindest Minsk II in aller Konsequenz eingefordert worden, hätte man Leid, Zerstörung und Milliardenkosten möglicherweise vermeiden können. Das Argument meiner Kritiker: Putin ist böse, er wollte das nicht, er wollte erobern, hat den Krieg von Anfang an geplant. Das Argument mag stimmen oder auch nicht. Richtig ist aber aus meiner Sicht: Es hätte eine Chance auf einen Ausgleich unterschiedlicher Interessen gegeben. Vielleicht war das nicht im amerikanischen Interesse. Vielleicht hätte Europa einen eigenen Weg gehen müssen. Versagt hat auf jeden Fall die Diplomatie. Und nun ist der Weg in Richtung Frieden schwierig. Aber nicht unmöglich.

Den Durchbruch sollte eine Friedenskonferenz im Juni 2024 in der Schweiz bringen. Wochenlang war Selenskyj zuvor auf Weltreise, um für seinen Zehn-Punkte-Friedensplan zu trommeln. Er warb um Unterstützung und Teilnahme an der Konferenz. Würden Selenskyjs Forderungen erfüllt, käme das einer russischen Kapitulation gleich. In seinem Plan heißt es: »Wenn wir eine Zukunft aufbauen wollen, in der die Souveränität und die internationalen Grenzen respektiert werden, können sie nicht nur teilweise gelten. Diese Ordnung, die von Russland brutal angegriffen wurde, soll wiederhergestellt werden. Das gilt auch für die territoriale Integrität der Ukraine – sie ist kein Gegenstand der Verhandlungen.« Heißt: Rückzug aller russischen Truppen aus der Ukraine; die besetzten Gebiete und die annektierte Halbinsel Krim müssen zurückgegeben werden. »Die international anerkannte volle Kontrolle der Ukraine über ihre Staatsgrenzen soll wiederhergestellt werden. Ohne das wird es keinen dauerhaften Frieden geben.« Schließlich sei der Weltfrieden in Gefahr. »An jedem Tag, an dem russische Soldaten auf dem ukrainischen Territorium bleiben, werden Ukrainer kämpfen, und sie sollen sterben, um ihr Land zu schützen und die Welt vor den langfristigen Folgen dieser Aggression zu bewahren.« Weitere Punkte: die Sühne von Kriegsverbrechen, Sicherheitsgarantien und die Bereitschaft zur Unterzeichnung eines Dokuments über das Kriegsende.

Nur wenig davon konnte Selenskyj auf der Schweizer Konferenz durchsetzen. Von 160 eingeladenen Staaten kamen nur etwas mehr als 90, einige waren lediglich durch nachrangige Vertreter auf der Konferenz anwesend. Russland war gar nicht erst eingeladen, das überaus wichtige China sagte deshalb ab. US-Präsident Joe Biden schickte seine Vize-Präsidentin, Wahlkampf in den USA war ihm wichtiger. Bundeskanzler Olaf Scholz reiste vorzeitig ab, Haushaltsgesprächen in Berlin mit seiner Ampelkoalition gab er den Vorzug. Gemessen am Anspruch war das Ergebnis bescheiden. Ziel sei, die Voraussetzungen für einen späteren Friedensgipfel unter Beteiligung von Russland zu schaffen, schraubte die Schweizer Bundespräsidentin Viola Amherd schon vor Konferenzbeginn die Ansprüche herunter.

Kurz vor dem Friedensgipfel brachte Präsident Putin einen neuen Vorschlag auf den Tisch, der eigentlich ein alter ist: Russland sei bereit zu Friedensgesprächen mit der Ukraine. Russland würde die Kämpfe einstellen, wenn die Ukraine ihre Bestrebungen aufgebe, der NATO beizutreten, erklärte Putin öffentlich. Darüber hinaus forderte er den Abzug der ukrainischen Streitkräfte aus den vier Regionen, die von der Regierung in Moskau bereits annektiert wurden. Russland würde einen sicheren Abzug garantieren.

Putin betonte, dass es dabei nicht um eine zeitlich begrenzte Feuerpause gehe, sondern darum, den Konflikt vollständig zu beenden. »Sobald sie in Kiew erklären, dass sie zu einer solchen Entscheidung bereit sind und mit einem tatsächlichen Truppenabzug aus diesen Regionen beginnen sowie auch offiziell den Verzicht auf ihre Pläne für einen NATO-Beitritt verkünden, wird von unserer Seite sofort, buchstäblich in derselben Minute, ein Befehl zur Feuereinstellung und zur Aufnahme von Verhandlungen folgen«, so Putin.

»Diese Regionen«, damit meint Russlands Präsident die nicht vollständig eroberten Gebiete Donezk, Luhansk, Cherson und Saporischschja im Osten und Süden der Ukraine. Für die Ukraine und deren Verbündete im Westen ist das zumindest derzeit nicht annehmbar. Die annektierte Krim hingegen wollten zumindest die ukrainischen Unterhändler bei den Verhandlungen kurz nach Kriegsbeginn in Istanbul bereits preisgeben. Doch Kiew pocht heute darauf, dass Frieden nur auf einem vollständigen Abzug der russischen Truppen und der Wiederherstellung der territorialen Integrität beruhen könne.

»Wir haben es geschafft, der Diplomatie eine Chance zu geben«, sagte Selenskyj vor der Eröffnung der Schweizer Friedenskonferenz. Einige Länder bemängelten die Abwesenheit Russlands als Hindernis für ein Vorankommen. Und Saudi Arabiens Außenminister Prinz Faisal bin Farhan al-Saud sagte, glaubwürdige Gespräche würden schwierige Kompromisse erfordern. Saudi-Arabien wurde zusammen mit der Türkei als möglicher Gastgeber einer Folgekonferenz gehandelt.

US-Vize-Präsidentin Kamala Harris wies erwartbar Putins Forderungen zurück. »Wir müssen die Wahrheit sagen. Er ruft nicht zu Verhandlungen auf, er ruft zur Kapitulation auf«, sagte sie – und sicherte der Ukraine anhaltende Unterstützung zu. »Amerika steht nicht aus Nächstenliebe an der Seite der Ukraine, sondern weil es in unserem strategischen Interesse ist.«

In der Abschlusserklärung wird Russland für den Krieg in der Ukraine verantwortlich gemacht und zur Achtung der territorialen Integrität der Ukraine ermahnt. Gefordert wird, dass Kiew die Kontrolle über das Atomkraftwerk Saporischschja und den Zugang zu seinen Häfen am Schwarzen und Asowschen Meer zurückerhält. Getreideexporte dürften nicht verhindert werden. Alle ukrainischen Kriegsgefangenen müssten freigelassen und aus der Ukraine deportierte Kinder in ihre Heimat zurückgebracht werden. Eine Drohung mit dem Einsatz von Atomwaffen gegen die Ukraine im Zusammenhang mit dem laufenden Krieg sei unzulässig.«

Doch nur 83 Staaten unterstützten die Abschlusserklärung. Wichtige Länder wie Südafrika, Brasilien, die Golfstaaten, Indien und Indonesien verweigerten die Unterschrift. Stand Sommer 2024 bleibt abzuwarten, ob eine mögliche Folgekonferenz unter Beteiligung Russlands zustande kommt und konkretere Ergebnisse bringt.

»Welche Waffenstillstandsbedingungen für die Konfliktparteien letztlich akzeptabel sein werden, kann (…) nur im Dia-

log zwischen den direkt und mittelbar involvierten Konfliktparteien geklärt werden. Ein Kapitulationsfrieden kommt für
Kiew ebenso wenig infrage wie für Moskau ein völliger Rückzug aus dem Donbass und von der Krim, die es als russisches
Staatsgebiet betrachtet«, schrieb Oberst a. D. Wolfgang Richter
bereits im August 2022, wenige Monate nach Kriegsbeginn, in
seinen »Gedanken zum Ukrainekonflikt«, einem wenig beachte-
ten Aufsatz, der vom Zentrum für ethische Bildung in den Streitkräften veröffentlicht wurde, einer Bundeswehr-Einrichtung.

Wolfgang Richter ist sicherheitspolitischer Experte, aber eben
auch Militär. Er war Fallschirmjäger, hat eine Generalstabsaus-
bildung und war Kommandeur eines Panzergrenadierbataillons.
Er kennt die Regeln des Krieges genauso wie die Wege zum Frieden. Er leitete unter anderem den militärischen Teil der deutschen Delegation für die globale Rüstungskontrolle bei den Vereinten Nationen und arbeitete für die OSZE.

Wladimir Putin – ein Aggressor, der mindestens ganz Europa
erobern will und einen Weltkrieg herausfordert, falls die Ukraine fällt? Längst nicht alle Staaten sehen das so, das hat die Konferenz in der Schweiz gezeigt. Die BRICS-Staaten, zu denen
neben den Gründungsmitgliedern Brasilien, Russland, Indien,
China und Südafrika mittlerweile auch Saudi-Arabien, der Iran,
die Vereinigten Arabischen Emirate, Ägypten und Äthiopien gezählt werden, repräsentieren immerhin 36 Prozent der Weltwirt-
schaft. Und auch der Globale Süden ist skeptisch.

»Dem Westen ist es nicht gelungen, Russland international zu
isolieren und wirtschaftlich in die Knie zu zwingen. Die ideologische Überhöhung des russischen Angriffskrieges als ›Konflikt
zwischen Demokratien und Autokratien‹ verfängt im globalen
Süden nicht«, schreibt Wolfgang Richter. »Das moralische Pa-

thos eines Schicksalskampfes zwischen Gut und Böse« zeige in vielen Ländern keine Wirkung, so Richter. Der Globale Süden »will im neuen ›Ost-West-Konflikt‹ nicht Partei ergreifen für die ehemaligen Kolonialmächte des ›Nordens‹, dessen Wirtschaftsinteressen oft quer zu den eigenen liegen«.

Und einfach weiter Waffen in die Ukraine liefern, bis zum Sieg über Russland, wie es viele deutsche und europäische Politiker fordern? »Ein Festhalten am Siegfrieden bedeutet (…) eine unabsehbare Kriegsverlängerung, obwohl es keineswegs gesichert ist, dass der Westen langfristig mehr militärische Ressourcen bereitstellen kann als Russland.« Wolfgang Richters Fazit, dem ich zustimme: »Je länger der Krieg dauert, desto mehr Opfer werden auf beiden Seiten zu beklagen sein, und desto höher wird die Gefahr einer weiteren Eskalation. Friedenslösungen, die auf Kompromissen und nicht auf Kapitulation beruhen, sind nur unterhalb der Maximalforderungen beider Seiten erreichbar.«

Die Gefahr einer atomaren Eskalation besteht aber nicht nur in der Möglichkeit, dass es zu einer direkten Konfrontation zwischen der NATO und Russland kommen könnte. Ich denke, es gibt rote Linien, ich vermute sogar, dass es darüber Absprachen zwischen den USA und Russland gibt. Zur Gefahr könnten auch ukrainische Attacken auf Militäreinrichtungen im russischen Hinterland werden. So geschehen im April 2024, als eine Radarstation bei Kowylkino, gut 600 Kilometer von der ukrainischen Grenze entfernt, angegriffen wurde. Die Radarstation ist nicht entscheidend für den Krieg in der Ukraine, aber Teil der Fernüberwachung des russischen Luftraumes und damit der atomaren Abschreckung zwischen den USA und Russland. Ein mögliches Erblinden Russlands würde die Atomkriegsgefahr erhöhen, davon sind Experten überzeugt.

Meine Überzeugung ist: Der Ukraine-Krieg ist ein regionaler Konflikt, entstanden durch den Zerfall der Sowjetunion, er kann nur durch den Dialog beider Kriegsparteien gelöst werden. Aber könnte ein Dialog zwischen Russland und der Ukraine gelingen?

Ende April 2024 gelangte ein Papier aus den russisch-ukrainischen Verhandlungen im türkischen Istanbul an die Öffentlichkeit, welches zeigt, dass wenige Wochen nach Kriegsbeginn eine mögliche Vereinbarung zu einem Waffenstillstand bereits weit gediehen, aber längst noch nicht fertig war. Es basiert auf Verhandlungen, die am 29. März 2022 stattfanden. Kiew war demnach mit einer »dauerhaften Neutralität« einverstanden. Das Land würde blockfrei bleiben und auf die Entwicklung von Atomwaffen verzichten. Dafür müsste es internationale Sicherheitsgarantien geben. Mögliche Garantiestaaten wären Russland, Großbritannien, China, die USA, Frankreich, die Türkei, Deutschland, Kanada, Italien, Polen und Israel.

Auf einen Zeitraum von 15 Jahren sollte der Konflikt um die annektierte Halbinsel Krim »eingefroren« werden und in direkten Gesprächen zwischen Russland und der Ukraine gelöst werden. Der Status der besetzten Gebiete in der Ostukraine sollte auf einem Gipfeltreffen zwischen Putin und Selenskyj geklärt werden. Unterschiedliche Positionen gab es zur Stärke des ukrainischen Militärs. Kiew war bereit, die Größe der Armee auf 250 000 Soldaten zu begrenzen. Russland dagegen wollte nur 85 000 Mann zulassen.

Doch wie weit war wirklich schon ein Friedensvertrag ausgehandelt? Zu 75 Prozent, so beurteilte es später der russische Chefunterhändler Wladimir Medinski laut der *Neuen Zürcher Zeitung*. »Es gab keine Einigungen, und wir haben keine Punkte erreicht, wo wir einer Einigung nahekamen«, sagt hingegen heute der ukrainische Präsidentenberater Mychajlo Podoljak.

Wie weit man damals von einem Frieden entfernt war, lässt sich abschließend nicht klären. Wichtig ist aber, so scheint es mir: Der Weg zu Frieden führt nur über den direkten Dialog. Diesen könnten die Unterstützer der Ukraine fordern, statt nur Waffen zu liefern, die den Krieg verlängern. Der Westen sei in der Pflicht, schrieb der Philosoph Jürgen Habermas in einem Beitrag für die *Süddeutsche Zeitung.* Es gehe darum, unabhängig von der ukrainischen Regierung »eigene Initiativen für Verhandlungen zu ergreifen«. Man müsse eine Kompromisslösung suchen, »die der russischen Seite keinen über die Zeit vor dem Kriegsbeginn hinausreichenden territorialen Gewinn beschert und doch ihr Gesicht zu wahren erlaubt«.

Habermas' Gedanken haben heute, im Sommer 2024, nichts an Relevanz verloren. Denn die Kriegsmüdigkeit nimmt zu, in der Ukraine, in Russland und auch bei uns im Westen. Im Februar 2024 veröffentlichte die ETH Zürich eine Studie zu »Meinungsumfragen in Kriegszeiten«. Darin heißt es: »Das ukrainische Volk und die westliche Allianz, die es unterstützt, zeigen erste Anzeichen von Kriegsmüdigkeit. Der Wille jener, die dieser brutale Konflikt am härtesten trifft, wird bei den Diskussionen über die Bereitstellung militärischer Unterstützung und einen hinnehmbaren Ausgang des Krieges eine zentrale Rolle spielen.«

Robert Grimm, Leiter der Politik- und Sozialforschung beim Hamburger Ipsos-Institut, konstatiert in einer Veröffentlichung vom Februar 2024: »Die Kriegsmüdigkeit unter den Deutschen lässt sich nicht mehr leugnen, und sollte sie weiter steigen, kann sich der Umgang mit dem Krieg zu einem wichtigen Wahlkampfthema entwickeln und den politischen Rändern weiter in die Hände spielen.«

Nicht nur die Waffen, auch die Soldaten gehen der Ukraine aus. Hunderttausende junger Männer im wehrpflichtigen Alter sind ins Ausland geflohen. Nun macht die ukrainische Regierung das, was in Russland bereits Jewgeni Prigoschin praktiziert hatte, der Anführer der Wagner-Söldner: die Anwerbung von Strafgefangenen für die Front. Von rund 20 000 infrage kommenden Gefängnisinsassen hätten 4500 Interesse am Eintritt in die Armee bekundet, sagt die ukrainische Vize-Justizministerin Olena Wysotska im Mai 2024, mehr als 3000 Häftlinge hätten einen Antrag auf Einberufung in den Militärdienst gestellt. Das Parlament in Kiew hatte ein entsprechendes Gesetz auf den Weg gebracht. Im Unterschied zu Russland werden mobilisierte Häftlinge nicht begnadigt, sondern auf Bewährung aus dem Gefängnis entlassen. Im April hatte das ukrainische Parlament bereits das Alter für die Einberufung in den Militärdienst von 27 auf 25 Jahre gesenkt.

Doch die Armee in der Ukraine steht zunehmend unter Konkurrenzdruck der Wirtschaft. Auch dort fehlt es an Personal, seit Hunderttausende das Land verlassen haben. Ein Gesetz, das einige Abgeordnete im Juni 2024 ins Parlament der Ukraine einbrachten, soll es Unternehmen ermöglichen, ihre Angestellten vom Wehrdienst freizukaufen. Monatlich rund 450 Euro soll der Freikauf kosten. »In diesen schwierigen Zeiten hängt das Funktionieren jedes Unternehmens von Berechenbarkeit ab – und die wichtigste Frage, die die meisten Hersteller heute beschäftigt, ist, ob sie wichtige Mitarbeiter halten können«, so ein Abgeordneter der Regierungspartei.

Kriegsmüdigkeit greift aber auch in Russland um sich. Im Juni 2024 demonstrierten Ehefrauen und Mütter russischer Soldaten in Moskau für die Rückkehr der Männer aus dem Kriegsgebiet in der Ukraine. Zugegeben, es waren nur knapp zwei Dutzend, die mit Plakaten vor dem russischen Verteidigungsministerium standen, doch sie dürften mit ihren Forderungen nicht alleinstehen. »Es ist Zeit für die Mobilisierten, nach Hause zurückzukehren« und »Bringt Papa bitte nach Hause!«, war darauf zu lesen. Die Frauen forderten ein Treffen mit dem neuen russischen Verteidigungsminister Andrei Beloussow. Die Polizei drohte mit Festnahmen.

Frieden in der Ukraine ist möglich, wenn Kompromisse geschlossen werden. Ein Kompromiss könnte sein, dass die Ukraine zumindest Teile der besetzten Gebiete abtreten muss. Ich bin überzeugt, dass zumindest die Menschen in überwiegend russisch besiedelten Regionen dem zustimmen würden. Die Auseinandersetzung über mögliche Kompromisse würden in der kriegsmüden Ukraine unter Umständen auch Präsident Selenskyj das Amt kosten. Denn spätestens im Frieden muss in der Ukraine gewählt werden. Selenskyjs Amtszeit ist bereits jetzt abgelaufen; eigentlich stünden Neuwahlen an.

Hätte Wladimir Putin damit gewonnen? Was die »neu-russischen« Gebiete in der Ukraine betrifft: sicherlich ja. Den Weltkrieg allerdings will Russland nicht, da bin ich sicher. Putin will Einfluss, nicht die Weltherrschaft. Und er will seinen Einflussbereich, die Ex-Sowjetrepubliken, absichern. Ob Putin weitere Feldzüge durchführen wird, in Georgien, in Moldau oder in anderen Regionen der zerfallenen Sowjetunion, hängt von einer Neudefinition der Beziehungen des Westens zu Russland ab. Eine diplomatische Herkulesaufgabe, die sicher nur in kleinen Schritten gelingen kann, wenn überhaupt.

Ob Putin allerdings mit seiner Neugestaltung Russlands in eine Art Sowjetunion 2.0 durchkommen wird? Da bin ich skeptisch. Zwar hat der Staatsapparat die institutionalisierte Opposition ins Ausland vertrieben oder ins Straflager gesperrt. Das ist einfach für eine repressive Staatsmacht. Aber was ist mit den Menschen? Die Ehefrauen und Mütter überall im Land, die ihre Männer, ihre Söhne zurückhaben wollen? Diejenigen, deren Heizung ständig ausfällt, weil das Geld für eine Sanierung fehlt und für Rüstung ausgegeben wird? Was ist mit Menschen wie den jungen Musikerinnen, die ich auf einem Konzert in Moskau treffe? Sie wollten eigentlich auch in Europa Karriere machen, erzählen sie, wie viele junge Menschen in Russland. Ihre Heimat endgültig verlassen, das wollen sie nicht. All diese Menschen, die auf Frieden und Miteinander hoffen, wird man nicht wegsperren können. Und eine totale Abschottung vom Westen wie zu Sowjetzeiten wird auch nicht gelingen, dem Internet und den sozialen Netzwerken sei Dank.

Auch im fünften Jahr meines Lebens in Russland bin ich Optimist geblieben. Ich setze auf die Menschen.

FREIE WAHL IN RUSSLAND –
EXIL ODER STRAFLAGER

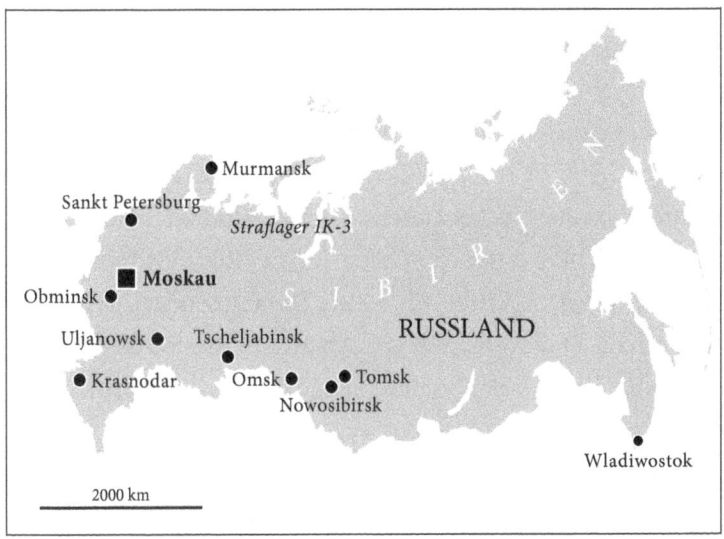

DREI TAGE NACH SEINER BEERDIGUNG stehe ich an Alexej Nawalnys Grab. »Helden sterben nicht. Alexej, danke!«, lese ich auf einem Zettel, den einer der Trauernden auf die letzte Ruhestätte des Kremlkritikers gelegt hat. Es ist ein strahlend schöner Sonnentag im März 2024 in Moskau. Sehr viele Menschen kommen, sie legen Blumen nieder, viele haben Tränen in den Augen. Einige tragen Corona-Masken, wohl weniger aus Angst vor Ansteckung als aus Angst vor Überwachungskameras mit Gesichtserkennung. Direkt am Eingang des Borissowskoje-Friedhofs hat man Nawalny beerdigt, und dort soll das Grab auch bleiben, sagt mir einer der Polizisten, die die Szenerie überwachen.

Die Nachricht von Nawalnys Tod im Straflager hatte mich während meiner Recherchereise auf die Halbinsel Krim erreicht, über die ich bereits berichtet habe. Auf der Rückfahrt schrieb ich im Zug die ersten Artikel für meine Zeitung. Zurück in Moskau fand ich die Stadt verändert vor. An improvisierten Gedenkstätten legten Trauernde Blumen nieder, es gab viele Festnahmen. Zum ersten Mal seit Langem war in der Stadt wieder Opposition sichtbar, spürbar.

Nacheinander betreten die Menschen den Friedhof, Absperrbänder, wie man sie vom Flughafen kennt, leiten die Trauernden am Grab vorbei. Nawalnys Ruhestätte ist über und über mit Blumen bedeckt. Es ist ein stilles Gedenken, ständig kommen neue Trauernde, junge und alte. Rufe wie »Nawalny« oder Parolen gegen Putin, wie man sie drei Tage zuvor am Rande der Beerdigung hörte, gibt es heute nicht. Damals skandierten viele »Putin ist ein Mörder« und »Russland ohne Putin«. Angehörige, Unterstützer und auch Menschenrechtler werfen Putin die Ermordung seines Gegners im Straflager vor. Der Kreml dementiert dies. Natürlich.

Nawalny, so mein Eindruck, wird zumindest in Moskau nicht so schnell vergessen sein, wie es sich der Kreml wohl erhofft hatte. Auf dem Borissowskoje-Friedhof hält sich die Polizei zurück, die Beamten sind auffallend höflich. Friedhofsangestellte kümmern sich darum, dass alles geordnet abläuft. Beamte der Nationalgarde beobachteten die trauernden Anhänger Nawalnys. Sein Team im Exil dankte auf Telegram den Trauernden, es betonte, der Kampf der ins Ausland geflüchteten Opposition gegen Korruption und Putins Machtapparat würde fortgesetzt. Nawalnys Vermächtnis bleibe am Leben, »solange es in Russland und in der Welt Millionen Menschen gibt, denen das nicht gleichgültig ist. Deshalb darf man nicht aufgeben«.

Alexej Nawalny hatte ein jahrelanges Martyrium hinter sich. Wenige Wochen vor seinem Tod wurde er in die Strafkolonie IK-3 im Autonomen Kreis Jamal-Nenzen verlegt. IK-3 in Sibirien ist auch bekannt unter dem Namen »Polarwolf«. Es ist die nördlichste Strafkolonie Russlands. Die Haftbedingungen dort sind unmenschlich. Im Winter fällt das Thermometer auf bis zu minus 30 Grad. Vor seiner Verlegung war Nawalnys Team in tiefer Sorge, es gab wochenlang kein Lebenszeichen von ihm. Schon damals kursierten Spekulationen über eine ernsthafte Erkrankung.

Nawalny wurde am 4. Juni 1976 geboren, seine Familie lebte in Obninsk, 100 Kilometer südwestlich von Moskau. Er studierte Jura und Börsenwesen, war Unternehmer und ging dann in die Politik.

Sein großes Thema war die Korruption in Russland. Immer wieder legte er sich mit Oligarchen an, den Mächtigen aus Politik und Wirtschaft. Politisch verlief seine Karriere eher wechselhaft. Einige Jahre lang arbeitete er in der Oppositionspartei

Jabloko, bis er wegen nationalistischer Äußerungen die Partei verlassen musste. Berühmt wurde ein Video, von dem er sich später distanzierte. Er setzte darin kaukasische Terroristen mit »Kakerlaken« gleich. 2011 gründete er den FBK, seinen Fonds zur Korruptionsbekämpfung.

2013 kam er bei der Moskauer Bürgermeisterwahl auf respektable 27 Prozent der Stimmen.

International für Schlagzeilen sorgte Alexej Nawalny, als er im Sommer 2020 mit dem Nervenkampfstoff Nowitschok vergiftet wurde. Bei Hautkontakt wirkt bereits ein Milligramm des Gifts, das als eines der stärksten gilt, tödlich. Nur ein ausgewählter Kreis von Menschen aus Militär und Geheimdienst hat Zugang zu diesem Gift. Doch wer nun wirklich den Kremlkritiker ermorden wollte, liegt bis heute im Dunkeln. Nawalny flog in einer Linienmaschine von Tomsk im Westen Sibiriens in Richtung Moskau. Plötzlich wurde ihm unwohl, er verlor das Bewusstsein. Zwei Tage wurde er nach einer Notlandung in Omsk behandelt, bevor er auf Druck seiner Familie nach Deutschland verlegt wurde, in die Berliner Charité. Dort kämpften die Ärzte lange um sein Leben, erst nach 32 Tagen konnte Nawalny das Krankenhaus verlassen. Obwohl er von der Gefahr wusste, entschied sich Nawalny für die Rückkehr nach Russland. Direkt bei seiner Ankunft auf dem Flughafen in Moskau nahm man ihn fest.

Im August 2023 wurde Nawalnys ursprünglich neunjährige Haftstrafe wegen »Extremismus« auf 19 Jahre erhöht. Das Gericht ordnete zudem seine Überführung in eine Strafkolonie mit schärferen Haftbedingungen an. Seine politische Bewegung wurde verboten, jede Betätigung, etwa Veröffentlichungen im Netz, wäre in Russland strafbar. Enge Mitarbeiter wurden inhaftiert oder flohen ins Ausland. Nawalny wies alle Vorwürfe als politisch motiviert zurück: Sie zielten darauf ab, seine Kritik an Präsident Wladimir Putin zum Schweigen zu bringen. Anfang Dezember 2023 brachte die russische Justiz weitere Beschuldigungen gegen Nawalny vor. Die Behörden warfen ihm Vandalismus vor, was eine weitere Haftstrafe von drei Jahren mit sich bringen könnte, wie Nawalnys Team mitteilte.

Gewöhnlich leben Häftlinge im Straflager mit anderen zusammen in einem Schlafsaal. Sie dürfen pro Jahr drei Pakete empfangen und monatlich für rund 70 Euro im Gefängnisladen einkaufen. Zudem sind Besuche erlaubt, wie das Onlinemedium *Meduza* berichtet. Doch Alexej Nawalny lebte unter »verschärften Bedingungen«, sprich: Zellentrakt statt Schlafsaal, beschränkte Möglichkeiten zum Einkauf, weniger Besuche und nur ein Paket pro Jahr. Normalerweise ist das nur für Gewohnheitsverbrecher, Mörder und Vergewaltiger vorgesehen. Und es gibt noch viele weitere Schikanen. Häftlingen könnte etwa verboten werden, mit ihren Mitgefangenen zu sprechen. Gefangene könnten gezwungen werden, sich auf dem Gefängnisgelände in gebeugter Haltung mit Handschellen auf dem Rücken zu bewegen, heißt es. Immer wieder wurde Nawalny in eine Einzelzelle gesperrt.

»Verschärfte Bedingungen« hieß für Nawalny, dass er sogar manche Wörter wie »Dach« oder »Hütte« nicht laut aussprechen durfte. Eine absurde Vorschrift, noch aus Sowjetzeiten. Nawalnys Tochter Darja schrieb einmal: »Die ›Wohnstätte‹ meines Vaters ist eine zwei mal zwei Meter große Strafzelle. Er sitzt den ganzen Tag auf einem niedrigen Eisenstuhl (was die Rückenschmerzen verstärkt). Sogar sein Bett ist von 6 bis 22 Uhr an die Wand geschraubt.« Es sei pure Schikane. Man wolle ihn zermürben, zerbrechen. Ein Exempel statuieren.

Nawalnys Unterstützer kritisierten, die russische Justiz wolle ihn als abschreckendes Beispiel für andere Regierungskritiker vorführen. Sie sprachen von Folter. International wurde Nawalny als politischer Gefangener angesehen. Menschenrechtler wiesen oft auf den angeschlagenen Gesundheitszustand Nawalnys hin. Sein Körper sei durch den Giftanschlag geschwächt, selbst an sich harmlose Erkältungserkrankungen könnten ihm gefährlich werden. Ärzte appellierten an Kremlchef Putin, er möge als Garant der Verfassung Nawalnys Recht auf ärztliche Behandlung sicherstellen. Trotz allem zeigte sich der abgemagerte und sichtlich geschwächte Politiker bei Gerichtsauftritten bis zuletzt entschlossen in seinem Ziel, ein »Russland ohne Putin« erreichen zu können.

Nawalnys Ehefrau Julija hatte dem Strafvollzug geschrieben. Sie beklagte, dass sie schon fast ein Jahr nicht mehr mit ihrem Mann habe telefonieren dürfen. »Briefe sind unser letztes Mittel der Verbindung.« Doch zuletzt seien weder Briefe von Nawalny noch Schriftstücke an ihn zugestellt worden, sagte seine Sprecherin Kira Jarmysch Anfang Dezember 2023. In einem auf Instagram veröffentlichten Beitrag zum zweiten Jahrestag seiner Inhaftierung schrieb Nawalny, dass ein psychisch kranker Mann in einer Zelle gegenüber seiner eigenen inhaftiert worden sei. »Er schreit 14 Stunden am Tag und drei in der Nacht«, erklärte Nawalny. »Bekanntlich ist Schlafentzug eine der wirksamsten Foltern.« Er habe viel erlebt und gelesen, aber das sei etwas Neues. »Alles, was ihr lest über den Horror und die faschistischen Verbrechen unseres Gefängnissystems, das ist alles die Wahrheit. Mit einer Richtigstellung: Die Wirklichkeit ist noch schlimmer«, so Nawalny laut seinem Team in den sozialen Netzwerken. Letztlich waren es wohl diese Haftbedingungen, die den Oppositionellen umbrachten.

Doch zur genauen Todesursache gibt es Ungereimtheiten. Glaubt man den Gefängnisbehörden, hat sich Nawalny nach einem Hofgang unwohl gefühlt und »sofort das Bewusstsein verloren«. Die alarmierten Ärzte hätten es nicht geschafft, den Häftling wiederzubeleben. Laut dem russischen Staatssender RT starb Nawalny an einer Thrombose, also an einem Blutgerinnsel, das sich gelöst hat.

Dem widerspricht Nawalnys früherer Arzt Alexander Polupan. Er gehörte zu dem Team, das Nawalny 2020 nach seiner Vergiftung mit dem Nervenkampfstoff Nowitschok behandelte. Anfang 2023 war Polupan Mitverfasser eines offenen Briefes von Ärzten, die medizinische Hilfe für Nawalny forderten. »Offensichtlich war sein Gesundheitszustand schlecht, wie es bei jeder Person der Fall sein würde, die sich in einer solchen Situation befindet«, erklärte der Arzt gegenüber *Meduza*. »Aber irgendwie scheint es mir, dass dies ein unwahrscheinlicher Grund für einen natürlichen Tod ist. Sie hätten ›plötzlicher Herzstillstand‹ sagen können, aber nur eine Obduktion kann eine Thromboembolie nachweisen. Es gibt keine anderen Methoden.«

Nawalny hatte seiner Kenntnis nach auch keine Vorerkrankungen, die eine Thrombose wahrscheinlich machen würden, so Polupan. Er habe zuletzt »keine akuten gesundheitlichen Probleme« gehabt. Dafür spricht auch ein Video, das unabhängige russische Medien, unter anderem das Onlinemedium *Sota*, kurz nach Nawalnys Tod veröffentlicht hatten. Es zeigt den Kremlkritiker einen Tag vor seinem Tod während eines Gerichtstermins. 30 Sekunden ist der Clip lang. Zu sehen ist Nawalny, er spricht und lächelt. Laut den Journalisten von *Sota* wirkte er »fröhlich, gesund und munter«.

Nach Angaben von Nawalnys Team weist der Totenschein

eine »natürliche« Todesursache aus. Viele westliche Politiker zweifelten das an und forderten eine unabhängige Untersuchung. Russland lehnte dies ab. »Die Forderungen nach transparenten, unabhängigen Untersuchungen erachten wir als nichts anderes als eine grobe Einmischung in die inneren Angelegenheiten unseres Landes«, so Aleksandr Wolgarjow, ein Vertreter der russischen OSZE-Mission in Wien.

Unmittelbar nach seinem Tod reiste Ljudmila Nawalnaja, Alexejs Mutter, mit einem Anwalt zum Straflager in Sibirien. Tagelang kämpfte sie um die Herausgabe der sterblichen Überreste, die die Behörden am liebsten in Sibirien verscharrt hätten. Doch Ljudmila Nawalnaja gewann. Der Leichnam wurde nach Moskau gebracht. Nawalnys im Exil lebender Vertrauter Leonid Wolkow bezeichnete es als Niederlage für Putin, dass er nicht erreicht habe, den Toten unter Verschluss zu halten.

Moskau in den Tagen vor Nawalnys Beerdigung. Ich bin viel in der Stadt unterwegs, beobachte die Menschen und schreibe darüber. Offenkundig hat der Machtapparat unterschätzt, wie groß die Trauer um Alexej Nawalny sein würde. Überall nehmen Sicherheitskräfte Trauernde fest, die Blumen niederlegen. Tausende Menschen rufen: »Wir vergessen nicht. Wir vergeben nicht.« Einige skandieren: »Du hattest keine Angst. Und wir haben keine Angst.« So kurz vor der Präsidentschaftswahl reagieren die Behörden nervös. Selbst wenn Putins Sieg feststeht, soll er doch von möglichst vielen in Russland gewählt werden. Da darf nichts stören. Schon gar nicht Menschen, die auf der Straße »Russland ohne Putin!« rufen.

In diesen Tagen gibt es Festnahmen in 22 russischen Städten. Menschenrechtler berichten, dass Gerichte in einigen Regionen der Russischen Föderation den Namen Nawalny als verbotene extremistische Symbolik klassifiziert hätten und auf dieser Grundlage Menschen, die den Namen auf Plakate schrieben, zu Geldstrafen verurteilten. Konkrete Fälle habe es in Tscheljabinsk, Krasnodar, Murmansk und Uljanowsk gegeben. Später ändern die Behörden ihre Taktik offenbar, die Polizisten lassen die Menschen nun gewähren. Allerdings sollen Nawalnys Anhänger an seinem Grab nicht allzu lange trauern, wie das Onlinemedium *TV Rain* berichtet: »Sie bitten die Menschen, sich kurz zu verabschieden. Sie sagen nicht Nawalnys Namen, sondern nur ›der Verstorbene‹, ›sein Grab‹ und so weiter.«

Am 1. März 2024, dem Tag der Beerdigung, schreibt Nawalnys Vertrauter Wolkow: »Kommen Sie, um Alexej Nawalny auf seinem letzten Weg zu begleiten, wenn Sie in Moskau sind. Es werden Ihnen alle danken, die aus verschiedenen Gründen nicht dort sein können.« Tatsächlich kommen Tausende, als gegen 14 Uhr die Trauerfeier in der Kirche zu Ehren der Gottesmutterikone »Lindere mein Leid« im südöstlichen Bezirk Marjino beginnt. Trotz eines riesigen Polizeiaufgebots haben sich die Menschen schon Stunden zuvor in einer langen Schlange vor der Kirche versammelt.

Alle unerlaubten Handlungen während der Beerdigung würden als Gesetzesverstoß angesehen, hat der Kreml zuvor gewarnt. »Wir erinnern daran, dass es ein Gesetz gibt und dieses befolgt werden muss – jede nicht genehmigte Versammlung verstößt gegen das Gesetz. Dementsprechend werden auch diejenigen, die daran teilnehmen, gemäß dem geltenden Gesetz zur Verantwortung gezogen«, sagte Putins Sprecher Dmitri Peskow vor der Beerdigung auf einer Pressekonferenz vor Journalisten der russischen Staatsmedien. Auf die Frage, ob der Kreml Nawalny als politische Persönlichkeit einschätzen könne, antwortete Peskow: »Nein, das kann er nicht.« Tausende Russen sehen das anders.

Die Angehörigen haben den Körper des 47-Jährigen erst mit Verzögerung am Morgen in der Leichenhalle erhalten. Als Männer vor der Kirche den braunen Sarg aus einem schwarzen Transporter ziehen, skandieren viele Nawalnys Namen. In der Kirche darf nicht gefilmt oder fotografiert werden. Trotzdem verbreiten sich Bilder und Videos des aufgebahrten Nawalny im Netz. Nur wenige Trauergäste dürfen die Kirche betreten. Die Behörden wollen die Trauerfeier so kurz wie möglich halten. Doch Bilder zeigen, dass sie trotzdem stimmungsvoll ist. Nawalnys Team gelingt es sogar, einen Livestream aus der Kirche zu senden. So können auch wir Korrespondenten die Zeremonie verfolgen.

Die Leiche liegt von Blumen bedeckt im Sarg. Zu sehen ist auch Nawalnys Gesicht. Seine Mutter, die eine Kerze in der Hand hält, und sein Vater sitzen während der Zeremonie am Sarg. Julija Nawalnaja, die Witwe des Gestorbenen, seine Tochter Darja und sein Sohn Sachar nehmen nicht an der Trauerfeier teil, weil sie zu ihrer eigenen Sicherheit im Ausland sind. Nawalnys Frau hat den russischen Präsidenten Wladimir Putin des Mordes an ihrem Mann bezichtigt. Sie würde eine Festnahme riskieren. Auf Instagram veröffentlicht Julija Nawalnaja eine Liebeserklärung an ihren verstorbenen Mann, schreibt: »Ljoscha, ich danke dir für 26 Jahre absolutes Glück. Ja, sogar für die letzten drei Jahre des Glücks. Für die Liebe, dafür, dass du mich immer unterstützt hast, dass du mich sogar im Gefängnis zum Lachen gebracht hast, dass du immer an mich gedacht hast.«

Bei der anschließenden Beerdigung haben viele Tränen in den Augen und Blumen in der Hand. Einige sind voller Angst gekommen, dann aber erleichtert, als sie die Menschenmenge sehen. »Alexej Nawalny hat sein Leben für uns gegeben«, sagt ein Mann. Er sei aus der Hunderte Kilometer entfernten Stadt Petrosawodsk extra angereist. Eine junge Frau meint: »Er hat Licht, Freude und Hoffnung in unser Leben gebracht. Jetzt hat jemand versucht, diese Hoffnung durch Alexejs Tod zu vernichten. Aber wir dürfen nicht zulassen, dass die Dunkelheit kommt, wir dürfen nicht aufgeben.« Eine Frau mit Blumen in der Hand sagt: »Ich bin hier, um Alexej meine Ehre zu erweisen. Sein Mut und Kampfgeist sollten Vorbild sein für uns.« Und ein Student ergänzt: »Hier zu sein, ist eine Möglichkeit, den Schmerz über den Verlust zu verarbeiten. Mir hat Alexejs Mut gefallen, seine Unerschrockenheit. Ihn auf seiner letzten Reise zu begleiten, ist das Mindeste, was wir jetzt tun können.« Nach der Trauerfeier umarmen Menschen Nawalnys Mutter. Sie bedanken sich bei ihr, dass sie der Welt ihren Sohn geschenkt hat.

Auch der Oppositionspolitiker Boris Nadeschdin, der zur Präsidentenwahl nicht zugelassen wurde, besucht die Trauerfeier, ebenso Botschafter aus westlichen Ländern. Die US-Botschafterin Lynne Tracy ist hier, der Franzose Pierre Levy, der deutsche Botschafter in Moskau, Alexander Graf Lambsdorff, und der österreichische Diplomat Werner Almhofer. »Die Teilnahme des protokollarisch höchsten Vertreters Österreichs in Russland ist ein klares Signal an das russische Regime«, sagt eine Sprecherin des österreichischen Außenministeriums.

Vor dem Friedhof wurden Metallzäune aufgestellt, ein massives Polizeiaufgebot ist auch hier vor Ort. Die Beamten prüfen die Dokumente der Besucher und befragen die Trauernden. Auch Taschen und persönliche Gegenstände werden überprüft. Die Absperrmaßnahmen haben bereits am Vortag begonnen.

»An jedem Laternenpfahl wurden Überwachungskameras installiert«, berichtet der Telegram-Kanal *RusNews*. Das Internet vor Ort ist gestört, das mobile Netz heruntergeregelt.

Die russische Opposition ist weitgehend zerschlagen, ins Ausland vertrieben oder im Gefängnis. Das gilt für ihre prominenten Mitglieder ebenso wie für die weniger prominenten. Beispielhaft ist der Fall der Künstlerin Alexandra Skotschilenko. Wegen einer kleinen Protestaktion gegen den Krieg in der Ukraine wurde sie zu sieben Jahre Straflager verurteilt. Ihre Idee war: Was machen die meisten Menschen in Russland? Sie schauen Staatsfernsehen – und gehen zum Einkaufen in den Supermarkt. In den Supermarkt ging die Künstlerin auch. Und tauschte die Preisschilder aus gegen Zettel, auf denen Informationen über die Kämpfe in der Ukraine zu lesen waren. »Rekordinflation durch Militäreinsatz« stand da. Oder: »Stoppt den Krieg!«

Kurz danach wurde Alexandra verhaftet. Ein Supermarktkunde hatte sie bei der Polizei denunziert. Die Anklage: Verbreitung »absichtlich falscher Informationen« über das Vorgehen der russischen Armee in der Ukraine. »Ich wollte den Krieg einfach beenden, das war meine Motivation«, sagt die Beschuldigte vor Gericht. Für die Menschenrechtsorganisation Amnesty International ist Alexandra Skotschilenko eine gewaltlose politische Gefangene. »Sie ist nur deshalb inhaftiert, weil sie friedlich ihren Widerstand gegen den Krieg zum Ausdruck gebracht hat.«

Die Künstlerin wurde in Sankt Petersburg geboren, studierte Regie an der Theaterakademie und wechselte später zum Studium der Anthropologie an die Uni Sankt Petersburg. Sie schloss mit Auszeichnung ab. Bekannt wurde sie durch ihr autobiografisch geprägtes Comicbuch *A Book about Depression*, das 2014 erschien. Gesundheitlich gehe es ihr schlecht, sagt ihre Ärztin, die Skotschilenko in der Untersuchungshaftanstalt untersuchte. Sie habe einen Herzfehler, ihr Leben sei in Gefahr, ein Herzstillstand drohe, berichtet das Onlinemedium *MR7.ru.*

Sonja Subbotina, Skotschilenkos Lebenspartnerin, erzählt in der *BR*-Hörfunksendung *Zündfunk,* wie die beiden Kontakt halten: »Wir können uns nur Briefe schicken. Darin schreiben wir einander, dass wir füreinander da sind, und erzählen uns, was wir erlebt haben.« Besuche oder Telefonate seien nicht erlaubt. »Das machen sie, um Alexandra emotional unter Druck zu setzen«, sagt Sonja. Alexandra ist sich aber sicher: »Wir werden gewinnen, wir werden es schaffen. Wir werden zusammen sein.« Ein frommer Wunsch. Vorerst werden die beiden wohl noch viele Jahre getrennt sein.

Viele weitere Oppositionelle und Menschenrechtler sitzen in Russland im Gefängnis. Jüngst wurde Oleg Orlow von der mittlerweile verbotenen Organisation Memorial zu zweieinhalb Jahren Straflager verurteilt. Das Vergehen des 70-Jährigen: Kritik am Krieg gegen die Ukraine.

Achteinhalb Jahre Gefängnis lautete das Urteil gegen den Politiker Ilja Jaschin. Er hatte die Ermordung von Zivilisten in der ukrainischen Stadt Butscha angeprangert. Xenia Fadejewa, ehemalige Abgeordnete und Verbündete Nawalnys, musste Ende 2023 eine neunjährige Haftstrafe antreten. Die Behörden werfen der 31-Jährigen vor, eine extremistische Organisation gegründet zu haben. Mit derselben Begründung wurde auch Lilia Tschanyschewa, Mitarbeiterin von Nawalny, im Juni 2023 zu neuneinhalb Jahren Haft verurteilt.

Das bislang härteste Urteil gegen einen Oppositionellen wurde gegen Wladimir Kara-Mursa gesprochen: 25 Jahre muss er im Straflager verbringen. Er habe falsche Informationen über

die russische Armee verbreitet und Verbindungen zu einer un-
erwünschten Organisation unterhalten, so der Vorwurf der Justiz. Verurteilt wurde er wegen Hochverrat. »Während der Ver-
nehmung vor Gericht hat der Vorsitzende mich daran erinnert,
dass ›Reue für die begangene Tat‹ ein mildernder Umstand ist.
Obwohl ich derzeit wenig Erfreuliches erlebe, konnte ich ein Lä-
cheln nicht unterdrücken«, sagte Wladimir Kara-Mursa in seinem Schlusswort vor Gericht. »Verbrecher sollten begangene
Straftaten bereuen. Aber ich bin im Gefängnis wegen meiner
politischen Ansichten. Wegen der Auftritte gegen den Krieg in
der Ukraine. Wegen des langjährigen Kampfes gegen Putins Diktatur. Und ich bereue nichts von alldem – ich bin stolz darauf.«

Kara-Mursas Geschichte weist viele Parallelen zur Geschichte
des verstorbenen Alexej Nawalny auf. Auch Kara-Mursa wurde
in ein Straflager nach Sibirien gebracht. Wie Nawalny fehlte auch
von ihm tagelang jede Spur, als er in ein anderes Lager verlegt
wurde. Es kommt immer wieder vor, dass inhaftierte Regime-
gegner im russischen Gefängnissystem für einen gewissen Zeitraum regelrecht verschwinden und der Kontakt zu Familien,
Freunden und sogar Anwälten abreißt. Menschenrechtler kritisieren diese Praxis als Schikane vonseiten des russischen Straf-
vollzugs. Wie Nawalny kam auch Kara-Mursa in Isolationshaft,
nach Angaben seiner Anwältin für vier Monate. Im Januar dieses
Jahres sei er im Straflager wegen eines »böswilligen Verstoßes«
erneut vorgeladen worden, berichtet das Onlinemedium *RBC*.
Angeblich habe er eines Morgens den Befehl »Aufstehen!« ignoriert.

Wladimir Kara-Mursa wurde am 7. September 1981 in Moskau geboren. Sein Vater war Journalist, Mitglied der Russischen
Fernsehakademie. Schon seit seinem 16. Lebensjahr arbeitete

Wladimir im Medienbereich. Später ging er nach Großbritannien und studierte Geschichte in Cambridge. In der Folge arbeitete er für verschiedene russische Medien, unter anderem für die Zeitung *Kommersant*. Politisch hat sich Kara-Mursa jahrelang für westliche Sanktionen gegen den Kreml eingesetzt. Er stand sowohl Nawalny als auch dem Oppositionspolitiker Boris Nemzow nahe. Nemzow wurde im Februar 2015 auf einer Brücke in Moskau, nur wenige Meter vom Kreml entfernt, mit vier Schüssen in den Rücken ermordet. Seine Unterstützer beschuldigten den Präsidenten der russischen Teilrepublik Tschetschenien, Ramsan Kadyrow, den Mord in Auftrag gegeben zu haben. Fünf Tschetschenen wurden verurteilt, ohne dass der Drahtzieher offiziell benannt wurde.

Im Mai 2015 gab es auch auf Kara-Mursa einen Anschlag. Er wurde mit Anzeichen einer schweren Vergiftung ins Krankenhaus eingeliefert und ins künstliche Koma versetzt. 2017 gab es einen erneuten Giftanschlag auf den Politiker. Die Diagnose lautete »toxische Wirkung einer nicht gemeldeten Substanz«. Sein Blut ließ er in Frankreich analysieren, man fand hohe Konzentrationen verschiedener Giftstoffe, unter anderem erhöhte Quecksilberwerte. Seine Familie und Anwälte geben an, dass Kara-Mursa wegen dieser zwei Vergiftungsversuche heute unter der Nervenerkrankung Polyneuropathie leidet.

Nach Nawalnys Tod rief Kara-Mursa dazu auf, nicht nachzulassen. »Wenn wir uns der Düsternis und Verzweiflung hingeben, ist das genau das, was sie wollen.« Den Kampf für die Demokratie aufzugeben, sei keine Option. »Wir haben kein Recht dazu«, appellierte Kara-Mursa an die Menschen in Russland. Er äußerte die Hoffnung, »Russland zu einem normalen, freien, europäischen und demokratischen Land zu machen«.

In seinem Schlusswort vor Gericht sagte er: »Sogar heute, sogar in dieser Dunkelheit, die uns umgibt, sogar in diesem Käfig liebe ich mein Land und glaube an seine Menschen. Ich glaube, dass wir diesen Weg meistern können.«

Der Journalist Schura Burtin hat einen anderen, viel düstereren Blick auf die russische Opposition und deren Erfolgsaussicht. Sein Kommentar auf *Meduza* hat im russischsprachigen Netz viele Reaktionen hervorgerufen. Burtin schreibt: »Ungeachtet einer inneren Stimme der Vernunft lebte in uns das nebulöse Bild einer Zukunft, die wir bevorzugen würden – und bestimmte unser Verhalten.« Nawalny habe sein Leben darauf ausgerichtet, es sei zur Illusion geworden, so Burtin. »Putin hat uns schlichtweg erklärt, dass es diese Zukunft nicht gibt. Ich denke, es ist wichtig, dass wir nicht zurückfallen in diese Illusion. Denn dieses Böse macht in der Tat mehr Angst, als wir verdauen können. Indem wir Blumen niederlegen oder ein Foto von Julija Nawalnaja posten, wird es keine solche Zukunft geben, wir beruhigen uns nur.«

Das Fazit des Journalisten: »Die Opposition ist verstreut und hilflos. Noch nicht einmal in Freiheit, in der Emigration, versucht sie, etwas gemeinsam auf die Beine zu stellen, zum Beispiel für die Interessen von Millionen aus Russland geflohener Russen einzustehen. Und mir fällt auch nicht ein, wie man das ändern könnte.«

So stehen lassen möchte ich das nicht. Ich denke an Nina Baginskaja, die Babuschka, die Großmutter, der gescheiterten Revolution in Belarus. Als ich sie 2020 in Minsk besuchte, sagte sie mir: »Wir werden uns selbst befreien. Da gibt es Beispiele aus anderen Ländern. Wir sind nicht die Ersten und nicht die Letzten, die in einer Diktatur leben. Wir werden frei sein. Nichts ist auf ewig in dieser Welt. Wir werden Erfolg haben.«

Die neue Gallionsfigur der russischen Opposition im Exil ist Julija Nawalnaja, Nawalnys Witwe. Vom Tod ihres Mannes erfuhr sie auf der Münchner Sicherheitskonferenz. Trotz der Nachricht hielt sie dort eine emotionale Rede. Es war wohl kein Zufall, dass sich Julija Nawalnaja unmittelbar danach mit Swetlana Tichanowskaja traf, der belarussischen Oppositionsführerin im Exil. Beide Frauen eint eines: Sie wollten niemals in die Politik – und fanden sich doch in Führungsrollen wieder. Tichanowskajas Mann, der Blogger Sergej Tichanowski, wollte 2020 gegen den belarussischen Präsidenten Alexander Lukaschenko antreten. Nun sitzt er für viele Jahre im Straflager. Seine Frau übernahm. Und Julija Nawalnaja hat die Nachfolge ihres verstorbenen Mannes angetreten. Dieser sei »ein Held gewesen und als Held gestorben«, sagte sie bei einem Treffen mit den Außenministern der 27 EU-Staaten in Brüssel.

1976 in Moskau geboren, studierte Julija Nawalnaja Wirtschaftswissenschaften und war einige Jahre für eine Bank tätig. 1998, während eines Türkei-Urlaubs, lernte sie Alexej Nawalny kennen. Zwei Jahre später heirateten die beiden. 2001 kam Tochter Darja auf die Welt, 2008 ihr Sohn Sachar. Julija Nawalnaja gab ihr Berufsleben auf und konzentrierte sich auf die Familie. Im Hintergrund unterstützte sie ihren Mann, es drängte sie in all den Jahren aber nicht ins Licht der Öffentlichkeit. Das änderte sich 2020, mit dem Giftanschlag auf Alexej Nawalny. Ihr Mann lag in einer Klinik im sibirischen Omsk im Koma. Julija sprach mit Journalisten, verfasste einen offenen Brief an Russlands Präsidenten Wladimir Putin. Sie sorgte dafür, dass Nawalny nach Deutschland ausgeflogen werden konnte. In einem Interview sagt sie: »Mein Mantra war immer: Gib nicht auf. Das ist die wichtigste Lektion 2020. Kein Selbstmitleid, sondern tun, was getan werden muss.«

Nun also übernimmt Julija Nawalnaja. Sie sagt, Putin habe ihr den liebsten und wertvollsten Menschen genommen, die Hälfte ihrer Seele und ihres Herzens. Mit der anderen Hälfte wolle sie nun wie ihr Mann gegen Ungerechtigkeit und Korruption und für ein freies Russland kämpfen. Angst habe sie nicht. »Ich werde die Sache von Alexej Nawalny fortsetzen, kämpfen um unser Land. Ich rufe euch auf, an meiner Seite zu stehen«, verkündete Julija Nawalnaja in einer emotionalen Videobotschaft. Nawalnajas Anschuldigung, Putin sei der Mörder ihres Mannes, weist der Kreml zurück. Kremlsprecher Dmitri Peskow nannte die Vorwürfe »unbegründet und unverschämt«. Weder er noch Putin hätten sich die Videobotschaft angeschaut. Vor dem Hintergrund, dass »Julija Nawalnaja gerade verwitwet ist«, wolle er sich mit Kommentaren zurückhalten.

Unterstützt wird Nawalnys Witwe von ihrer 23-jährigen Tochter Darja. Bereits in der Vergangenheit trat Darja immer wieder öffentlich auf, nahm stellvertretend für ihren inhaftierten Vater internationale Auszeichnungen entgegen. So auch 2021 den »Sacharow-Preis für geistige Freiheit des Europäischen Parlaments«. In ihrer Rede sagte Nawalnys Tochter: »Als ich meinem Vater schrieb und ihn fragte: ›Was genau soll ich in der Rede aus deiner Sicht sagen?‹, antwortete er: ›Sag, dass niemand es wagen kann, Russland mit dem Regime von Putin gleichzusetzen. Russland ist ein Teil von Europa. (…) Wir streben nach einem Europa der Ideen, das die Menschenrechte, die Demokratie und die Integrität feiert.‹« Nawalnys Tochter sagt, ihr Vater sei nicht nur ein entschlossener und charismatischer Anführer, sondern auch »ein lustiger, fürsorglicher und unglaublicher Vater«. Sie sei stolz darauf, Nawalnys Tochter zu sein, »in dem Wissen, dass er sich trotz der unmenschlichen Bedingungen gegen Putins Krieg eingesetzt hat«.

Mutter und Tochter werden es nicht leicht haben. Für die russische Opposition seien die beiden allerdings eine Chance, meint die bekannte russische Frauenrechtlerin Aljona Popowa. »Es gibt nichts Stärkeres in der Welt als Mutter und Tochter, die wegen des Todes von Mann und Vater gegen das System kämpfen«, schreibt sie auf Instagram. Aber wird Julija Nawalnaja erfolgreich sein? Der Politologe Abbas Galljamow schreibt auf Telegram: ja. Für den Kreml sei es schwierig, sie zu diskreditieren oder ihr eigennützige Motive zu unterstellen. »Bei der überwiegenden Mehrheit der Politiker besteht der Verdacht, dass sich ihre wahre Motivation von der erklärten unterscheidet«, sagt Galljamow. »Julija Nawalnaja wird dieses Problem nicht haben. Ihre Motivation ist sehr einfach und verständlich. Julija hob einfach ein Banner auf, das aus den Händen ihres ermordeten Mannes fiel. Sie hatte eigentlich keine Wahl.«

Es gebe für Julija Nawalnaja viele Fallen, schreibt hingegen die Politologin Tatjana Stanowaja auf Telegram. Die Witwe müsse dafür aus dem Schatten ihres Mannes treten und ein eigenes Profil als selbstständige politische Figur mit einem Team herausbilden. Zudem sei »Prowestlichkeit« gerade jetzt im Land toxisch, sie gelte für viele Russen als Verrat und Arbeit für den Feind. »Das alles heißt nicht, dass sie nichts zustande bringen wird«, so Stanowaja. Aber alles sei abhängig von ihren Inhalten und ihrem Stil. »Die Zeit wird das zeigen.«

Alexej Nawalny ist tot. Als ich drei Tage nach seiner Beerdigung am Grab stehe, geht mir viel durch den Kopf. Jenseits seines Schicksals, jenseits seiner Haftbedingungen stand ich ihm immer skeptisch gegenüber. Nawalnys rechte Vergangenheit darf man nicht vergessen, auch wenn er ihr abgeschworen hatte.

Im Unterschied etwa zu Boris Nadeschdin hatte er kein politisches Konzept, außer dass er gegen Putin war.

Ende Juli 2024 deutete sich an, dass es zu einem großen Gefangenenaustausch zwischen Russland, den USA, Deutschland und anderen Ländern kommen wird. Am 1. August war es dann soweit. Auch einige russische Oppositionelle wurden freigelassen. Darunter die gesundheitlich schwer angeschlagene Künstlerin Alexandra Skotschilenko. Sie wird ihre Lebenspartnerin Sonja Subbotina nun doch schneller als gedacht wiedersehen. Freigelassen wurde auch Wladimir Kara-Mursa. Allerdings, so sagte er unmittelbar danach, gegen seinen Willen. Er weiß, dass Oppositionelle im Exil schnell vergessen werden, in der russischen Öffentlichkeit keine Rolle mehr spielen. Ob das so sein wird?

Zumindest Nawalny und sein Team hatten die Bedeutung sozialer Medien begriffen. Auf allen Kanälen war Nawalny aktiv. In dieser Hinsicht war er dem Machtapparat weit überlegen.

Im Instrumentarium des Internets liegt heute auch die Chance der Opposition, die aus dem Exil agiert. In Russland hat fast jeder Mensch ein Smartphone und ist mit der Welt und anderen Ideen verbunden. Kontrollieren kann man das auf Dauer nicht. Man kann versuchen, junge Menschen in Richtung einer neuen Sowjetunion zu erziehen. Das wird bei manchen gelingen, bei anderen aber nicht. Das ist meine optimistische Perspektive.

ZWISCHEN STAATSKUNST UND STILLSTAND – WIE DER WEG ZUM FRIEDEN GELINGEN KANN

Im August 2022, wenige Monate nach Kriegsbeginn, besuche ich in der südostrussischen Stadt Samara an der Wolga eine ganz besondere Sehenswürdigkeit. Den Eingang zum Bunker des Sowjetdiktators Josef Stalin würde wohl niemand finden, der nicht die genaue Adresse kennt. Hinter einer unscheinbaren Tür, irgendwo in einer Seitenstraße in der Innenstadt, geht es über unzählige Treppenstufen 37 Meter in die Tiefe. Gebaut wurde der Bunker in einer Geheimoperation 1942 innerhalb weniger Monate. Damals war er der tiefste Bunker der Welt, er ging doppelt so tief in die Erde wie Hitlers »Führerbunker« in Berlin.

Noch heute sei der Bunker funktionsfähig, 600 Menschen könnten hier Platz finden, erklärt Wladimir Romanowitsch, der mir den Bunker zeigt. 1991 wurde er renoviert, der Öffentlichkeit zugänglich gemacht. Heute beherbergt der Bunker ein kleines Museum. In den vergangenen Jahren sei die Besucherzahl stark gestiegen, sagt Wladimir. »Der Grund könnte die Eskalation in den Beziehungen zwischen Russland und der NATO sein.« Angst vor einem Weltkrieg, auch in Russland. Während ich dies schreibe, denke ich an den jungen Lehrer, den ich während meiner Recherche für dieses Buch in der russischen Provinz kennengelernt habe und der die Stimmung im Land aus meiner Sicht gut auf den Punkt gebracht hat. Alle in Russland würden sich inzwischen einen »friedlichen Himmel über dem Kopf« wünschen.

Im Bunker geht es immer tiefer hinab, vorbei an mächtigen Metalltoren, die Wände sind mit Bleiplatten ausgekleidet, um Schutz vor radioaktiver Strahlung zu bieten. Schließlich öffnet sich im achten Untergeschoss ein großer Konferenzraum mit einer Karte der Sowjetunion an der Stirnwand. Daneben befinden sich ein kleines Büro mit Besuchersofa und ein Raum mit Toilette. Von seinem grünen Schreibtisch aus hätte Josef Stalin, der Führer der Sowjetunion, seine Befehle gegeben, gut abgeschirmt von den erbitterten Schlachten des Zweiten Weltkrieges. Doch Stalin war niemals hier, der Bunker wäre sein Ausweichquartier gewesen, nach einer möglichen Zerstörung Moskaus, zu der es aber nicht kam.

Viele der Besucher setzen sich an Stalins Schreibtisch, um Erinnerungsfotos zu machen. Doch die Stimmung ist beklommen. »Wir lesen die Nachrichten und wissen, dass es große Meinungsverschiedenheiten zwischen Russland und dem Westen gibt. Aber keiner von uns will einen Krieg. Ich wünsche mir, dass sich die Politiker so schnell wie möglich untereinander einigen«, sagt mir ein Ehepaar aus Samara, das an diesem Tag den Bunker besucht. »Es ist beängstigend, darüber nachzudenken, dass in diesen Tagen ein weiterer Weltkrieg anfangen könnte.«

Könnte der Krieg in der Ukraine zum Weltkrieg werden? Eher unwahrscheinlich. Doch die Gefahr eines Atomwaffeneinsatzes ist vorhanden. Dass Putin damit immer wieder droht, halte ich eher für Theaterdonner. Real dagegen ist, dass Russland eine Änderung seiner Atomdoktrin plant. Die Parameter müssten angepasst werden, darunter auch die Politik der nuklearen Abschreckung, erklärte der stellvertretende Außenminister Sergej Rjabkow laut russischen Nachrichtenagenturen. Details und einen Zeitplan wollte er nicht nennen. Nach der bislang geltenden Doktrin würde Moskau nur in zwei Fällen Atomwaffen einsetzen: im Falle eines atomaren Angriffs auf Russland oder wenn ein Angriff mit konventionellen Waffen die Existenz des Landes gefährdet. Eine neue Doktrin könnte auch einen Einsatz von Atomwaffen unterhalb dieser Schwelle ermöglichen.

Russland, das seinen Weltmachtanspruch nicht zuletzt auf seine Atomwaffen gründet, könnte sich damit noch stärker zum Weltkrisenherd entwickeln. Schon jetzt sehen viele das Land auf dem Weg in eine neue Ära des Stalinismus. Die Historikerin Carmen Scheide weist das im Interview mit mir allerdings zurück: Für Wladimir Putin sei Stalin kein Vorbild. »Putin hat sich immer wieder sehr klar von Stalin distanziert und seine Verbrechen verurteilt. Die Vorbilder, auf die der heutige russische Präsident zurückgreift, sind die Zaren des imperialen Russlands.«

Der Sieg im Zweiten Weltkrieg allerdings spiele eine große Rolle im heutigen Geschichtsbild Russlands, sagt Scheide. »Putin bezieht sich auf das imperiale Russland, ebenso auf den Sieg im Großen Vaterländischen Krieg. Die heutige Vorstellung und Propagierung der russischen Nation ist eng verbunden mit spezifischen konstruierten Vorstellungen der eigenen Vergangenheit.« Die neue russische Sicht auf die Geschichte sei vor allem innenpolitisch wichtig, meint die Historikerin. »Geschichte dient in Russland zur nationalen Einigung nach innen. Zugleich findet eine massive Abgrenzung nach außen statt, da es keinen Dialog zwischen unterschiedlichen Geschichtserfahrungen und -betrachtungen mehr gibt.«

Wladimir Putin spricht von einer »multipolaren Welt«, in der die Hauptkonfliktlinie für ihn zwischen Russland und den USA verläuft. Die NATO-Osterweiterung hat man in Russland immer schon kritisch gesehen. Nun streben neue unabhängige Staaten am Rand der zerfallenen Sowjetunion in Richtung EU und NATO. Sie könnten zu den nächsten Krisenherden werden.

Das gilt etwa für Armenien. Ministerpräsident Nikol Paschinjan, im Land durchaus umstritten, bemüht sich um engere Beziehungen zu den Vereinigten Staaten und zur Europäischen Union. Seit der Eroberung von Bergkarabach durch aserbaidschanische Truppen steht er unter dem Druck von viel Protest im Land. Nun will Paschinjan das von Russland angeführte Militärbündnis OVKS verlassen. Die »Organisation des Vertrags über kollektive Sicherheit«, wie sie ausgeschrieben heißt, ist eine Art Gegen-NATO. Ihr gehören neben Armenien und Russland auch Kasachstan, Kirgisistan, Tadschikistan und Belarus an. »Wir werden gehen. Wir werden entscheiden, wann wir austreten«, sagt Paschinjan. Viele in Armenien sind enttäuscht von der Schutzmacht Russland, die untätig blieb, als Aserbaidschan nach Bergkarabach griff. Andere befürchten, dass Russland die Hinwendung des kleinen Landes Armenien in Richtung Westen nicht akzeptieren würde. Sie befürchten Krieg. Das Land ist gespalten.

Ähnlich sieht es in Moldau aus. »Licht am Ende des Tunnels« sieht der moldauische Vize-Ministerpräsident und Außenminister Mihai Popsoi mit der Aufnahme von Beitrittsverhandlungen in die EU. Popsoi gehört der proeuropäischen Regierungspartei Aktion und Solidarität (PAS) an. Im Herbst 2024 sind Präsidentschaftswahlen in Moldau. In einem Referendum sollte gleichzeitig darüber abgestimmt werden, ob das Ziel des EU-Beitritts in der Verfassung des Landes verankert wird. In Moldau ist das umstritten. Vielleicht geht es auch zurück in Richtung Russland, denke ich im Sommer 2024, während ich diese Zeilen schreibe.

Die Herausforderungen für einen EU-Beitritt sind gewaltig, wie der Politiker Popsoi weiß, angefangen bei einer Justizreform und einem engagierten Kampf gegen die Korruption im Land. »Unsere Hauptaufgabe ist die Justizreform, ohne sie können wir keine Investoren überzeugen.« Bleibt das Problem der russischen Militärpräsenz in der Separatistenregion Transnistrien. Moldau könne ja wie das geteilte Zypern der Europäischen Union beitreten, so Popsoi, ohne dass EU-Recht auf das ganze Land Anwendung finde. Ob das in der EU auf Zustimmung stößt? Laut Popsoi habe in Transnistrien niemand ein Interesse an einer Eskalation. Ob Russland das ähnlich sieht?

Ebenso zerrissen ist Georgien. Die Schreckensbilder vom Pride-Festival 2023 sind nicht nur vielen Schwulen, Lesben und Transsexuellen in der georgischen Hauptstadt Tiflis in Erinnerung, als Regenbogenfahnen in Flammen aufgingen und viele Stände sowie die Bühne verwüstet wurden. Hunderte ultrakonservative Nationalisten hatten die Veranstaltung gestürmt, auch Geistliche der georgisch-orthodoxen Kirche waren beteiligt, die Veranstaltung musste abgebrochen werden.

Die Ausschreitungen gegen Schwule, Lesben und Transsexuelle waren ein Schock in Georgien, das den Beitritt in die EU anstrebt. Wenige Monate vor der Parlamentswahl im Oktober 2024 geht die mehr oder minder prorussische Regierungspartei Georgischer Traum in eine offene Konfrontation mit queeren Menschen im Land. »Familienwerte und der Schutz von Minderjährigen«, unter dieser Überschrift hat man ein Gesetzespaket ins Parlament eingebracht, das die Rechte queerer Menschen dramatisch einschränken würde.

Geht es nach dem Georgischen Traum, sollen nach dem Vorbild Russlands das Zivilrecht, das Arbeitsrecht und Bildungsgesetze in Georgien geändert werden. Zur Begründung sagt Parlamentspräsident Schalwa Papuaschwili, die Verfassung sehe nur eine Ehe zwischen Mann und Frau vor. Deshalb sollten gleichgeschlechtliche Ehen gesetzlich ausgeschlossen werden. Nicht heterosexuelle Personen sollten auch keine Kinder adoptieren dürfen. In Ausweispapieren dürfe nur das biologische Geschlecht männlich oder weiblich eingetragen werden. Ärzte dürften zudem bei Transmenschen keine geschlechtsangleichenden Operationen vornehmen.

Treffen würde es etwa Transfrauen wie Nata Talikishvili. »Seit meiner Kindheit hatte ich keine Wahl. Seit ich fünf Jahre alt war, habe ich für mich meine sexuelle Identität akzeptiert«, erzählt Nata mir. »In dem kleinen Dorf im Westen Georgiens, in dem ich aufwuchs, verstand niemand außer meiner Großmutter, warum ich mich wie ein Mädchen benahm.« Heute tritt Nata regelmäßig in der »Bar Klara« auf, einem Szenelokal in Tiflis, um dort ihre Geschichte zu erzählen, die Geschichte von Transmenschen in Georgien. Nun hat sie Angst vor gewalttätigen Übergriffen. »Wenn ich bedroht werde, dann kann ich heute die Polizei rufen. Wenn das neue Gesetz verabschiedet wird, dann wird sie vielleicht nicht mehr kommen«, sagt Nata. Und: »Die Klara-Bar und meine Auftritte dort wird es vielleicht auch bald nicht mehr geben.«

Ana Subeliani zählt zu den Initiatorinnen des Pride-Festivals, sie ist Menschenrechtlerin und queere Aktivistin. »Die geplante Gesetzesänderung, in ihrer Gesamtheit und den geplanten spezifischen Maßnahmen, widerspricht dem Antidiskriminierungsgesetz, der georgischen Verfassung und internationalen Menschenrechtsstandards«, sagt sie mir. Das Gesetz würde »die Gesellschaft spalten und polarisieren. Es wäre der Versuch, die wahren Probleme der georgischen Gesellschaft zu übertünchen.« Das neue Gesetz würde Georgien »näher an den russischen Dunstkreis bringen«, befürchtet der renommierte Jurist Besik Kutateladze im Gespräch mit dem *STANDARD*. Es sei »der direkte Versuch, Zensur einzuführen, inklusive der Kontrolle der Medien, der Kunst, der Erziehung«, ergänzt die Aktivistin Ana Subeliani. Wie wird es weitergehen in Georgien, einem Land, das gerade im letzten Jahrzehnt eine lebendige Kunst- und Kulturszene entwickelt hat?

Pro Russland? Pro EU und NATO? Selbst in der Ukraine ist die Meinung der Menschen gespalten. Frieden ersehnen sie alle. Auf der annektierten Halbinsel Krim allerdings profitieren viele Menschen von Russland. »Ich bin glücklich. Ich habe eine neue Wohnung und lebe heute viel besser als früher. Es gibt einfach mehr Möglichkeiten«, hatte mir die 32-jährige Alina erzählt. Sie lebt in einer erschwinglichen Neubauwohnung. Dank eines guten Jobs kann sie sich das leisten.

Der Kontrast zu Isjum bei Charkiw könnte nicht größer sein. Dort verlief lange Zeit die Front, auf die Eroberung durch russische Truppen folgte die Rückeroberung durch die Ukraine. Im Dezember 2022 traf ich in Isjum Lyudmila. In ihrem Zimmer versuchte sie, der Kälte zu trotzen. Eine Heizung gab es längst nicht mehr. Fliehen wollte Lyudmila dennoch nicht.

Zu welchem Land ihre Stadt gehört, das ist ihr eigentlich egal. Sie will in Isjum bleiben und glaubt an einen Neuanfang.

»Früher habe ich mich aufgeregt, wenn die Katze an der Couch kratzte. Aber jetzt ist die Couch hinüber, ich muss sie wegwerfen. Das Materielle ist nichts mehr wert, das kann in einem Augenblick weg sein, das Leben ist das Einzige, was für mich noch zählt.« Ein paar Straßen weiter traf ich Jurij, einen Arzt. Er sagte mir: »Um glücklich zu sein, braucht man keine Autos oder sonst irgendwas. Das alles ist zweitrangig. Man braucht Dinge, die man nicht mit Geld bezahlen kann: Gesundheit – und Frieden.«

Wie geht es weiter mit all diesen Ländern im postsowjetischen Raum? Wie muss eine neue Sicherheitsarchitektur in Europa aussehen, die jenen Ländern eine individuelle Entwicklungsmöglichkeit eröffnet, auch jenseits der großen Blöcke – und die zugleich Kriege vermeidet? Die, als erstes Ziel, den Krieg in der Ukraine beendet? »Die NATO verankert die amerikanische Präsenz in Europa und bleibt so der zentrale Garant unserer Sicherheit und der Stabilität in Europa«, sagte der damalige Bundesaußenminister Klaus Kinkel im Juni 1995 auf der Frühjahrstagung der Parlamentarischen Versammlung der Westeuropäischen Union in Paris. Man müsse aber auch »Russland den ihm zustehenden legitimen Platz einräumen«.

Ob die US-Präsenz in Europa tatsächlich in erster Linie das Ziel hat, die Sicherheit des Kontinents zu garantieren, ließe sich infrage stellen. Geostrategische US-Interessen sind zuweilen andere als europäische Interessen. Das Gleiche gilt für Wirtschaftsinteressen. Europa muss eine eigenständige Sicherheitspolitik finden. Dabei müssen militärische Stärke und die Vorbereitung auf mögliche Kriege nicht im Vordergrund stehen, sofern man Punkt zwei von Ex-Außenminister Kinkel beherzigt: Russland einen legitimen Platz einzuräumen. Das bedeutet, auf Russland zuzugehen, auch in der jetzigen Situation. Wir müssen die Befürchtungen und die Positionen Moskaus ernst nehmen. Werteorientierte Außenpolitik ist schön und gut vorgetragen – doch in diesem Fall nutzlos. Diplomatie ist gefragt. Diplomatie bedeutet Kompromisse, eben auch in der Ukraine.

»Unsere Welt gerät aus den Fugen. Die geopolitischen Spannungen nehmen zu. Die globalen Herausforderungen nehmen zu. Und wir scheinen nicht in der Lage zu sein, zusammenzukommen, um darauf zu reagieren«, sagt UN-Generalsekretär António Guterres im September 2023 zum Start der Generaldebatte der Vollversammlung der UN in New York. Die Vereinten Nationen seien aufgrund der Konfrontation zwischen dem Westen und Russland, der Rivalität zwischen den USA und China sowie den Ungleichheiten zwischen reichen und armen Gesellschaften zunehmend besorgt – eine Fragmentierung würde die Weltgemeinschaft dysfunktional und Zusammenarbeit weitgehend unmöglich machen. Gemeinsame Lösungen müssten gefunden werden. »Kompromiss ist zu einem Schimpfwort geworden«, so Guterres. Es brauche jedoch Staatskunst statt Stillstand – und einen »globalen Kompromiss«.

»Die ideologische Überhöhung des russischen Angriffskrieges als ›Konflikt zwischen Demokratien und Autokratien‹ verfängt im Globalen Süden nicht«, konstatiert der Sicherheitsexperte Wolfgang Richter in seinem Aufsatz. Der Globale Süden »will im neuen ›Ost-West-Konflikt‹ nicht Partei ergreifen für die ehemaligen Kolonialmächte des ›Nordens‹, dessen Wirtschaftsinteressen oft quer zu den eigenen liegen«.

Ein neues Denken ist gefragt. Derzeit dreht sich fast alles um militärische Stärke. Dabei behaupten wir im Westen, unsere Stärke seien unsere Werte wie Freiheit und Demokratie. Wenn das so ist, dann lassen wir sie wirken. Also: Grenzen auf für

Menschen aus Russland, die etwa in der EU studieren oder auch nur Urlaub machen wollen. Sie werden in ihr Heimatland zurückkehren und Ideen mitbringen, die den von Putin vorgezeichneten Weg Russlands in eine Art Sowjetunion 2.0 erschweren werden. Wichtig wäre auch die europaweite Anerkennung von russischen Wehrdienstverweigerern, wie es in Deutschland der Fall ist. Und umgekehrt: Auch ukrainische Wehrdienstverweigerer sind keine Drückeberger, auch sie verdienen Asyl.

Dann müssen wir die Sanktionen überdenken. Immer weitere Sanktionspakete werden verabschiedet, rund 1500 sind es bislang, es ist zu einer fast schon inhaltsleeren Routine geworden. Welchen Sinn ergibt etwa das Verbot des zivilen Luftverkehrs zwischen Russland und der EU? Es trifft nur die Flugpassagiere, einfache Menschen. Wir müssen die Frage stellen: Welche Sanktionen treffen Russlands Kriegswirtschaft wirklich, die von Staaten wie China unterstützt wird? Und welche Sanktionen treffen überwiegend die Menschen in Russland und bei uns? Ergibt der Verzicht auf russisches Gas als Übergangsenergie zu erneuerbaren Energieformen wirklich Sinn, wenn die Alternative klimaschädlich gewonnenes und über weite Strecken transportiertes Flüssiggas ist? Und Russland sein Gas in andere Staaten exportiert und damit auch weiterhin gutes Geld verdient?

Die große Herausforderung der Zukunft wird eine globale sein: der Klimawandel. Glaubt man einer Umfrage des UN-Entwicklungsprogramms (UNDP), der Universität Oxford und der Meinungsforscher der Organisation GeoPoll, so wünschen sich weltweit vier von fünf Befragten, dass ihr Land die Bemühungen im Kampf gegen den globalen Klimawandel verstärkt. Befragt wurden 75 000 Menschen in 77 Ländern. In 62 dieser Länder forderte eine Mehrheit der Befragten einen schnellen Übergang von fossilen Brennstoffen zu sauberer Energie. Selbst im gas- und ölreichen Russland stimmten 16 Prozent der Aussage zu.

Gelöst werden können diese Probleme nur gemeinsam. Der Süden und der Norden müssen zusammenarbeiten, aber eben auch der Westen und der Osten. Und da wird Russland eine gewichtige Rolle spielen. Also wird man die Konflikte, entstanden aus dem Zerfall der Sowjetunion, lösen müssen. Auch der Ukraine-Krieg muss ein Ende haben. Dies geht nur im Dialog, im Kompromiss. In dieser Erkenntnis ist ein Großteil der Menschen in den beteiligten Staaten offenbar schon viel weiter als ihr politisches Führungspersonal.

Unsere Leseempfehlung

192 Seiten
Auch als E-Book
erhältlich

Die Bilder demonstrierender Frauen in Belarus gingen um die Welt, sie haben die Oppositionsbewegung gegen Alexander Lukaschenko, den »letzten Diktator Europas«, erst stark gemacht. Und auch in vielen anderen Ländern der ehemaligen Sowjetunion gärt es. Weg sollen die alten verkrusteten Strukturen aus Politik und Alltag. Und immer sind es die Frauen, die den Protest entscheidend voranbringen: Die osteuropäische Revolution ist vorwiegend weiblich. Ein erhellender Einblick in das aktuelle politische Geschehen Osteuropas und seiner Protagonistinnen.